本研究由中华人民共和国民政部本级福利彩票公益金资助

The Research on Living Conditions of Rural Left-behind Groups

中国农村留守群体生存状况研究

潘小娟 卢春龙 等著

北京大学出版社
PEKING UNIVERSITY PRESS

图书在版编目(CIP)数据

中国农村留守群体生存状况研究/潘小娟，卢春龙等著. —北京：北京大学出版社，2013. 1

（公共管理论丛）

ISBN 978-7-301-21831-0

Ⅰ. ①中… Ⅱ. ①潘…②卢… Ⅲ. ①农民—生存—状态—调查研究—中国 Ⅳ. ①D422. 7

中国版本图书馆 CIP 数据核字（2012）第 311186 号

书　　　名：**中国农村留守群体生存状况研究**

著作责任者：潘小娟　卢春龙　等著

责 任 编 辑：倪宇洁

标 准 书 号：ISBN 978-7-301-21831-0/C · 0856

出 版 发 行：北京大学出版社

地　　　址：北京市海淀区成府路 205 号　100871

网　　　址：http：//www. pup. cn　　新浪官方微博：@ 北京大学出版社

电 子 信 箱：zpup@ pup. cn

电　　　话：邮购部 62752015　发行部 62750672　编辑部 62753121

出版部 62754962

印　刷　者：三河市北燕印装有限公司

730 毫米 ×980 毫米　16 开本　17 印张　203 千字

2013 年 1 月第 1 版　2013 年 1 月第 1 次印刷

定　　　价：35.00 元

目录

前言

改革开放以来，随着经济社会的快速发展以及工业化、城镇化进程的加快，农村人口向城市流动的趋势越来越明显。国家人口与计划生育委员会发布的《中国流动人口发展报告2012》显示，截止到2011年，我国流动人口总量已接近2.3亿，占全国总人口的17%。[①] 这其中农村流动人口占据了绝对多数。由于城乡二元结构以及与之相关联的户籍制度的存在，农村青壮年劳动力大批向城市转移必然导致农村“386199部队”（分别由“三八”妇女节、“六一”儿童节、“九九”重阳节引申而来）的形成。农村留守儿童、留守老人、留守妇女群体的大量存在引发了越来越多的社会问题和越来越严重的社会矛盾，如留守儿童监护不力，留守老人社会保障缺失，留守妇女负担沉重等，这将不可避免地危及社会稳定和社会公正。这一问题开始引起了党和政府以及全社会的高度重视，对这一问题展开深入研究和探讨迫在眉睫。

为此，2011年6月，中华人民共和国民政部委托中国政法大学政治与公共管理学院承担“农村留守儿童、老人、妇女生存状况调研”课题研究。课题研究的主要目标是，全面深入地调查了解我国农村“留守儿童、留守老人、留守妇女”的生存状况，分析探究其面临的

---

① 参见《人口计生委发布〈中国流动人口发展报告2012〉》，2012年8月7日，http://www.gov.cn/jrzg/2012—08/07/content_2199409.htm。

困难和挑战，提出改进的思路和对策，为相关决策提供科学依据。

正确认识问题是有效解决问题的前提和基础。为了全面、准确地了解我国农村留守群体的生存状况及其需求，课题组在接受民政部的委托后，组织中国政法大学在校学生于2011年暑期在全国范围内开展了“农村留守儿童、留守老人、留守妇女生存现状问卷调查”活动。调查经历了前期准备、培训、实施和数据处理分析四个阶段，具体方式为入户访问，一对一问答，调查的整个过程严格按照问卷调查的流程规范进行。课题组原本拟调查16个省，66个县，660个村，每村10人，共计6600人；实际在抽取的16个省的范围内，对652个村展开了问卷调查，共回收有效问卷8169份，其中村庄总体情况624份，六岁以下留守儿童1290份，六岁以上留守儿童1310份，留守老人2531份，留守妇女2414份。[①] 通过深入实际的调查，课题组获取了大量的第一手资料，为全面描述和深入分析农村留守群体生存问题打下了坚实的基础。

呈现给读者的这本书是在课题研究报告的基础上经过适当调整结集而成的。它具有如下特点：一是具有很强的实证性。本书的论证都是在对调查问卷所获取的数据进行客观解读的基础上完成的，而不是基于先验的主观感受的分析。二是连贯性与独立性的有机结合。本书各章节既相互关联，前后呼应；又具有一定的独立性和各自的特色。为了最大限度地发挥所获数据的效用，我们并不简单地强求各章节格式与布局的一致，而是在不影响全书整体性的基础上尽可能地保留各自的特色。三是清晰度高，可读性强。为了易于清晰地表达，我们制作了大量的图和表，使枯燥的数字一目了然，给读者以直观感受。

课题研究的圆满完成和本书的出版得益于全体课题组成员的辛勤劳动和共同努力，得益于全体调查员冒着高温酷暑、克服重重困

---

① 有关问卷调查的技术性问题、如对象的抽取、调查的安排、数据的处理等，参见本书附件1《“农村留守儿童、老人、妇女生存状况”调查过程说明报告》。

难不辞辛苦的工作，得益于民政部以及地方各级民政部门和中国政法大学政治与公共管理学院给予的大力支持。“农村留守儿童、老人、妇女生存状况调研”课题组由中国政法大学政治与公共管理学院的教师组成，他们是潘小娟、卢春龙、翟校义、张永理和吕芳。在整个研究过程中，课题组既分工又合作，无论课题的设计、问卷的拟定、调查的组织、数据的分析还是报告的撰写都经过了充分讨论和共同参与。课题的最终研究成果是课题组集体智慧的结晶。课题组大致分工如下：潘小娟负责整个课题的组织协调以及留守群体总体生存状况研究；卢春龙负责问卷调查的组织和实施，数据处理的技术指导以及有关留守群体生存状况地理分区差异等相关性研究；翟校义负责全书有关留守儿童内容的研究；张永理负责全书有关留守老人内容的研究；吕芳负责全书有关留守妇女内容的研究。

在本书付梓之际，我代表课题组全体成员由衷地向所有支持、帮助我们的同志表示诚挚的谢意。在课题研究和书籍出版的过程中，民政部以及地方各级民政部门、中国政法大学政治与公共管理学院、中国政法大学团委和北京大学出版社给予了大力支持和帮助。我们要特别感谢的是全体调查员——中国政法大学的在校学生，他们的付出和奉献为课题研究的圆满完成奠定了坚实的基础。我们还要感谢中国政法大学政治与公共管理学院的研究生高乐、冯婕、胡畔、胡亚谦、胡轶俊、李波、刘晓君、孙静雅、闫晶、杨君宇等，他们在问卷设计、调查组织、数据处理等方面做了大量琐碎、繁杂、细致的工作，为课题研究的圆满完成提供了支持。

尽管课题组成员都本着严肃认真的态度进行研究，希望能真实全面地反映农村留守群体的生存现状，但由于研究水平有限，加之时间要求紧、某些地方调查受限等，难免存在不当和疏漏之处，望不吝赐教。

潘小娟

第一章　农村留守群体总体生存状况研究

随着经济发展的加快和城市化进程的提速，越来越多的农民进城务工。农民进城务工在给我国经济发展和城市建设作出重大贡献的同时，也对增加农民收入、提升农民素质、提高农民生活质量、改善农村面貌发挥了积极的作用。然而，与此相伴的是，农村“留守群体”，即留守儿童、留守老人、留守妇女大量存在，并且逐步演化成为越来越严重的社会问题，这引起了党和政府以及全社会的高度重视。为此，本课题组接受民政部的委托于2011年暑期，组织在校生就农村留守群体的生存状况展开问卷调查。本章将基于对问卷所获数据的分析，从生存状况、存在问题、实际需求等方面对农村留守群体生存问题进行描述和分析，进而有针对性地提出解决问题的基本思路和对策建议。

一、生存状况

生存状况主要涉及日常基本生活、健康、安全、情感、心理、劳作或学习等内容。由于农村三大留守群体在年龄等方面存在巨大的差距，生存状况和面临的问题也各不相同，因此我们将分群体进行描述，以便更清晰、更完整地呈现他们各自的状况和特点。

1. 留守儿童

本课题研究将“农村留守儿童”界定为因父母双方或一方离开

农村外出务工而留在户籍所在地，不能和父母共同生活的18周岁以下的未成年人。为了更客观、更真实地反映留守儿童的生存现状，根据年龄上的差别，我们又将留守儿童分为六岁以下和六岁以上两组，分别设计问卷展开调查。

（1）基本生活状况

就整体情况而言，绝大部分的留守儿童日常生活有保障，基本能满足生长发育的需要；但不容忽视的是仍有3%～5%的留守儿童基本生活得不到保障，甚至处于饭吃不饱、衣穿不暖的境地。

六岁以上留守儿童午饭“基本上能吃饱”和“能吃饱”的占被调查总数的96.5%，“根本吃不饱”、“没有午饭吃”和“偶尔才能吃饱”的占3.5%（见图1.1）。表示根本吃不饱和没有午饭吃的留守儿童总体为1.4%，但在中南地区则高达4.7%。

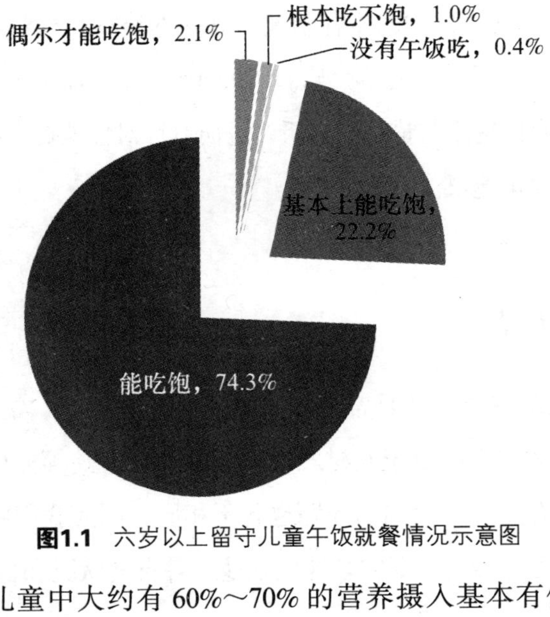

图1.1 六岁以上留守儿童午饭就餐情况示意图

留守儿童中大约有60%～70%的营养摄入基本有保证，其中每天或每周能吃上荤菜的六岁以下留守儿童为70.3%，六岁以上为76.2%；只要想喝就能喝上牛奶的六岁以下留守儿童达到了59.3%，想喝买不起的为 8.6%；经常能吃上水果的六岁以下留守儿童为 51.1%，六岁以上为 43.4%。但是，不容忽视的是，仍有一成左右的留守儿童营养摄入根本得不到保证(见表 1.1),而且越是偏远的乡村，留守儿童营养摄入情况越差。

表1.1 留守儿童营养摄入状况统计表（单位：%）

	荤腥			牛奶			水果	
	六岁以下	六岁以上		六岁以下	六岁以上		六岁以下	六岁以上
每天都有	35.1	34.2	长大了，不用喝了	32.1	—	经常吃到	51.1	43.4
每周一次	35.2	42.0	只要想喝就有	59.3	—	偶尔吃到	41.4	49.7
半月以上	9.7	14.7	想喝买不起	8.6	—	基本吃不到	7.5	6.9
一月及以上	7.9	9.1	—	—	—	—	—	—
孩子太小不能吃	12.1	—	—	—	—	—	—	—
合计	100.0	100.0	—	100.0	—	—	100.0	100.0

在穿衣方面，96.2% 的六岁以下留守儿童基本能够达到穿暖和保证基本卫生的要求，其中 29.0% 的监护人表示孩子的衣服较多，但仍有 3.8% 的留守儿童衣服不够替换（见图 1.2）。

（2）健康状况

留守儿童的身体健康状况六岁以上组好于六岁以下组。六岁以下留守儿童中经常生病的有 8.6%，身体弱的有 6.6%。六岁以上留守儿童经常生病的只有 3.6%（见表 1.2）。但值得重视的是，仍有 4.1% 的监护人表示不知道要定期给孩子注射疫苗。

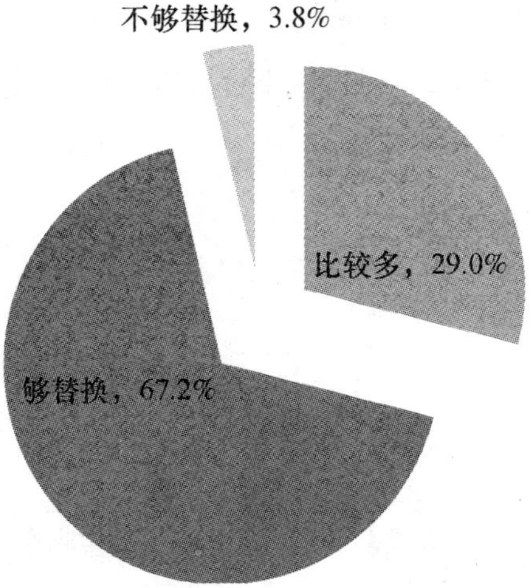

图1.2 六岁以下留守儿童衣服供应状况示意图

表1.2 留守儿童身体健康状况统计表（单位：%）

	六岁以下	六岁以上
很结实 / 不生病	32.9	33.7
偶尔闹点小病	51.9	62.7
经常生病	8.6	3.6
孩子身体有点弱	6.6	—
合计	100.0	100.0

（3）安全状况

留守儿童的安全被监护人列为最关注问题之首，有 36.5% 的留守儿童监护人将其作为第一位要素考虑。虽然大部分留守儿童的安全基本有保障，但仍有一部分留守儿童的安全问题十分突出，如有 2.3% 的六岁以上留守儿童自己单独居住，没有监护人看护；有 58.3% 的六岁以下留守儿童在监护人做饭时无人看管，形成看护空白。

（4）受教育状况

留守儿童的受教育情况总体不理想，问题较为严重。有五成多的六岁以下留守儿童没有接受过正规的学前教育，有七成的六岁以上留守儿童学习上有困难，更为严重的是已有 3.4% 辍学在家。

六岁以下留守儿童的学前教育缺失情况严重，一方面，正规的学前教育普及率低，进入幼儿园学习的留守儿童不及一半，仅为 46.0%（见图 1.3）；另一方面，家庭教育不力，为数不少的监护人不具有教育能力，有 26.2% 的监护人在孩子做错事时不会教育或采取放任的态度。

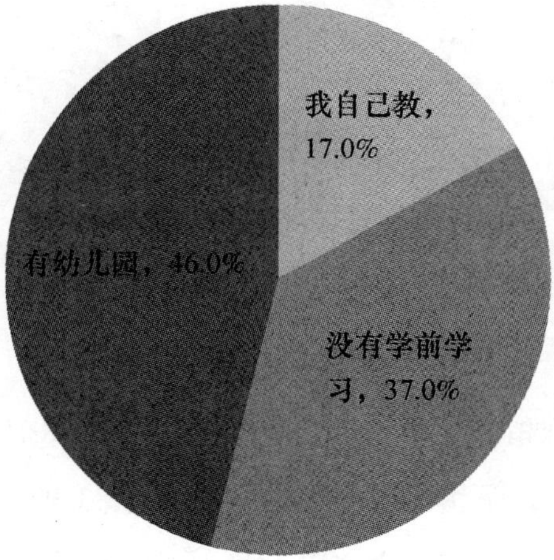

图1.3　六岁以下留守儿童学前教育状况示意图

六岁以上留守儿童中绝大多数学习面临困难，平均达到 69.9%（见图 1.4）。在西南地区，这一比例甚至达到了 80.6%，仅有 19.4% 的留守儿童认为学习上没有困难。在被调查的留守儿童中，有 45.5% 的留守儿童认为父母不在身边对自己学习有影响。

（5）情感心理状况

留守儿童的情感心理状况最令人担忧，因亲情缺失导致的心理问题、行为失范问题普遍存在。六岁以上留守儿童经常感到孤独的达到了 1/5，六岁以下留守儿童因父母不在身边变得更调皮和不大精神的达到了 1/3 强；与周边人发生矛盾时，采用吵架、发泄、闷不吭声等极端方式解决的，六岁以下和六岁以上留守儿童分别达到了四成和七成左右。

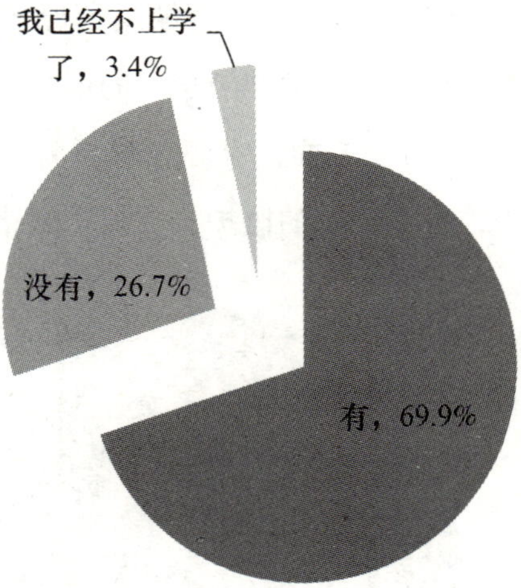

图1.4 六岁以上留守儿童学习困难状况示意图

绝大多数留守儿童都非常想念父母，有 48.1% 的监护人认为自己照看的六岁以下留守儿童很想父母，有 83.3% 的六岁以上留守儿童想和父母共同生活；六岁以下和六岁以上留守儿童平时一直想念父母的分别达到了 45.5% 和 59.9%（见表 1.3）。六岁以上留守儿童自主表达最需要的事排列第一位的是和父母在一起，达到了 59.4%，而想让父母多给点钱的仅占 12.4%（见图 1.5）。然而，绝大多数留守儿童要半年甚至一年或一年以上才能见到父母，比例达到 80% 以上。

表1.3 留守儿童想念父母情形统计表（单位：%）

	六岁以上	六岁以下
平时都想	59.9	45.5
生病的时候	6.7	10.1
过生日或过节的时候	17.8	16.5
受欺负的时候	8.2	—
基本不想 / 不怎么想	7.4	27.9
合计	100.0	100.0

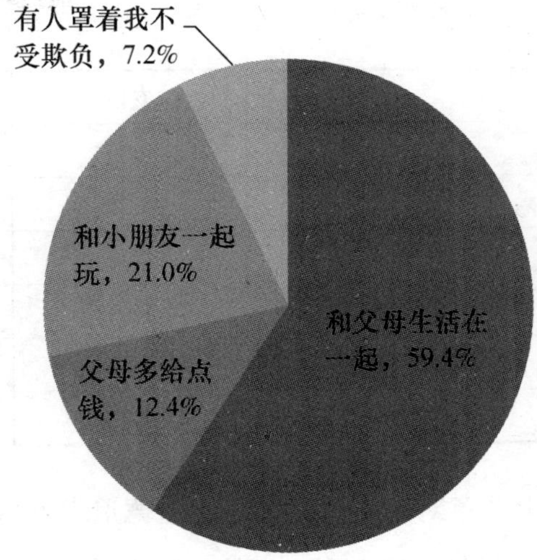

图1.5　六岁以上留守儿童需求示意图

六岁以上留守儿童大多数有程度不一的孤独感和焦虑感。有76.4%的六岁以上留守儿童有孤独感，其中经常感到孤独的为19.9%。有1/4的六岁以上留守儿童感到缺少关爱，认为周边大人很少关心自己的达到了22.5%，不关心自己的达到了3.7%。有11.3%的六岁以上留守儿童认为自己缺少玩得好的小伙伴，有20.1%的监护人认为自己照看的六岁以下留守儿童很少甚至基本不和别的小朋友玩耍。还有大约1/3的六岁以上留守儿童有焦虑感，对父母外出务工很担心的达到了27.7%，有点担心的达到了53.1%。

留守儿童处理人际关系的能力较弱，存在一定的行为失范问题。与周边人发生矛盾时，六岁以下留守儿童中采取保持沉默或发泄、吵架等极端方式解决的达到了近五成，而六岁以上留守儿童则高达七成有余（见表1.4）。六岁以上留守儿童与监护人发生家庭矛盾的占到了48.5%，其中经常有矛盾的为6.4%。六岁以上留守儿童做错事受到大人批评时，有32.1%的人会感到有点气愤，有5.9%的人会当面顶撞、对着干。

表1.4 留守儿童与周边人发生矛盾所采取的行为方式统计表（单位：%）

	六岁以下	六岁以上
吵架	—	17.1
闷不吭声	33.3	40.8
向父母诉苦	4.0	24.7
回家向我（监护人）诉说	48.3	—
回家发脾气 / 采取某种行为发泄	14.4	17.4
合计	100.0	100.0

六岁以上儿童对未来感到迷茫，道德追求低落。有将近 1/4 的人对未来没有打算，有将近 1/4 的人以挣大钱为奋斗目标，只有 14.1% 的人选择做一个好人（见图 1.6）。

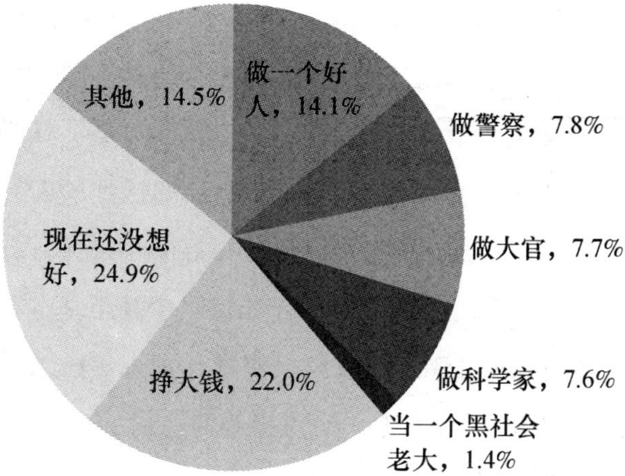

图1.6 六岁以上留守儿童未来理想示意图

2. 留守老人

本课题研究将“农村留守老人”界定为子女常年在外工作的年满 60 周岁以上的农村老人。接受调查的老人以 60～79 岁的中、低年龄段老人为主，占到 85.5%，80 岁以上的高年龄段老人占 14.5%；婚姻状况为原配和丧偶的占到 95.6%，离异、再婚和未婚单身的占 4.4%；单独居住的占 19.4%；文化程度为小学及以下者占 83.6%，其中从未上过学的高达 48.1%，而受过高中及以上教育的仅为 3.2%。

（1）经济状况

留守老人的经济来源以自己劳作和子女赡养为主，家庭支出繁杂，留守老人对自己的经济状况总体评价不高。

留守老人的经济收入来源于自己劳作的占 38.2%，子女赡养的占 46.0%，政府和村集体补贴不足一成，分别为 8.0% 和 0.8%。在被调查的留守老人中，2010 年年收入在 5 000 元以下的达到 78.6%，而其中有 21.8% 的人完全没有收入（见图 1.7）；子女给的生活费（不含医疗费用）在 2 000 元以下的为 74.9%，其中不出赡养费的占 16.4%（见图 1.8）。

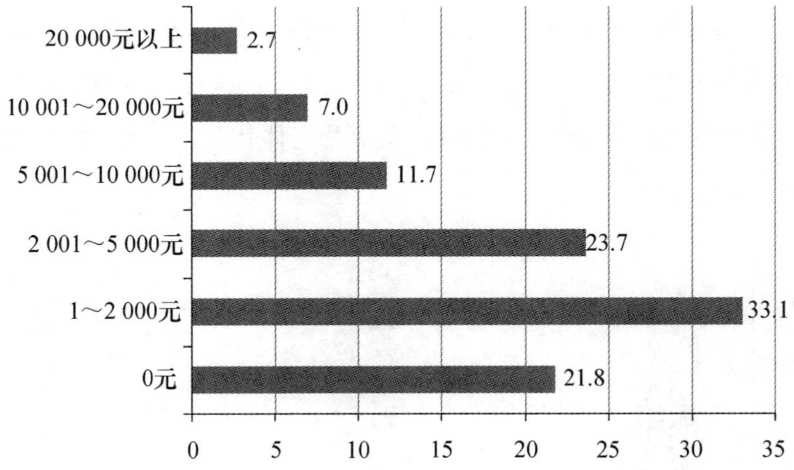

图 1.7　2010 年留守老人年收入状况比例图（单位：%）

留守老人家庭支出繁杂。在家庭支出中，排在前两位的是日常生活和看病，分别占 36.8% 和 20.8%，其后依次是农业生产资料投入、照顾孙辈、人情开支和其他，分别为 16.2%、14.2%、11.3% 和 0.7%。总体而言，日常生活支出在留守老人的家庭开支中所占比例并不很高，但医疗费用、农业生产资料投入、人情开支却成为他们无法避免而又沉重的经济负担。

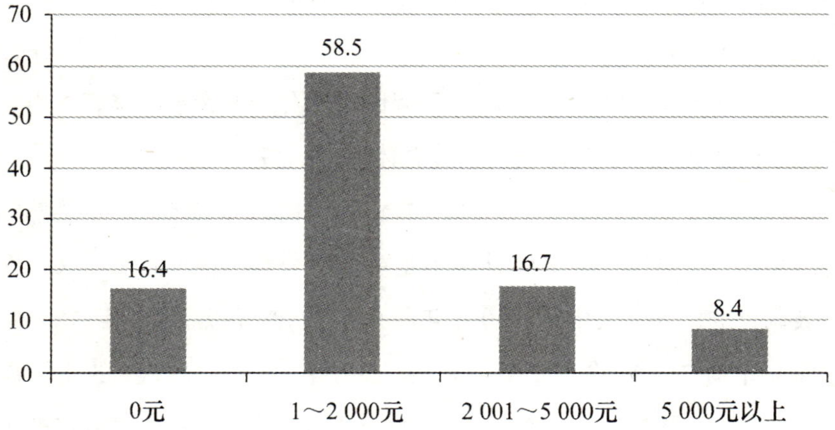

图 1.8 2010 年在外子女给留守老人生活费用（不含医疗费用）比例图（单位：%）

留守老人对自己的经济状况总体评价不高，认为较差和很差的达到了 27.5%，而认为好的仅占 11.7%。经济条件被留守老人列为影响其生活质量的首要因素，其后为身体状况，两者比例分别为 41.3% 和 39.6%（见图 1.9）。

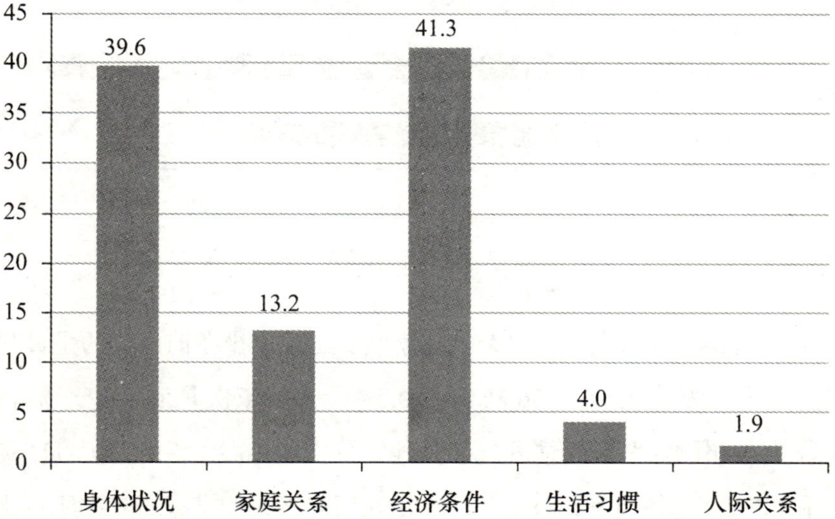

图 1.9 影响留守老人生活质量因素比例图（单位：%）

（2）基本生活状况

留守老人的生活质量相对较低，生活负担沉重，绝大多数营养摄入不足，生活状况堪忧。

留守老人每月用于维持衣食等基本生活的费用在 200 元以下的达到了近五成，其中 100 元以下的接近 1/4（见图 1.10）。这表明有相当一部分留守老人生活在我国 2010 年确定的贫困线之下，处于赤贫状态。基本生活费用低导致多数留守老人的营养状况一般，认为营养良好的仅为 20.7%，认为较差和极差的达到了 16.8%。

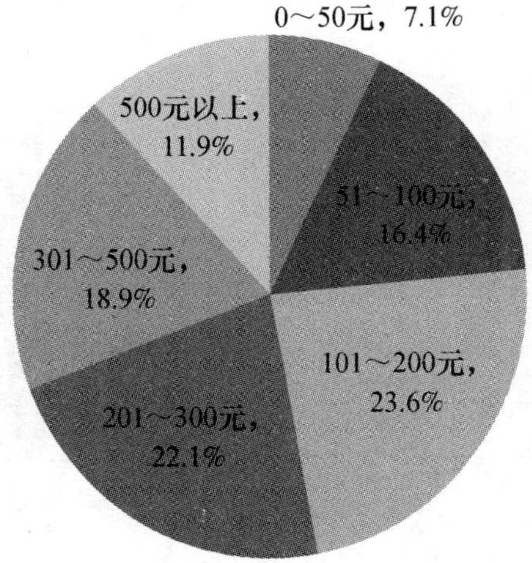

图1.10 留守老人用于维持衣食等基本生活的月均费用示意图

留守老人对住房的满意度相对较高，“非常满意”和“满意”的分别为 10.8% 和 41.3%，认为“一般”的为 33.2%，相加共计为 85.3%；而“不满意”和“非常不满意”的分别为 12.0% 和 2.7%，共计 14.7%，不足两成。

留守老人的生活主要由自己照顾，其中本人自己照顾的为 42.2%，老伴照顾的为 33.1%，而由孙辈、亲戚、邻居等其他人照顾的分别仅为 9.0%、6.6% 和 5.6%。需要引起特别重视的是，在独居的留守老人中,有34.8%的人只能部分自理,有1.6%的人完全不能自理。

（3）生产劳作状况

留守老人的劳动和生活负担重，仍有一半以上的老人要从事繁重的体力劳动，务农、务工的达到52.7%，其中务农的达到了48.8%。

除了繁重的生产劳动外，留守老人还要花费大量精力操持家务，照看孙辈。有26.6%的要做家务，有33.4%的与孙辈同住。在照看孙辈的留守老人中，照看2个孩子以上的达到34.6%。留守老人照看孙辈普遍感到困难，选择“没有困难”的仅为20.9%；最主要的困难是孩子的教育和经济负担（见图1.11）。

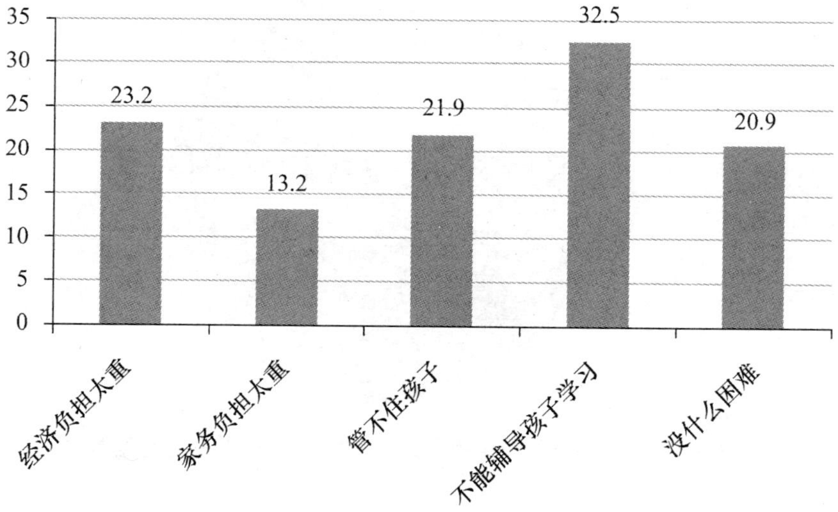

图1.11 留守老人照看孙辈困难示意图（单位：%）

（4）健康状况

留守老人的健康问题十分突出，自我评价不高，认为身体一般和差的占到近六成，患有一种以上慢性病的达到六成以上，生活不能完全自理的有近四成，并且得不到很好的医治。

留守老人罹患病痛的比例较高。患有一种以上慢性病的达到了

60.8%，视力较差和基本失明的达到了 37.0%；睡眠不好的达到了 44.0%，其中有 40.6% 是因为病痛造成的。

有 30.0% 和 40.0% 的留守老人看病就医的费用由自己和子女负担，而仅有 25.4% 由新农合负担（见表 1.5）。有两成多的留守老人得了小病不去医治或自己找土办法解决，仅有 14.9% 的人及时去医院看病（见表 1.6）。

表1.5　留守老人医疗费用负担情况统计表（单位：　%）

医疗费用负担者	占比
老人自己出钱	30.0
子女出钱	40.0
亲友接济	2.6
新农合报销	25.4
其他	2.0
合计	100.0

表1.6　留守老人小病医治情况统计表（单位：　%）

小病医治情况	占比
及时去医院	14.9
找村医弄点药吃	64.7
自己忍着，既不去看病也不吃药	10.8
自己找土办法	8.5
没钱治	1.1
合计	100.0

（5）情感心理状况

留守老人的人际环境相对较好，与家人和邻里相处和睦。但是，他们的心理问题不容忽视，持消极悲观态度、有焦虑孤独感的人为数不少。

留守老人的生活环境相对较好，与他人关系较为融洽。留守老人与子女关系融洽和一般的达到了 87.1%，“有矛盾”的和“偶尔有矛盾”的占 12.9%，其中有矛盾的仅为 2.1%。留守老人与孙辈相处关系“很好”和“较好”的达到了 85.5%，“不大好”和“有矛盾”的仅为 1.5%。留守老人与邻居相处和睦的高达 95.7%，“不和睦”和“有很大矛盾”的仅为 1.2%（见表 1.7）。留守老人从未受人欺负的达到 78.7%，经常受人欺负的仅为 2.6%。

表1.7 留守老人与他人相处状况统计表（单位：%）

	与子女的关系	与孙辈的关系	与邻居的关系
非常好	63.3	47.3	38.2
比较好		38.2	57.5
一般 / 基本不来往	23.8	13.0	3.1
偶尔有矛盾 / 不太好 / 不和睦	10.8	1.4	1.1
有矛盾 / 有很大矛盾	2.1	0.1	0.1
合计	100.0	100.0	100.0

留守老人的生活态度不够乐观积极，有 43.1% 的人对生活不抱太大的希望，持悲观态度，其中“比较悲观”和“基本绝望”的达到 6.5%。有孤独感和无聊感的达到 68.6%，其中“经常有”和“一直有”的高达 23.4%，而从来没有的不足 1/3。留守老人担心和焦虑的问题主要是经济困难、孙辈教育和自己无人照顾，分别为 31.4%、22.0% 和 20.2%。

（6）业余生活

留守老人的业余生活相对单调，活动范围较小，主要限于自家和邻里。农闲时间的活动以串门聊天、看电视和做家务为主，有近两成的人无事可做。

留守老人对村里公共事务的参与率相对较低，积极性不高，“经常参加”的仅为27.7%，“偶尔参加”的为25.0%，“不参加”的将近一半，高达44.2%。

3. 留守妇女

本课题研究将“农村留守妇女”界定为丈夫外出务工/经商连续半年以上的60周岁以下的农村已婚妇女。接受调查的农村留守妇女以中青年为主，丈夫外出打工三年以上以及在本县以外的都达到了大约3/4；文化程度普遍较低，初中及以下的达到了89.2%，其中文盲为15.6%。

（1）家庭基本生活状况

留守妇女普遍认为，丈夫外出打工、经商改善了家庭收入状况，缓解了家庭经济压力，务工收入已构成家庭收入的主要部分。但是，仍有一半以上的家庭处于低收入状态，1/3左右的家庭经济拮据，生活仍然贫困。

留守妇女的家庭年收入以中低收入为主①，5千至2万元的达到了54.4%，2千元以下的为6.2%（见表1.8）。丈夫打工收入占家庭收入一半以上的有92.8%（见表1.9）。绝大多数留守妇女认为丈夫外出打工改善了家庭的经济状况，比例高达87.9%（见图1.12），因而总体对丈夫收入的满意度较高，“不大满意”和“非常不满意”的仅占16.3%（见图1.13）。

---

① 据国家统计局《中华人民共和国2010年国民经济和社会发展统计公报》，2010年中国农村居民人均纯收入为5919元。参见中华人民共和国国家统计局网站，http：//www.stats.gov.cn/tjgb/ndtjgb/qgndtjgb/t20110228_402705692.htm。

表1.8 2010年留守妇女家庭年收入统计表（单位：%）

收入金额	占比
1 000 元以下	1.8
1 001～2 000元	4.4
2 001～5 000元	13.1
5 001～10 000元	23.1
10 001～20 000元	31.3
20 000 元以上	26.3
合计	100.0

表1.9 2010年留守妇女家庭收入中丈夫务工收入占比统计表（单位：%）

所占份额	占比
全部	22.9
四分之三	46.9
一半	23.0
四分之一	5.1
几乎没有	2.1
合计	100.0

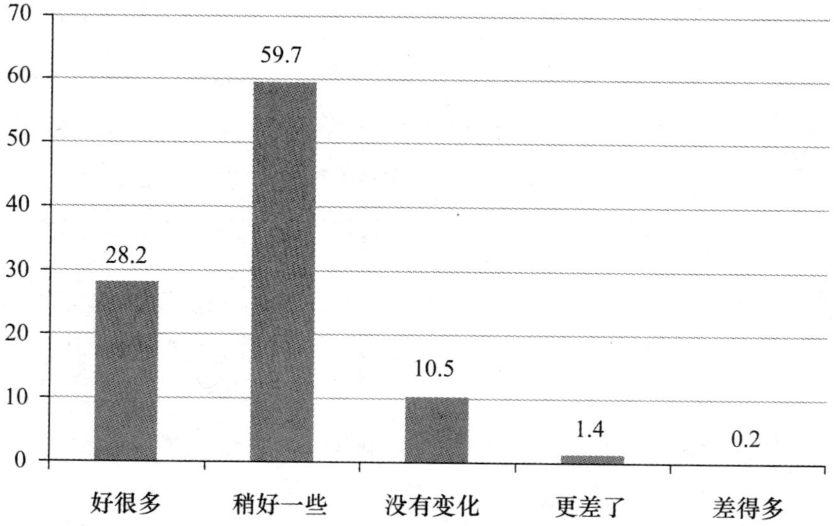

图 1.12 丈夫外出务工后家庭经济状况改变示意图（单位：%）

留守妇女家庭生活开支繁杂，支出以日常生活、子女教育和生产性投入为主，分别为32.3%、24.3%和16.6%。（见图1.14）。

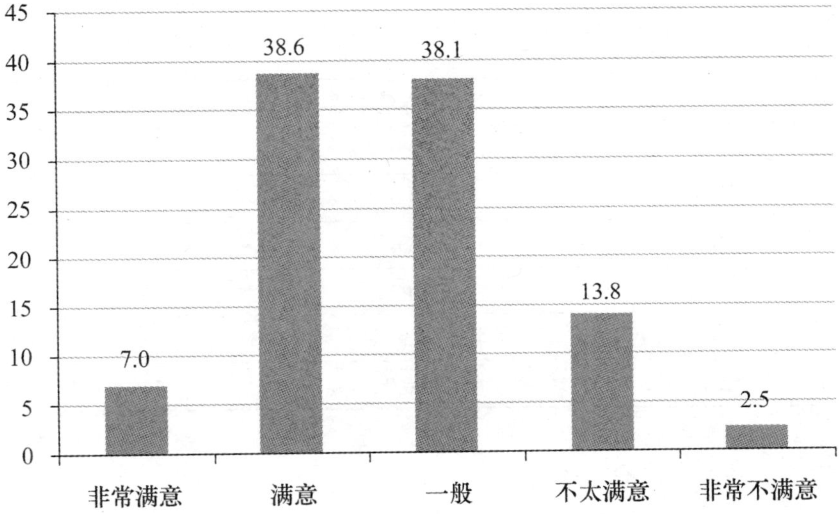

图1.13 留守妇女对丈夫在外收入满意度示意图（单位：%）

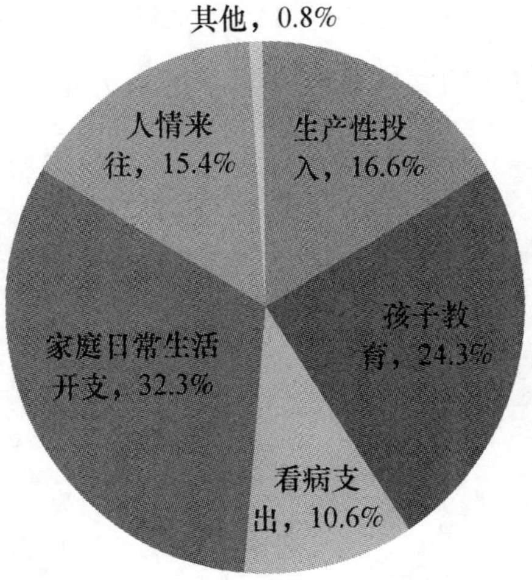

图1.14 留守妇女家庭支出结构图

留守妇女普遍上有老下有小，在繁重的体力劳动之余，还要照顾年迈的老人和年幼的子女，家庭生活负担沉重。留守妇女中有75.4%需要抚养子女；有78.0%需要赡养老人，其中需要赡养2位以上老人的达到五成以上（见表 1.10）。留守妇女与公婆/父母共同居住的达到了 50.7%，其中 43.3% 是与子女和公婆/父母“三世同堂”的。

表 1.10 留守妇女赡养老人/抚养子女统计表（单位：%）

	需要赡养的老人	需要抚养的子女
没有	22.0	24.6
1 位	23.0	39.3
2 位	35.4	29.4
3 位	10.7	5.5
4 位及以上	8.9	1.2
合计	100.0	100.0

（2）生产劳动状况

留守妇女普遍感到劳动强度大，负担重。留守妇女感到劳动生产压力非常大和比较大的高达 44.0%，只有 14.0% 的认为没有压力（见图 1.15）。留守妇女以务农为主，达到了 48.6%，做小生意和打

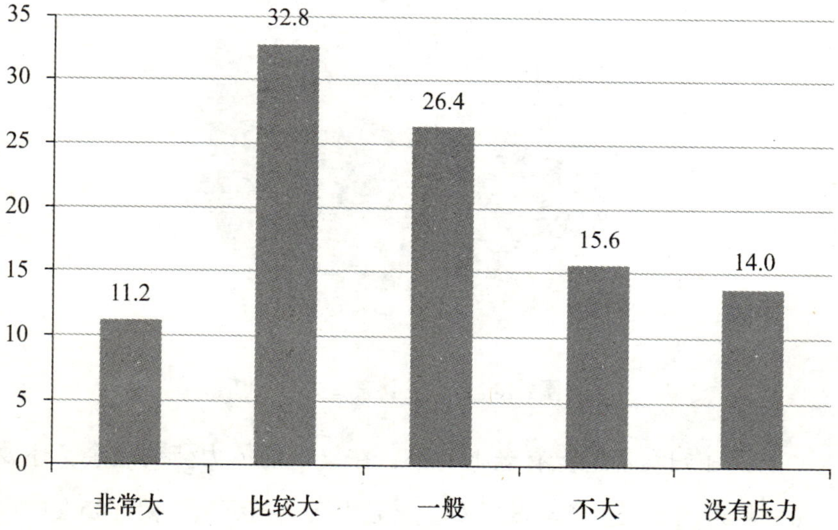

图 1.15 生产劳动带给留守妇女的压力程度示意图（单位：%）

工的仅为 18.0%。有 54.2% 的留守妇女在农业生产上遇到了困难，其中最大的问题是“劳动力不足”，选择频率为 87.5%；其后依次为“没有技术”、“生产资料购买困难”和“销售困难”，选择频率分别为 25.6%、24.2% 和 11.7%。

（3）健康安全状况

留守妇女的健康状况总体较好。认为“非常健康”和“比较健康”的达到了 69.6%；有 83.9% 的留守妇女基本没病，但仍有 4.7% 的人罹患大病或残疾。

留守妇女的安全状况不甚理想，存在较为严重的问题。有 25.1% 的留守妇女曾遭遇抢盗、打骂、骚扰、被骗或公然威胁等涉及人身、财产安全的问题。

（4）子女教育状况

子女教育是留守妇女最关心，也是最头疼的问题。留守妇女留在家乡的最主要原因为照顾和教育孩子，达到了 49.7%，丈夫与家里联系时关心最多的也是子女问题，占比 57.6%。子女教育费用是家庭继日常生活开销外的第二大支出，也是丈夫外出打工的第二大动力。

虽然留守妇女对子女养育问题非常关心和重视，但绝大多数都面临困难，其中最主要的是时间、精力和能力不足。但值得引起重视的是，仍有 21.9% 的留守妇女在这一问题上的障碍来自经济拮据（见图 1.16）。

（5）婚姻家庭状况

总体而言，留守妇女的婚姻状况稳定，夫妻感情良好，婚姻幸福感较高；家庭生活和睦，婆（公）媳关系较为融洽。但值得关注的是，有高达七成的留守妇女感到孤独。

留守妇女的婚姻幸福感总体比较高，认为不幸福的仅为 4.3%（见

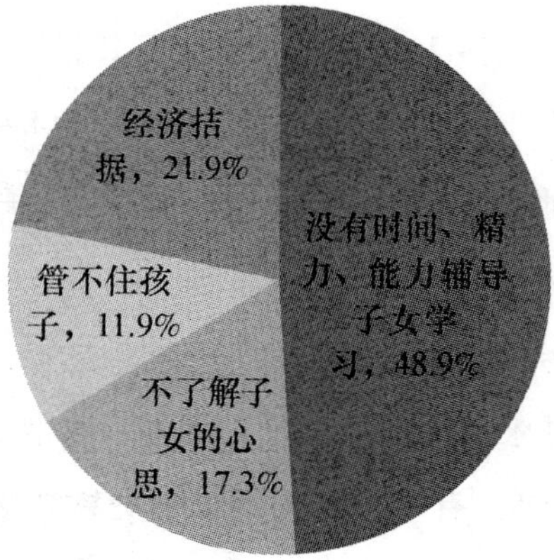

图1.16 留守妇女教育子女所面临问题示意图

图 1.17）。留守妇女与丈夫一个月以内联系一次的达到 91.6%，其中一周联系一次的占 59.7%。丈夫外出务工期间，留守妇女最担心的是丈夫的健康与安全，比例高达 72.7%，比占第二位的对子女健康与安全的担心高出 56.3 个百分点。

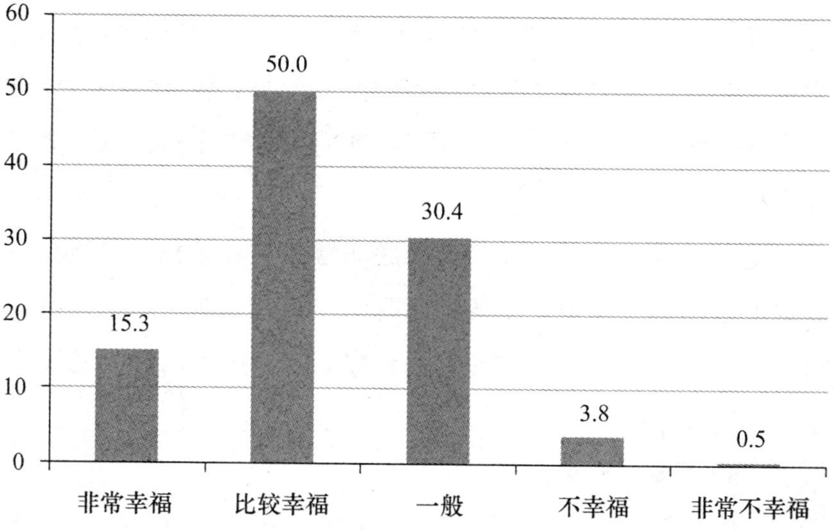

图 1.17 留守妇女婚姻幸福感示意图（单位：%）

丈夫外出务工对夫妻间关系影响不大。丈夫外出务工后，夫妻间关系更好和没变化的分别为 16.5% 和 77.5%，不如以前的占

6.0%；而出现过感情危机的仅占 6.0%。当留守妇女遇到重大问题需要决定时，有八成的人首先想到要与丈夫商量；受到委屈时，有四成的人首先会找丈夫倾诉；当人身受到威胁时，有五成的人首先会向丈夫求助（见图 1.18）。

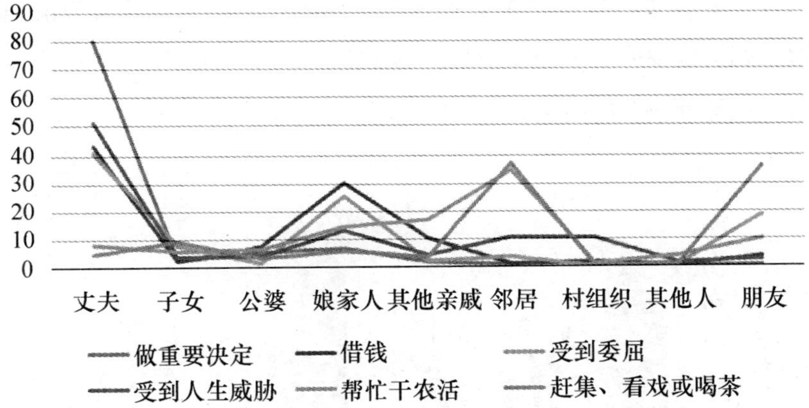

图 1.18　留守妇女寻求帮助对象比例对比图（单位：%）

虽然丈夫外出务工对婚姻和夫妻关系影响不大，但对留守妇女的情感还是有一定的影响。丈夫外出后，19.3% 的留守妇女经常感到孤独，50.9% 的偶尔感到孤独，从来不感到孤独寂寞的仅为 7.5%。

留守妇女多数与公婆相处较好，关系融洽、非常融洽和比较融洽的达到了 64.9%，不融洽和很不融洽的仅占 3.7%；并且，丈夫外出务工对婆（公）媳关系影响不大，相处更容易和没有变化的达到 78.1%，但也有 10.5% 的人认为更难了。

（6）业余生活状况

留守妇女的业余生活泛指除生产劳作之外的活动，主要包括参与村庄公共事务和休闲娱乐活动等。从整体情况来看，留守妇女的业余生活相对单调，交往空间相对狭窄，以消遣性休闲活动为主，对村庄公共事务的认知度和参与度较低。

留守妇女对村庄公共事务和公益活动的认知度低，参与的积极性不高。在留守妇女中，对村庄公共事务“非常关心”和“关心”的仅占 23.9%，而“不关心”和“从不关心”的则达到了 40.9%；有 59.1% 的人“不大了解”和“完全不了解”村委会选举程序，而“非常了解”和“比较了解”的仅为 16.9%。并且，虽然参与状况在丈夫外出后有所提高，但变化不明显（见图 1.19）。与此相对应的是，留守妇女很少向村委会反映自己的意见，“经常反映”的仅为 3.1%，而“从不反映”的高达 61.5%。

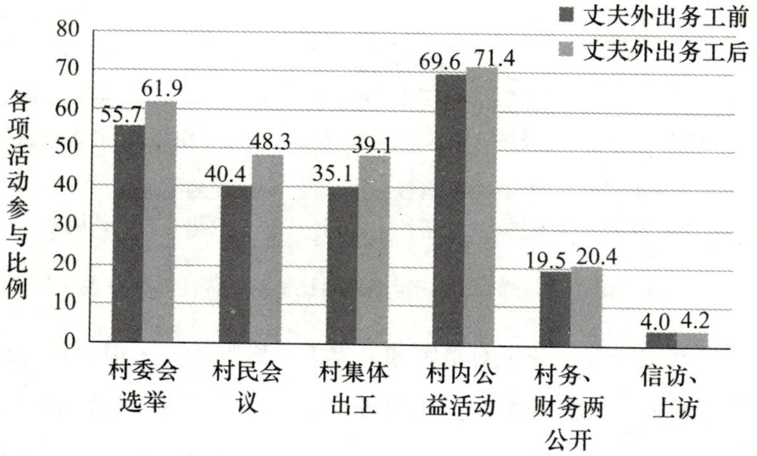

图 1.19 留守妇女丈夫外出前后参与村庄公共事务状况变化图（单位：%）

留守妇女的业余生活总体不够丰富多彩，业余活动一般以消遣性的休闲活动为主，较少完善自我的学习“充电”活动；而休闲活动又以串门聊天、看电视看书为主，较少健身娱乐活动。同时，在留守妇女中，参加过种植养殖、卫生教育、就业等各种培训的人不及 1/3，仅为 27.0%，有高达 73.0% 的人从未参加过培训。

二、问题及原因

通过上述数据分析，我们可以清楚地看到农村“留守群体”问题还是十分严重的，发展下去将会极大地阻碍我国现代化进程，制约社会的全面发展，必须引起党和政府以及全社会的高度关注和重视。

1. 主要问题

农村“留守群体”存在的问题涉及面非常广泛，包括生活、健康、安全、教育、养老、心理、社会活动等方方面面，而且各个群体又因各自的特性而面临不同的问题。撮其要而论之，具有普遍性的问题主要涉及以下几个方面：

（1）情感心理问题突出

总体而言，虽然农村“留守群体”的温饱问题已基本解决，但亲情缺失，情感心理问题却十分突出。留守儿童由于长期与父母分离，正常的心理沟通渠道不畅，普遍存在孤独感和焦虑感，在性格上发展为叛逆和懦弱两个极端，在与周围人发生矛盾时，为数不少的留守儿童会采取闷不吭声或吵架、发泄等极端方式解决。留守老人的生活态度不甚乐观积极，有将近一半的人对生活不抱希望，持悲观态度。留守妇女绝大多数感到孤独，夫妻长期分居使她们的情感难以得到慰藉。这一问题，尤其是留守儿童的心理问题，如果得不到很好的解决，将会埋下不安定的隐患，有可能引发重大的社会问题。

（2）教育严重欠缺

留守儿童教育是每个留守家庭最重视，但又最无能为力的问题。由于留守儿童监护人的文化教育水平普遍较低，加之教育资源分配不合理等原因，留守儿童教育缺欠严重。一方面，有相当部分的留守儿童无法接受正规教育，在六岁以下留守儿童中有一半以上没有进入幼儿园学习，在六岁以上留守儿童中已有 3.4% 已辍学在家；另一方面，家庭教育不力，为数不少的监护人不具有教育能力，在学业上无力给孩子以必要的指导，在品行上不会给孩子以正确的引导。绝大多数的六岁以上留守儿童学习面临困难，绝大多数的留守妇女面临子女教育的困难，其中最主要的是时间、精力和能力不足。

（3）安全隐患大量存在

虽然农村的整体治安状况尚可，但在大量青壮年男性劳动力外出务工后，部分农村的治安状况恶化，而乡镇派出所通常离村庄较远，村治安员或者外出务工，或者形同虚设，这使农村“留守群体”的人身与财产安全受到威胁的可能性增大。例如，一些村庄的牲口和家禽经常被偷，一些犯罪分子把留守妇女作为性侵犯的对象，留守儿童被火烧、被水烫、溺水、交通意外、被殴打或被拐卖等时有发生。调查显示，有25.1%的留守妇女曾遭遇过抢盗、打骂、骚扰、被骗或公然威胁等涉及人身、财产安全的问题；有2.3%的六岁以上留守儿童自己单独居住，没有监护人；有58.3%的六岁以下留守儿童在监护人做饭时无人看管，形成看护空白和漏洞。此外，乡村中小学的合并导致许多孩子上学路途更加遥远，不安全因素增加。这些说明农村还存在着公共安全盲区，安全隐患大量存在，安全问题不容忽视。

（4）留守老人生存状况堪忧

相对于留守儿童和留守妇女而言，留守老人面临的问题更为突出。一是基本生活状况差。在农村“留守群体”中，留守老人的日常生活费用最低，多数人每月的基本生活的费用仅够吃饭，有的甚至连吃饱饭都成问题。二是劳动压力大。留守老人大都要从事一定的体力劳动，如务农、务工、看孩子、做家务等，农业劳动负担尤为沉重。许多留守老人必须通过农业劳动获得自己日常生活所需，实现自身生活的基本保障。三是健康状况堪忧。大多数留守老人都患有一种以上慢性病，身体较差，由于医疗费用没有保障，许多人生病后就忍着或自己找土办法解决，普遍存在“小病拖、大病熬”的现象。更为严重的是，在独居的留守老人中，有近四成的人自理能力不足。四是精神空虚寂寞。留守老人的生活态度不够乐观积极，有近一半的人对生活持悲观的态度，多数人有孤独感和无聊感，消极、自我封闭甚至悲观厌世的倾向较为明显。五是精神生活贫乏。留守老人的日常活动范围小，社会交往少，业余生活单调，参与村庄公共事务的积极性总体不高。

（5）基本生活状况地区差异明显

农村“留守群体”基本生活状况地区差异明显。例如，2010年留守妇女家庭经济收入1 000元以下的西北和西南地区分别为3.4%和7.7%，而华东地区仅为0.7%；20 000元以上的西北和西南地区分别为15.0%和18.8%，而东北和华东地区则分别高达36.5%和35.2%。留守老人每月用于衣食等维持基本生活的费用在50元以下的西北和华北分别达到14.0%和18.2%，而西南和华东分别仅为1.8%和2.8%；500元以上的西北和华北分别为7.7%和3.1%，而西南和华东分别为15.9%和16.3%（见图1.20）。六岁以上留守儿童每天都能吃到荤腥和经常吃到水果的比例东北地区最高，分别为49.4%和73.2%，而西北地区分别仅为13.8%和39.4%（见图1.21）。总体而言，西部地区农村“留守群体”的生存状况远远差于东部地区。

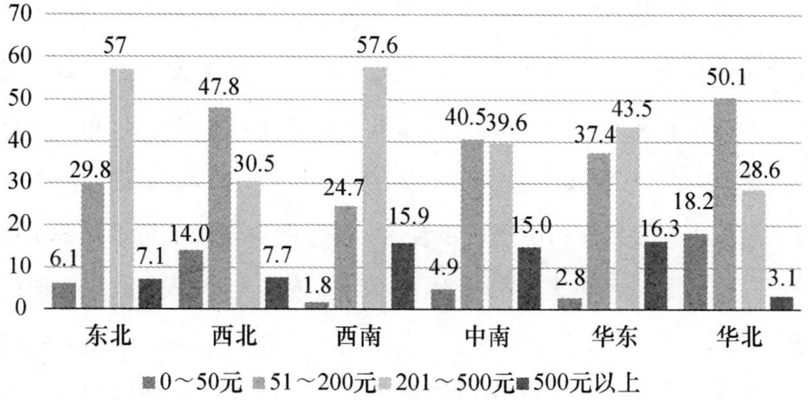

图1.20 留守老人每月基本生活费用地区差异图（单位：%）

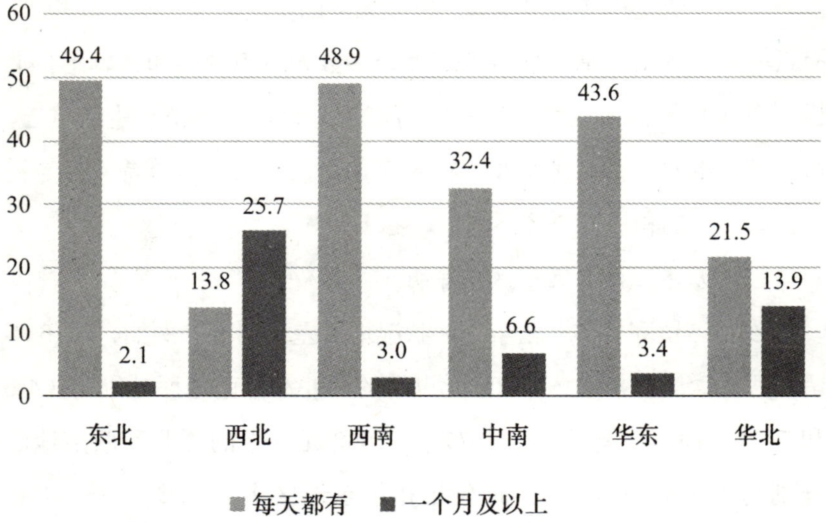

图1.21 六岁以上留守儿童吃荤腥状况地区差异对比图（单位：%）

2. 问题的原因

上述问题是在经济社会转型的大背景下，因社会发展滞后于经济发展，农村发展落后于城镇发展而产生的。究其原因，主要在于制度安排不甚合理。

（1）公共资源配置不均衡

由于我国长期实行的是城乡二元体制，因此城乡在居民收入和公共资源配置方面都存在巨大的差距，公共资源配置明显向城市倾斜，农村居民能够享受到的公共服务远远少于城市居民。同时，这种巨大的城乡差距又使得农村宝贵的人力、物力、财力进一步大量流入到城市，导致农村的进一步衰落。城乡公共资源配置不均衡主要表现在：一是农业的基础设施建设落后。农业生产仍然采用传统的耕作方式，农业机械化程度低，农业仍处于靠天吃饭的阶段。农产品的仓储、运输、市场等基础设施落后，农产品无法经过深加工提高附加值。因此，留守妇女和留守老人的生产劳动负担沉重，收入也无法得到提高。二是农村通讯信息基础设施投入不配套。农村信息化程度低，获取信息渠道少，信息流通不畅，培训不足，致使农村留守人员无法及时获得急需的指导农业生产、帮助生产决策的必要信息。这不仅影响了他们的农业生产，也降低了他们的生活质量。三是医疗卫生基础设施布局不合理。我国的医疗卫生资源 80% 集中在城市和大医院，农村医疗卫生资源严重不足，条件差、设备少、水平低，不少乡镇卫生院设备陈旧，技术人员匮乏，服务功能不强，诊疗技术和水平低下，农民患病在当地难以得到有效治疗，而要到外地、到大医院就诊，又负担不起，农村缺医少药的局面还没有根本扭转。四农村基础教育设施不健全。农村教育的投入、师资、基础设施等都远远落后于城市教育，经费匮乏、资源短缺，留守儿童无法受到与城市儿童同等水平的教育，在学习上普遍面临困难。五是农村文化娱乐基础设施极度匮乏。农村“留守群体”的文化娱乐活动单调，在农闲时节大都只能靠看电视、串门聊天、打麻将等方式打发时间，缺乏积极健康的文化生活。六是农村公共安全资源极其薄弱，大量的村庄公安力量严重不足，随着青壮年外出务工，村庄自我防卫的能力降低，公共安全存在隐患。

（2）社会保障制度不健全

我国农村的社会保障不仅制度建设严重滞后，而且既有的制度安排也不甚合理，存在覆盖面小，收益低等问题。从养老保险来看，新型农村养老保险参保受益面偏低。据第六次全国人口普查数据，居住在乡村的人口为 6.74 亿人，占总人口的 50.32%。[①]有研究表明，农村老年人口的比重为 18.3%。依此计算，农村地区 60 岁及以上老

---

① 参见中华人民共和国国家统计局：《第六次全国人口普查主要数据发布》，2011年4月28日，http：//www.stats.gov.cn/zgrkpc/dlc/yw/t20110428_402722384.htm。

年人口应该为1.23亿人。[①]而据人力资源和社会保障部的统计，截至2011年底，国家新型农村养老保险试点地区参保人数共计3.3亿人，实际领取待遇人数为8 525万人，[②]换言之，大约还有3 809万以上的农村老年人没有养老金。从医疗保险来看，虽然目前新型农村合作医疗制度已覆盖全国绝大多数农民，参合率超过了96%，农村居民获得了基本的医疗保障，但由于医药费报销比例过低，参保人员受益少，吸引力不大。不少地方的新农合起付线过高，封顶线较低，并且看病地点越远报销比例越低，对得了大病，真正遇到困难的人员帮助不大，难以从根本上解决农民因病致贫、因病返贫的问题。不合理的社会保障制度和低下的社会保障水平，使农村留守人员的生活和健康得不到基本的保障，从而增加了他们的生活和心理负担。

（3）社会组织发育程度低

社会组织是社会管理和公共服务的重要平台和依托。随着社会组织的不断发展，它们在参与社会管理、开展公益活动、满足群众需求、促进精神文明建设、增进社会和谐等方面必将发挥越来越重要的作用。改革开放后，我国的社会组织虽然有了很大的发展，但仍然严重不足。我国每万人所拥有的社会组织数量与发达国家比相距甚远，农村更是匮乏。进一步而言，我国不仅社会组织的组织体系不够发达，其结构和功能也不够合理与完善。从结构上分析，在农村，互益型的社会组织占比较高，如“红白理事会”、“妇女禁赌会”、“老人协会”、“地戏会”等，但承担公益服务的社会组

① 唐钧：《老龄化对策的重点：农村养老保障和服务》，2012年8月18日，http：//blog.sina.com.cn/s/blog_704bf77b010175j5.html?tj=1。

② 参见中华人民共和国人力资源和社会保障部：《2011年度人力资源和社会保障事业发展统计公报》，2012年6月5日，http：//www.mohrss.gov.cn/page.do?pa=402880202405002801240882b84702d7&guid=62bfe5a694194d7fb1a9cbb840fce896&og=8a81f0842d0d556d012d111392900038。

织占比较小，为弱势群体提供公共服务的社会组织就更为稀缺。从功能上看，社会组织普遍存在公益性弱，自治程度低，自主性差，内部管理不规范等问题，不论在管理上还是在财政上都对政府有相当程度的依赖。社会组织的发育不良和社会自我调控体系的脆弱，使得许多本应由社会组织承担的公益使命得不到有效落实，农村"留守群体"中存在的许多问题得不到有效解决。

（4）农村基层组织弱化

基础不牢，地动山摇。农村基层组织是共和国大厦的基石，不可或缺。改革开放以来，农村经济基础的变化给农村基层组织建设带来严峻的挑战，农村基层组织涣散，功能弱化现象十分严重。一方面，我国大多数农村集体经济薄弱，可支配的资金十分有限，村的负债率普遍较高。"巧媳妇难为无米之炊"。村级财力不足使得农村公益事业缺乏基本保障，基层组织的作用难以有效发挥。另一方面，大批农村青壮年外出务工导致农村精英流失。目前，农村基层组织成员普遍存在着年龄大、文化程度低、素质差的问题，相当一部分农村基层组织除了到届按照上级规定进行选举外，常年不开会，不运作，也很少组织村民参与村庄公共事务和公益活动，基本处于瘫痪状态。调查显示，在留守妇女和留守老人中，有大约一半的人不关心、不参与村庄公共事务，更有将近六成的留守妇女不了解村委会选举程序。农村基层组织弱化导致大量农村"留守群体"的问题得不到及时、有效的化解，堆积成为巨大的社会问题。

（5）农村经济发展落后

农村经济发展落后是造成农村"留守群体"问题的根本性原因之一。由于农村经济不发达，农村劳动力不得不背井离乡，外出务工谋生。与这一问题相关的农村经济不发达主要表现在以下方面：一是农村的生产经营方式落后，产业结构单一，没有形成农、林、牧、副、渔一体化农业和多样化、特色化的农业产业结构，作物品种单一，附加值低，无法提高农民的收入，促进农村经济的快速发展。二是农村资源开发利用率低，大量资源被闲置、浪费，无法促进资源优势向经济优势的转变，实现资源的经济价值。三是农村乡镇企业和第三产业发展缓慢，农村非农产业吸收就业的能力相对低下，无法就地实现农村剩余劳动力的转移。

三、实际需求

要切实解决农村“留守群体”问题首先必须了解他们的实际需求。为此，课题组在调查问卷的最后设计了一道开放题，让受访者自主表达自己的需求和愿望。共有1 970位留守老人和1 897位留守妇女回答了这一问题。通过整理、分析和归纳，我们发现，留守老人和留守妇女的需求主要集中在以下方面：

1. 经济资助

总体而言，农村“留守群体”的生活普遍比较困难，因此要求经济资助的呼声最高。有600多位留守老人将“经济补助”作为主要乃至唯一的诉求，有500多位留守妇女表示需要经济上的帮扶；并且这种需求在被调查的各省分布较为普遍。具体的诉求主要是要求政府多给些补助，如“最基本最重要的就是物质帮助”；“能给一些帮助，让我们有一些富余的钱”；“希望逢年过节多给点补贴”；“政府多给补贴，解决经济上的困难”；“政府多帮助老人、妇女、儿童，多做些具体的事情。社会上的人也应该多多给予关注，多给点钱，加大投入，保证咱妇女、老人生活有保障”；“在农业上政府多给点补贴”等。此外，也有些留守老人希望子女多给些赡养费，如“子女和政府给适当补助”；“不用政府，靠儿子”。

2. 公共服务设施建设

这一方面的需求主要涉及教育、养老、文化等基础设施的建设。首先是教育基础设施建设。这一需要一方面体现在要求政府为孩子教育提供良好的校舍、开展学龄前教育（幼儿园）、提高师资水平、降低费用等方面。如“希望政府提供相关教育机构（寄宿学校等），减轻留守妇女生活上的压力，同时也为孩子提供更好的教育环境”；“希望政府能多在经济上帮助‘留守儿童之家’机构，能使孩子得到更好的教育”；“建立子女托管机构，以便自己出去打工”；“支持建立一些学前教育机构，使孩子得到较好的教育，自己在教育孩子方面确实无能为力”。另一方面体现在要求教育公平上，如“增加农村孩子入城受教育的机会”；“感觉教育子女的压力比较大，乡下孩子上城市幼儿园、小学的难度较大，经济条件也不允许，希望能改变这样的状况”；“对子女的入学问题上，片区的划分，子女想上另外地方好点学校很麻烦，通常都是高额的择校费，还得托关系，希望有关部门能协调一下”。其次是养老设施的建设。主要是希望在村里建养老院，以使老人能安度晚年，家人能减轻负担。如“自己一个人住，生活挺不方便，村里最好是建个养老院，生活也好有个照顾”；“在村里建养老院，减轻赡养老人的压力”；“我想出去打工贴补家用，可是放不下家里的老人，希望村里有个养老院，帮自己照顾父母，就可以放心去打工，并且贴补家用给孩子们了”等。最后是公共文化设施的建设。主要是希望安装一些健身娱乐方面的设施，如“希望村里安装一些健康器材就好了”；“在村里建立图书馆”；“政府要是能够建个老年活动中心，让我们老人打打牌，下下棋就好了，多搞点文艺活动，扭扭秧歌，跳跳戏”；“希望政府建一个活动广场，供中老年人活动交流”，“为留守妇女建些娱乐场所，以供排遣无聊孤独”等。

3. 医疗保障

人老病多，健康医疗也就成为留守老人和留守妇女关注的主要问题之一。这方面的诉求大致可分为两类：一是改善医疗条件。诸如“希望改善村里的医疗卫生条件”；“提供医疗卫生上门服务对老人进行身体健康检查”；“做到定期为农村妇女的身体健康检查”；“加强妇女保健、医疗卫生等方面的措施”；“多在村里建几个卫生站，请一些医术水平更高的医护人员”等。二是降低医疗成本。这主要包括降低药品、医疗费用等价格和加大政府对农村医疗的财政补贴。在调查中,有400多位留守老人提出了这方面的要求,具体包括：“药价高，期望降低药价，方便就医”；“政府增加免费做白内障手术的名额，医疗费用免除额度能高点”；“新农合报销比例要是再高点就好了，看病花费能少点，别的都好”；“农村医疗保险的报销范围过窄，缴50元/年住院可报80%，普通抓药打针报不了，自我觉得不是很值，特别是药价涨得厉害”；“医疗报销的门槛能减少些，除了住院报销比例大点外，很多药物是不能报销的。也希望政府补贴政策执行得更透明”等。

4. 精神生活

这主要包括心理慰藉和精神生活两个方面的需求：一是心理情感的慰藉。留守老人和留守妇女家庭生活压力大，业余生活单调，精神寂寞，迫切需要得到来自亲人的精神慰藉。有400多位留守老人提出，希望在外务工的子女能够经常回家看看或者打电话回家问候一下，能和自己以及孙辈进行感情交流。例如，“希望子女能常回来，多陪孩子”；“希望子女能多回家陪老人聊聊天”；“希望子女多联系、多看望、多关心”等。还有一些留守老人和留守妇女提出要增加政府的关心和社会的关爱，如希望“政府多走访，多接触农民生活，了解农民生存状况”；“希望政府对留守在家的妇女有一些慰问活动，提供救援，缓解沉重的劳动负担”；“社会给予更多的关爱”等。二是业余生活的组织。如“希望政府对留守妇女提供娱乐活动，让留守妇女能够不那么孤单”；“集体给留守妇女组织一些活动，增加生活乐趣”等。

5. 各类培训

为了提高自身的素质，大多数留守妇女都提出了接受培训的需求。所列举的培训主要包括就业培训、创业培训、农业技术培训（养殖、种植等）、家庭教育培训、心理培训、医疗培训，等等，其中尤以就业、农技等方面的培训为主。例如，“希望组织妇女进行技术等各方面的培训，建立相关机构，提高妇女各方面的应对能力”；“希望政府多为妇女提供致富信息，副业操作培训等”；“希望政府组织妇女进行生产，教育子女等方面的培训”；“多办一些种植、养殖培训班”；“政府可以多举办一些实用的培训，一方面可以使自己懂得更多，多掌握一门技术，增加家里收入；另外一方面也可以使自己生活充实一些”；“给予年轻妈妈一些关于育儿的培训和一些卫生保障健康培训”；“在妇女留守时加强心理承受能力以及家庭和谐方面的培训，使家庭更加稳固；多培训妇女，提升妇女素质，增强‘四自’精神，努力实现‘半边天’独撑一方天地”等。

6. 农村经济发展

留守老人和留守妇女普遍希望能够大力发展农村经济和县域经济，以使子女和丈夫能就近务工，既能保证家庭收入，又能做到一家团聚，相互照应。留守老人大都仍抱有“养儿防老”的观念，希望能由子女来照料自己的生活。因此，有许多留守老人提出“希望子女可以就近工作，可以在县城找活干”；“在村里建立一些企业，使子女能够就近就业，也能照顾老人”。留守妇女一则希望“村里多搞些工程、工厂之类的项目，让我们能在家也挣钱养家”；二则希望政府发展当地经济，“采取一些好的措施将当地经济发展起来，这样丈夫也就不用外出，自己的生活也会轻松许多”；“希望政府可以兴办些企业，创造更多的就业机会，这样丈夫就不必外出打工，家里劳动压力和家庭关系都会好些”；“希望政府招商引资，丈夫可以回来工作，自己的生活也不至于那么孤独，对孩子的成长和教育方面也会有帮助”等。

四、对策建议

农村“留守群体”问题大量存在，并且日益严重，已对社会发展和社会和谐构成了严峻的挑战，亟待认真解决。在梳理问题、分析原因的基础上，我们认为，解决这一问题的基本思路应该是“权利本位，公平优先，政府主导，多方合作”。

权利本位就是要充分尊重和保护人的基本权利。这是“以人为本”的核心和关键，是社会管理的基本价值和根本宗旨。所谓人权，就是“每个人对自己生活于其中的社会所享有的或应该享有的正当要求”。生命权和生存权是最基本的人权。保障人的基本权利应该贯穿于解决农村“留守群体”问题的始终，特别是要关注农村“留守群体”的人身权和财产权、留守儿童的受教育权、留守老人的社会经济权、留守妇女的参政权，等等。

公平优先就是要从社会公平出发，促进基本公共服务的均等化，将农村“留守群体”问题的解决纳入整个国家基本公共服务体系构建的规划中，保障农村“留守群体”能平等地享有基本公共服务。社会公平不仅要求保障每个社会成员的基本权利和机会平等，还要对弱势群体给予利益补偿，使所有社会成员都能够真正处于平等地位。

政府主导就是政府要担负起保证为农村“留守群体”供给各种基本公共服务的责任,维护社会公平、公正和正义。这是政府作为“正义捍卫者”的本质要求。政府要保证基本公共服务的供给并不意味着政府要亲自生产，包揽一切。政府在这方面的职责主要是统筹规划，支持保障，协调监督。

多方合作就是要充分动员全社会关爱农村“留守群体”，建立起由家庭、政府、工青妇、村（居）委会、社会组织、有社会责任感的企业以及公民等各种社会力量共同参与的合作网络，健全和完善合作机制，以最大限度地发挥不同社会力量的优势，为农村“留守群体”提供各种优质高效的基本公共服务。

在这一基本思路指导下，结合农村“留守群体”的实际需求，我们提出如下具体对策和建议：

1. 切实保障农村“留守群体”的合法权益

保障农村“留守群体”的合法权益是解决农村“留守群体”问题的本质要求。第一，要加强对《中华人民共和国未成年人保护法》、《中华人民共和国义务教育法》、《中华人民共和国妇女权益保护法》、《中华人民共和国婚姻法》、《中华人民共和国老年人权益保障法》等法律的修改和完善，为农村留守儿童、留守老人、留守妇女的权益保护提供制度保障。第二，地方政府应该按照相关法律的精神，结合本地的实际情况制定地方性法规、地方政府规章或规范性文件，使农村“留守群体”的权益保护真正落到实处。第三，要加大执法力度，对针对农村“留守群体”的侵权行为采取“零容忍”措施，尤其是公安部门要采取严厉措施，切实保障已经极端弱化的农村“留守群体”的合法权益不受侵害，净化乡村的治安环境。第四，可建立维权热线电话、法律援助工作站等受理相关事宜，及时发现和纠正可能针对农村“留守群体”的暴力以及非暴力的威胁、恐吓、欺诈等现象。第五，要加大相关法律法规的宣传力度，让农村“留守群体”了解自己所拥有的人身权与财产权，并树立公民合法权益不容侵犯的观念，在必要时敢于、善于使用法律武器捍卫自己的合法权益。

2. 大力发展农村经济和县域经济

大力发展农村经济和县域经济是解决农村“留守群体”问题的根本举措。一是要加快农业产业结构的调整，形成农、林、牧、副、渔一体化农业和多样化、特色化的产业结构，提高农产品的附加值，实现资源的经济价值，增加农民收入。二是加快县域经济，特别是第三产业的发展，提升本地非农产业吸收就业的能力，实现农村剩余劳动力的就地转移。三是要积极鼓励农民自主创业，特别是依据本地的资源禀赋，结合本地农业生产特点的创业，发展农村经济产业链，带动一批农村经济实体的发展。四是大力扶持农村特色手工业的发展，引进一些手工艺品制作或来料加工等，将农村分散的闲置劳动力组织起来，使更多的人坐在家里就能挣钱，安心农村生活。特别是要尽可能地让做了母亲的人留在家乡照看孩子，给孩子以母爱，让孩子健康成长。

3. 加大公共财政的投入力度

加大公共财政的投入力度是解决农村“留守群体”问题的基本保障。首先，要加大公共财政对农村基本公共服务设施建设的投入力度，特别是有关农业生产、教育、卫生、养老等方面的基础设施建设。其次，要加大中央与省级财政对农村教育、卫生、社会保障的转移支付力度，特别是对西部农村和偏远山区的转移支付。再次，各级政府应加大购买为农村“留守群体”提供各类基本公共服务的力度，通过购买服务的方式来增加基本公共服务的内容，扩大基本公共服务的范围，提高基本公共服务均等化的水平。政府购买这方面的基本公共服务应从农村“留守群体”的实际需要出发，目前特别是要加大购买教育、培训、养老、卫生、法律援助、心理咨询等方面的基本公共服务。最后，各级政府应加大对设立农村“留守群体”专项资金的投入，专款专用，通过建立关爱基金、小额贷款、担保贴息贷款等形式来减轻农村“留守群体”的生活和劳动负担。例如，可考虑建立留守儿童教育转移专项基金，通过发放教育券的方式，实现学龄儿童教育资金随儿童就学转移，帮助留守儿童到父母务工流入地就学。

4. 加快推进城乡统筹综合改革

推进城乡统筹综合改革是解决农村“留守群体”问题的治本之策。各级政府应抓住统筹城乡综合改革的有利时机，积极推进城乡一体化，尤其是要加快教育、卫生、文化、社会保障等基本公共服务领域的城乡统筹改革，不断改善农村社会经济环境，缓解农村“留守群体”问题。第一，要正视现实，统筹规划。城乡差距短时间难以消除，市场经济下人口流动不可避免，全国范围内的人口流动，尤其是跨省流动已经是一种常态。因此，中央政府应当在财力许可的情况下，尽快对跨省流动带来的子女教育、医疗、文化等基本公共服务做出适当的政策安排。第二，要淡化户籍身份。流动人口流入地的地方政府应以实有人口为依据，以公平为核心制定有关流动人口的各项政策，将流动人口纳入地方经济社会发展规划，从根本上解决进城务工农民及其子女和家人的教育、医疗、权益保护和社会服务问题，减少农村“留守群体”的存量和增量。第三，要尽快建立和完善城乡一体化的社会保障制度，推进“土地换保障”工作。为留守妇女和留守老人的生活和健康提供基本保障，为愿意放弃土地进城的人员提供社会保障。第四，要合理配置城乡公共资源，除了必要的饮用水等基本生活设施、道路以及水利等农业基础设施之外，更要强化乡村的教育、卫生、文化等基本公共服务与社会治安，逐步实现城乡基本公共服务的均等化。

5. 充分发挥社会组织的作用

发挥社会组织的作用是解决农村“留守群体”问题的主要手段。社会组织的性质决定了它应该在解决农村“留守群体”问题的过程中扮演基本公共服务的主要提供者的角色。为了充分发挥社会组织的作用，一方面，政府应该与社会组织建立起合作伙伴关系，通过购买服务等方式将为农村“留守群体”提供的基本公共服务交由社会组织承担。另一方面，社会组织要加强自身的能力建设，特别是项目开发和运营能力的建设，提高项目管理水平，通过项目运作带动组织发展。同时，在项目实施过程中要尽可能地使用志愿者，促进志愿者服务的普及。目前，社会组织可以更多地在组织开展留守妇女培训，开办托管机构，开展法律、心理等咨询，普及医疗、教育等方面提供服务。

6. 加快搭建农村社区平台

搭建农村社区平台是解决农村“留守群体”问题的基本途径。现阶段农村“留守群体”问题的有效解决必须也只能以农村社区为依托和支撑。为此，第一，要切实加强村级组织建设，包括农村党的基层组织和村民委员会。要优化村级组织的结构，提高村级组织成员的素质，充分发挥村级组织的作用，使它们真正成为活动组织者，利益代言人和服务监督者。在留守人员较多的村庄，应考虑在村委会和村支部中增加留守老人、留守妇女的代表，以更好地在村庄重大决定的制定和实施中体现和维护“留守群体”的合法权益。第二，要加快建立农村互助型民间组织，如留守妇女互助组、留守老人“夕阳红”互助会、村民合作社等，使农村留守妇女和留守老人通过相互帮助，相互扶持，相互关照，实现互补互益，互助互利。第三，要积极建构农村社区的公共空间，包括有形的物质空间和无形的人际交往空间，如公共论坛、活动中心等，为农村“留守群体”提供参与公共事务，交流情感的平台和渠道。可考虑对现有的农村社区公共场所进行改造，适当减少办公场所面积，扩大服务和活动空间，建设可变动的综合活动中心，以满足不同群体活动的要求。第四，要参与农村社区基本公共服务的提供。如可以考虑通过政府购买服务的方式，就地组织和动员符合条件的留守妇女为邻近的留守儿童和留守老人提供照看和养护服务。这既可为留守妇女增加一定的收入，又可经济、有效而持续地为留守儿童和留守老人提供必要的基本公共服务。第五，要组织丰富多彩的活动。村级基层组织应通过经常组织开展丰富多彩、形式多样的活动，如科技知识、医疗服务、农业技能指导、文艺演出下乡活动以及有地方特色的传统民间娱乐活动等，满足农村“留守群体”的多样化需求，激发他们的参与兴趣和热情，调动他们的积极性，以增强农村社区的凝聚力。第六，要加强人才的输入，特别是教育和医疗卫生方面的人才的输入。例如：可考虑借鉴“大学生村官”的经验和国外的做法，政府聘用医学和师范大学毕业生到乡村服务，对具有两年以上乡村行医执教经历的，在地级以上城市医院和中小学录用时优先考虑，以充实农村的教育和卫生力量。

第二章　农村留守儿童生存状况研究

20 世纪 80 年代，随着我国城市化进程的发展和人口流动政策的相对宽松，大批农村人口进入到城市务工，并且呈现逐步攀升的趋势，目前全国约有 2 亿农民工加入到城市化建设的队伍中。由于户籍制度和经济收入的限制，农民工的子女被留在农村，从而形成一个特殊的群体——农村留守儿童群体。儿童是身体、心理发展的关键时期，由于长期得不到父母的照顾，加之受社会不良风气的影响，农村留守儿童在学习、安全和健康等方面出现了许多问题，影响到儿童健康成长。本章将在实地调研的基础上，论述农村留守儿童的发展现状，分析其存在的问题及成因，进而有针对性地提出解决农村留守儿童问题的基本思路和具体对策措施。

一、留守儿童的总体现状与基本特征

本调查将“农村留守儿童”的概念界定为：父母双方或一方外出打工，孩子留在户籍所在地，不能和父母双方共同生活的 18 周岁以下的农村未成年人。并且根据儿童在年龄、认知度等方面的差异，将调查样本划分为六岁以下留守儿童和六岁以上留守儿童两组。此次调查实际获得六岁以下留守儿童的有效调查问卷为 1 290 份，问卷根据监护人的对答填写；六岁以上留守儿童有效调查问卷 1 310 份，问卷根据被调查者个人的对答填写。

1. 留守儿童与监护人的基本状况

（1）留守儿童基本状况

六岁以下留守儿童平均年龄为 3.8 岁，其中 3～5 岁的留守儿童占到六岁以下被调查留守儿童总数的 71.5%（见图 2.1）。六岁以上留守儿童年龄的平均值为 11.7 岁，其中 7～15 岁年龄段集中了 86.2% 的留守儿童，主要是小学和初中义务教育阶段学生（见图 2.2）。总体上看，留守儿童中以男孩居多，占 55.0%。

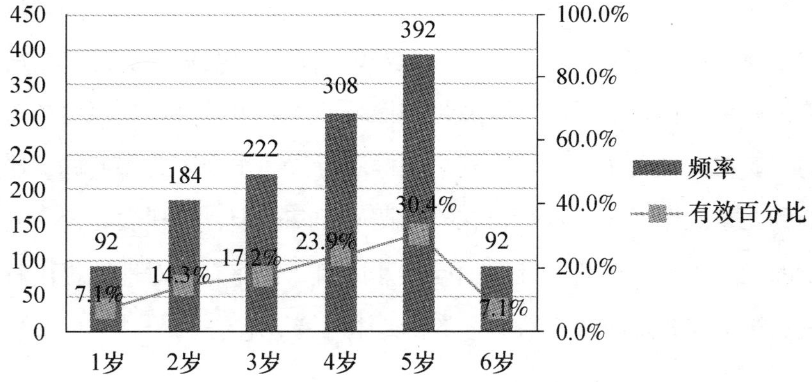

图 2.1 六岁以下留守儿童年龄段分布频率及比例图

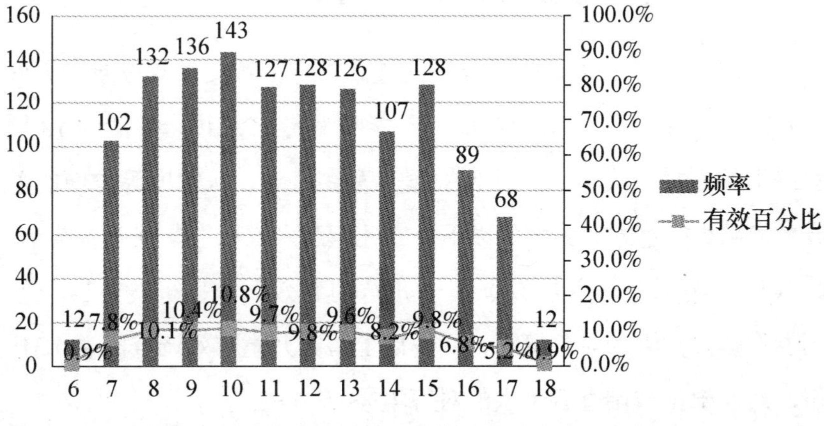

图 2.2 六岁以上留守儿童年龄段分布频率及比例图

（2）留守儿童监护人状况

留守儿童的监护人以（外）祖父母为主。六岁以下留守儿童的监护人九成以上是（外）祖父母和母亲（见图 2.3），且监护人以女性居多（见图 2.4）。六岁以上留守儿童的监护人 74.5% 是（外）祖父母；在经济发展水平较好的地区，（外）祖父母更愿意接纳六岁以上的留守儿童。但是，还有 2.3% 的六岁以上留守儿童没有临时监护人而单独居住（见图 2.5），男生单独居住的比例较大，约为 60%（见图 2.6）。

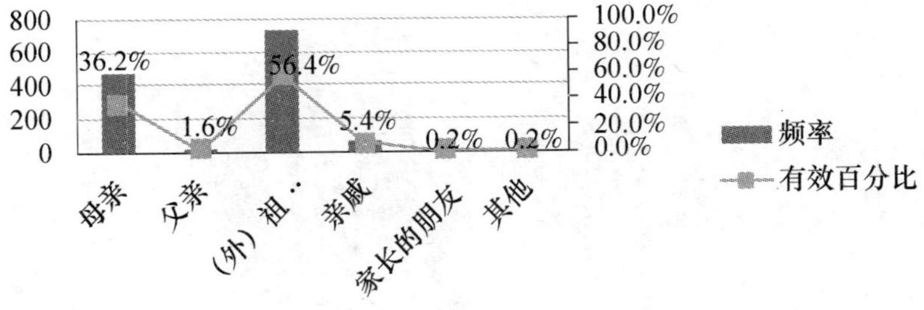

图 2.3　六岁以下留守儿童监护人类型及比例图

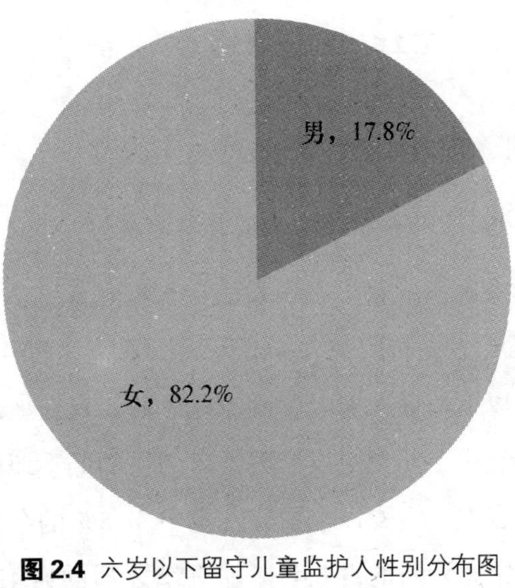

图 2.4　六岁以下留守儿童监护人性别分布图

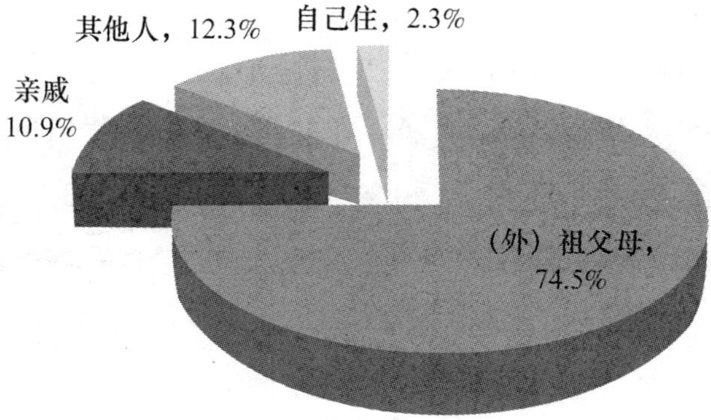

图 2.5 六岁以上留守儿童监护人状况示意图

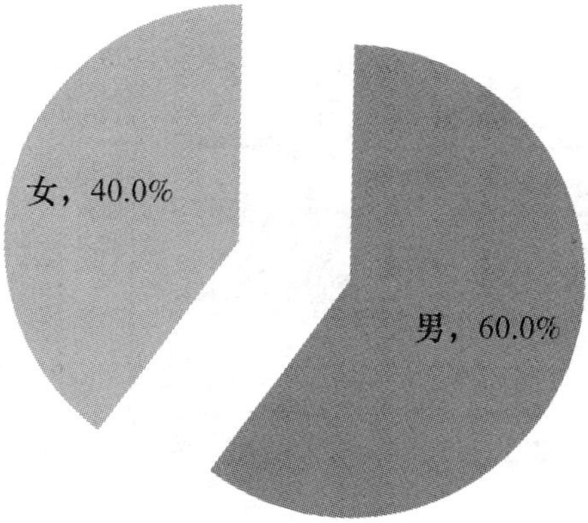

图 2.6 独居留守儿童性别分布图

2. 留守儿童的人际关系状况

（1）留守儿童对监护人家庭关系的影响

留守儿童会在一定程度上引发监护人家庭矛盾。六岁以下留守儿童在一定程度上成为监护人家庭矛盾的源点，有 4.6% 的家庭会因为监护六岁以下留守儿童经常闹家庭矛盾，且在地区经济发展水平相对较好的省份，儿童引发家庭矛盾的比例低于地区经济发展水平相对较差的省份。六岁以上留守儿童中 48.5% 的会与监护者发生家庭矛盾，经常有矛盾的占 6.4%，偶尔有矛盾的为 42.1%。在地区经济发展水平相对较好的省份，六岁以上儿童和监护人发生矛盾的比例小于地区经济发展水平相对较差的省份。

（2）留守儿童处理矛盾的方式

六岁以下留守儿童与人发生矛盾时，向监护人诉说的几率较大。在被调查者中，有 48.3% 表示孩子会回家向监护人诉说，有 33.3% 表示儿童保持沉默，有 14.4% 表示儿童会回家发脾气，还有 4.0% 表示儿童会向不在身边的父母诉说。值得注意的是，不同性别的留守儿童处理矛盾的方式有很大的差别（见图 2.7）。此外，在地区经济发展水平相对较差的省份留守儿童在和周围人发生矛盾后，相对有更多的儿童会闷不吭声、回家发脾气（见图 2.8）。六岁以上的留守儿童和周边人发生矛盾时，17.1% 的留守儿童选择“和别人吵架”这种极端方式解决问题，40.8% 选择闷不吭声，24.7% 选择向其父母诉苦，另有 17.4% 会采取某种行为发泄（见图 2.9）。

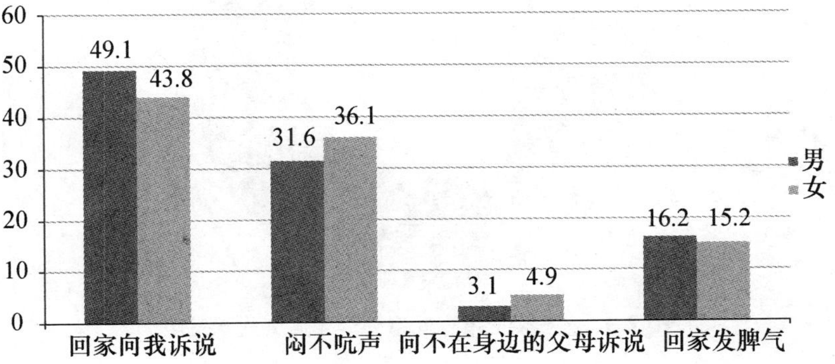

图 2.7 不同性别六岁以下留守儿童处理矛盾方式比例图（单位：%）

（3）留守儿童的同辈社会交往

在是否有玩伴方面，大部分留守儿童有较多玩伴，部分留守儿童没有玩伴或仅有较少的玩伴。61.1% 的监护人表示自己监护的六岁以下留守儿童经常和别的小朋友玩耍，不经常、很少和基本不和

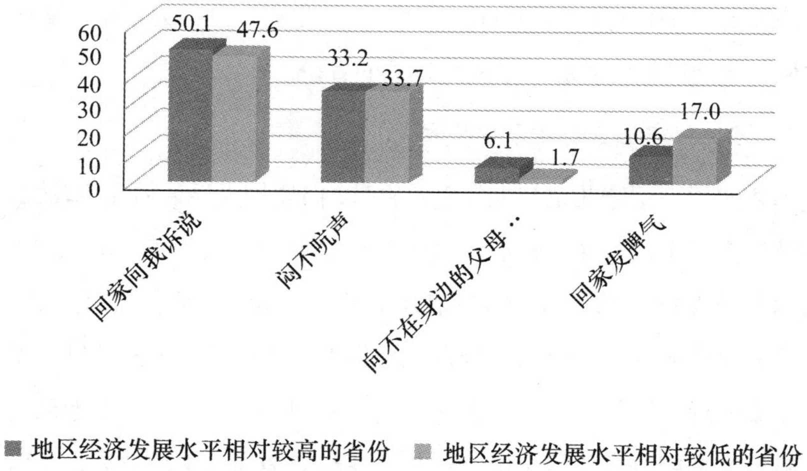

图 2.8 不同经济发展水平省份六岁以下留守儿童处理矛盾方式对比图（单位：%）

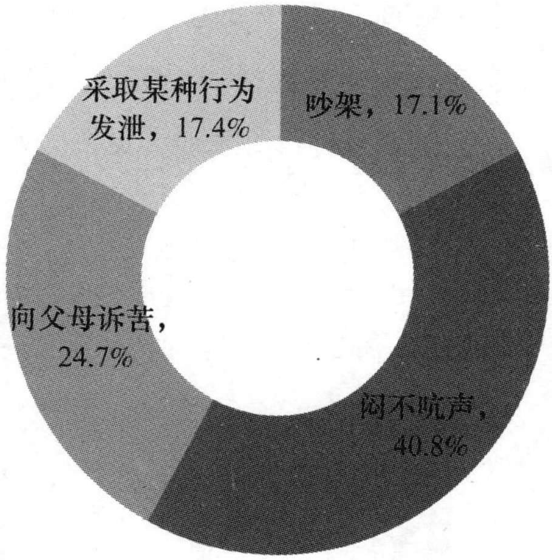

图 2.9 六岁以上留守儿童处理矛盾方式示意图

别的小朋友玩耍的百分比分别为 18.8%、11.2%、8.9%，三者占总数的 38.9%。这说明一半以上的六岁以下留守儿童有较多小伙伴。

近一半的六岁以上留守儿童有较多玩伴。有 47.4% 的六岁以上留守儿童有很多玩得好的小伙伴，41.3% 的六岁以上留守儿童有若干个小伙伴，也有 10.8% 的六岁以上留守儿童的小伙伴很少，还有 0.5% 的六岁以上留守儿童没有“玩得好”的小伙伴。

3. 留守儿童的基本生活状况

（1）六岁以下留守儿童

大部分六岁以下留守儿童的基本生活有保障，但仍有部分六岁以下儿童的基本生活存在困难。具体情况如下：

在衣服供应方面，67.2% 的六岁以下留守儿童监护人表示小孩的衣服仅够替换，29.0% 的监护人表示小孩的衣服比较多，但仍有 3.8% 的监护人表示小孩的衣服不够替换（见图 2.10）。在地区经济发展水平相对较好的省份，儿童的衣服供给比地区经济发展水平相对较差的省份充足。在华东地区有 40.4% 的被调查者表示小孩的衣服比较多，而在东北地区这一比例降到 13.1%。这表明地理分区差异对六岁以下留守儿童的生活存在影响。

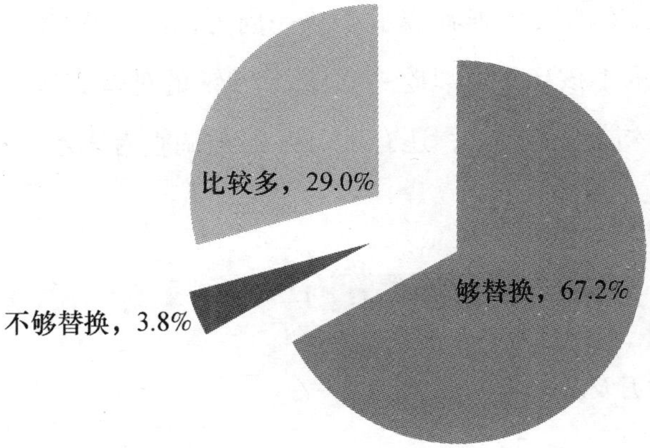

图 2.10　六岁以下留守儿童衣服供应状况示意图

在生活费用方面，父 / 母外出打工后每个月给六岁以下留守儿童 200 元以下生活费的有 28.1%，200～500 元的有 35.3%，500～800 元的占 14.2%，更有 11.2% 基本不给生活费（见图 2.11）。人口集聚的村庄、人均收入相对较好的村庄，六岁以下留守儿童的生活费也相对高一点。

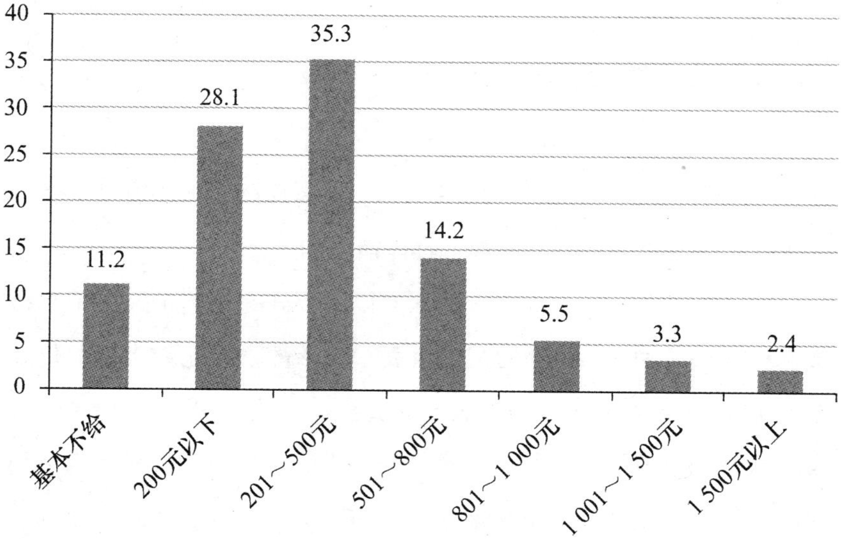

图 2.11 六岁以下留守儿童月生活费状况比例图（单位：%）

在食物供给方面，35.1% 的被调查者表示小孩每天都能吃一次荤，35.2% 的被调查者表示小孩一周可以吃一次荤，9.7% 的被调查者表示小孩半月可以吃一次荤，7.9% 的被调查者表示小孩一个月以上才能吃一次荤，还有 12.1% 的被调查者表示“小孩太小，不能吃荤”（见图 2.12）。

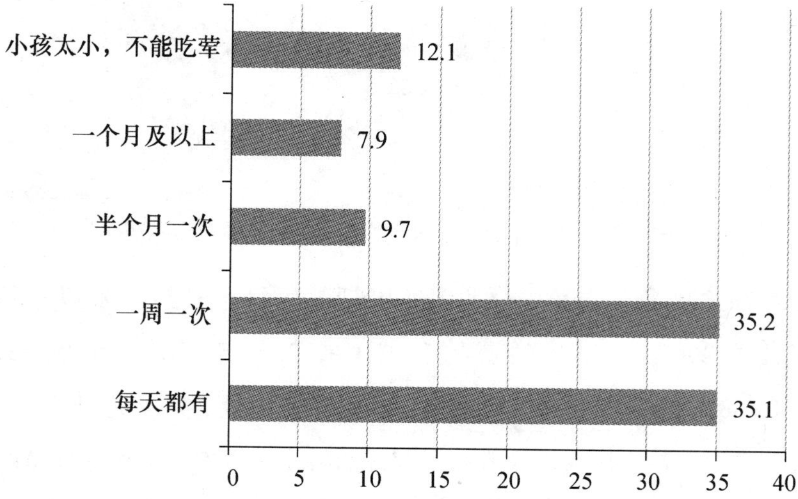

图 2.12 六岁以下留守儿童吃荤腥状况比例图（单位：%）

在营养方面，六岁以下儿童理论上讲每日都应有一定量的营养摄入，但实际上几乎所有的被调查者都没有主动地为小孩提供牛奶或奶粉，这不仅取决于孩子是否想喝，更取决于家庭经济状况。在不同的地区经济发展水平下，均有 8.0% 左右的监护人表示没有钱给小孩买奶粉（见图 2.13）。村庄距县城的远近与小孩每天都能喝到奶粉两者间的 Pearson 相关系数为 0.054，显著性（双侧）系数为 0.049，在 0.05 水平（双侧）上呈现显著相关。这说明越是偏远的乡村，六岁以下留守儿童的营养状况相对越差。

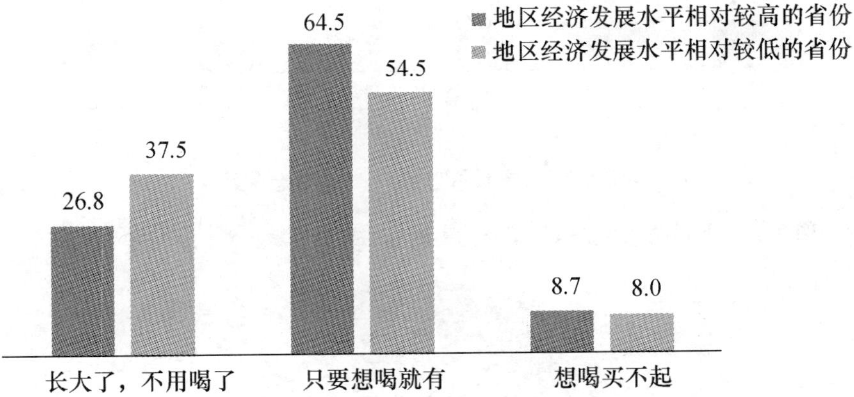

图 2.13　不同经济发展水平省份六岁以下留守儿童牛奶供应状况对比图（单位：%）

在水果供给方面，绝大多数被调查者表示经常或偶尔能吃到新鲜水果，仅 7.5% 的被调查者表示基本吃不到新鲜水果（见图 2.14）。

（2）六岁以上留守儿童

六岁以上留守儿童在零花钱、饮食营养、水果供应方面基本上能够得到保障，但是仍有一定比例的儿童基本生活得不到保障；六岁以上留守儿童在做简单家务方面表现出一定独立性。

在零花钱方面，83.2% 的留守儿童有零花钱，16.8% 的留守儿童没有零花钱（见图 2.15）。村庄农民年人均纯收入同六岁以上留守儿童每个月零花钱的数额的 Kendall 相关系数为 0.146，显著性（双侧）系数为 0.000，呈现显著的正相关关系。

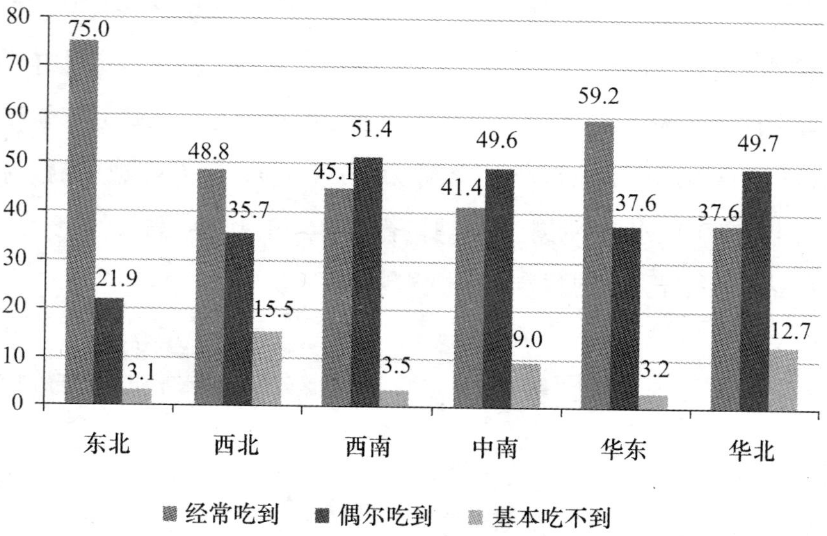

图 2.14 不同地区六岁以下留守儿童新鲜水果供应状况对比图（单位：%）

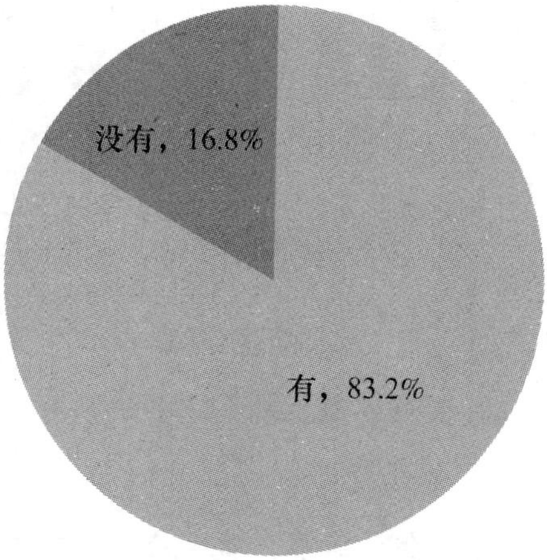

图 2.15 六岁以上留守儿童零花钱状况示意图

在荤腥营养方面，只有 34.2% 的六岁以上留守儿童每天能吃一次荤腥，42.0% 每周可以吃到一次荤腥，14.7% 半月才能吃到一次荤腥，还有 9.1% 一个月及以上才能吃到荤腥。

在吃饭条件方面，在被调查的六岁以上留守儿童中，50.8% 选择回家吃午饭，自己带饭到学校的有 7.0%，学校提供午饭的仅占 33.9%，选择上街买和在别人家搭伙的分别占 5.8% 和 1.8%，还有 0.7% 的儿童选择不吃中午饭（见图 2.16）。

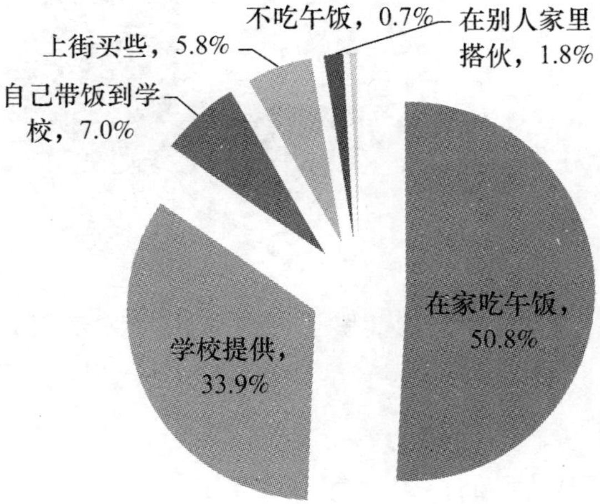

图 2.16　六岁以上留守儿童午饭问题解决方式示意图

在能否吃饱午饭方面，“基本上能吃饱”和“能吃饱”的六岁以上留守儿童占 96.5%，但是不容忽视的是仍有“根本吃不饱”、“没有午饭吃”、“偶尔才能吃饱”的留守儿童，他们占到了 3.5%（见图 2.17）。更为严重的是，在西南和中南地区分别有 2.2% 和 1.6% 的被调查者表示没有午饭吃。

在水果供给方面，调查显示，有 43.4% 的六岁以上留守儿童经常能够吃到新鲜水果，49.7% 偶尔才能吃到，还有 6.9% 基本吃不到。在地区经济发展水平相对较好的省份中，50.7% 的被调查者经常能够吃到新鲜水果，4.5% 的被调查者表示基本吃不到新鲜水果；在地区经济发展水平相对较差的省份中，仅有 35.3% 的被调查者表示经常能吃到水果，9.4% 的被调查者表示基本吃不到新鲜水果（见图 2.18）。

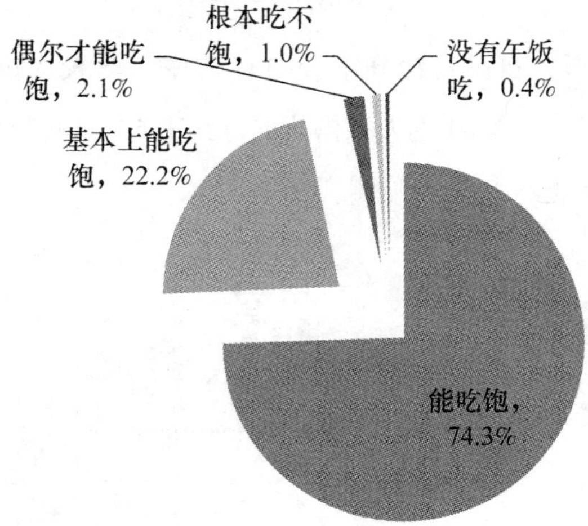

图 2.17 六岁以上留守儿童午饭供应状况示意图

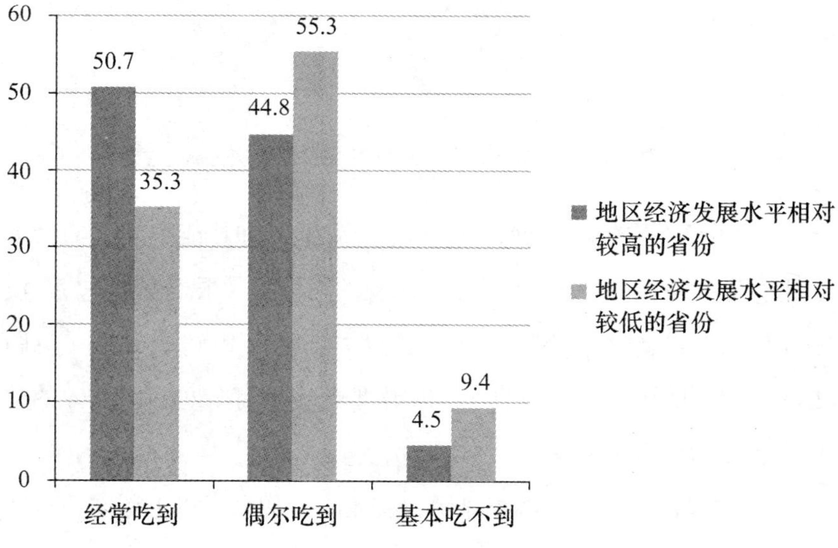

图 2.18 不同经济发展水平省份六岁以上留守儿童水果供应状况对比图（单位：%）

在家务及生活自理方面，在被调查的六岁以上留守儿童中，有32.7% 平时经常做家务，44.9% 平时偶尔做简单家务，也有 22.4% 不做家务。在洗衣服和做饭等生活自理方面，39.6% 的留守儿童会做饭和会洗衣服，6.1% 会做饭而不会洗衣服，27.1% 会洗衣服而不会做饭，两者都不会的占到 27.2%。

从六岁以下和六岁以上留守儿童的总体情况来看，多数留守儿童的基本生活有保障，如在衣服、肉类、水果方面基本上能够满足需要。但是仍有部分留守儿童的基本生活没有保障，特别是在地区经济发展水平相对较差的省份。

4. 留守儿童的心理状况

（1）六岁以下留守儿童对父母的思念

大部分六岁以下留守儿童在平时会想念父母，且越是经济状况不佳越容易想念父母。六岁以下留守儿童监护人中有 48.1% 的人认为小孩会想他 / 她的父 / 母。在地区经济发展水平相对较好的省份有 44.7% 的监护人认为小孩会想念自己的父母，且有 41.5% 的监护人认为儿童会在平时想念自己的父母；在地区经济发展水平相对较差的省份，有 51.8% 的监护人认为小孩会想念自己的父母，而且有 50.2% 的监护人认为小孩会在平时想念自己的父母（见图 2.19）。

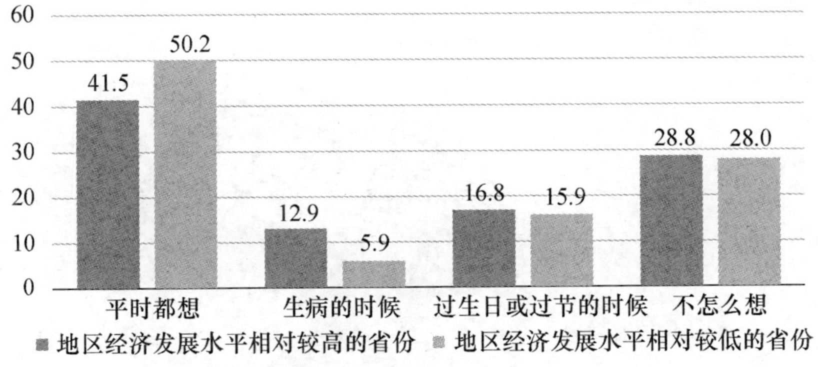

图 2.19　不同经济发展水平省份六岁以下留守儿童想念父母状况对比图（单位：%）

（2）六岁以上留守儿童对父母的思念

大部分六岁以上留守儿童会在平时想念自己的父母，在经济发展水平相对较低的省份更加突出。绝大多数六岁以上留守儿童对经济生活具备了一定的认知能力，在东北地区这一表现更为明显。有 81.4% 的六岁以上留守儿童明白父母外出打工的原因，另有 18.6% 不明白；而在东北地区，明白的占 92.1%，不明白的仅为 7.9%。

83.3% 的六岁以上儿童想与父母住在一起，也有 16.7% 表示不想跟父母住在一起。绝大多数儿童会想念父母，59.9% 的六岁以上留守儿童平时都会想念父母，17.8% 在过节或过生日时会想父母，8.2% 在受到欺负时会想父母，6.7% 在生病时会想念父母，但也有 7.4% 表示基本不想父母（见图 2.20）。值得注意的是，在地区经济发展水平相对较好的省份，有 55.6% 的六岁以上留守儿童平时都会想念自己的父母；在地区经济发展水平相对较差的省份，有 63.8% 的留守儿童在平时都会想念自己的父母。村庄农民年人均纯收入同六岁以上留守儿童想念父母的频率呈现负相关（其 Pearson 相关性系数为 -0.074，显著性系数为 0.009）。这说明农民的收入越低，六岁以上留守儿童越是想念父母；而农民收入越低，就越要外出打工，这形成了两难的困境。

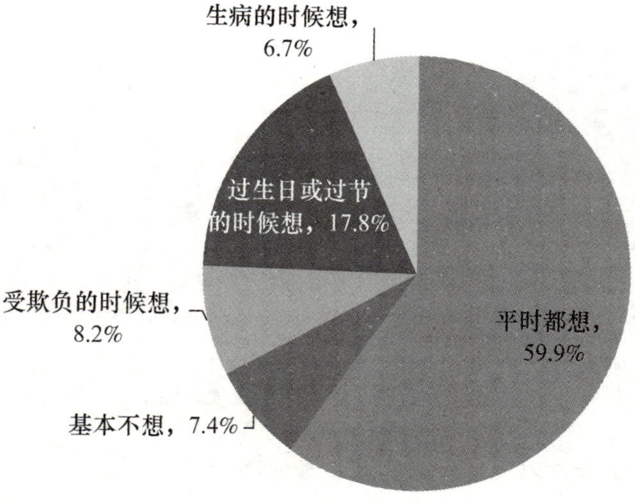

图 2.20 六岁以上留守儿童想念父母状况示意图

（3）六岁以上留守儿童的情感

六岁以上留守儿童感觉最想和父母在一起的占到被调查者总人数的59.4%，最想和小朋友一起玩的占21.0%，希望父母多给点零花钱的占12.4%，还有7.2%的被调查者希望得到别人的保护而不受欺负。留守儿童更多的是需要人与人之间的交流，特别是和父母和同龄人的交流。

76.4%的六岁以上留守儿童感到孤独，26.2%感觉缺乏关爱。父母不在身边，56.5%的被调查者偶尔会感到孤独，19.9%经常感到孤独，只有23.6%表示并没有感到孤独。22.5%的六岁以上留守儿童认为周边的大人很少关心自己，3.7%感到周边的大人并不关心自己，73.8%认为周围大人对自己很关心。

（4）六岁以上留守儿童对待批评的行为方式

对品德教育的逆反心理在经济条件相当好的地方表现更明显。如果因为做错一点小事而被大人批评，46.4%的六岁以上留守儿童会“承认错误，下次不再犯”，32.1%会“有点气愤，但只在心里想”，15.6%会觉得“无所谓，听完就算”，5.9%会“当面顶撞，对着干”（见图2.21）。

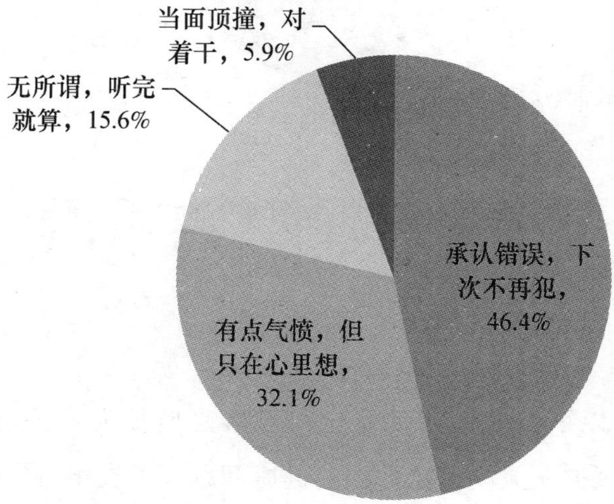

图2.21　六岁以上留守儿童对待批评的行为方式示意图

经交叉分析发现，越是偏远的乡村，留守儿童对大人的批评反感越少；越是富裕的乡村，留守儿童的叛逆越严重，呈现出显著相关。

（5）六岁以上留守儿童的未来理想

六岁以上留守儿童对未来感到迷茫，挣钱成为儿童未来的主要目标。在涉及未来的理想时，24.9% 的六岁以上留守儿童还不清楚自己的理想是什么，22.0% 把“赚大钱”当作自己未来的理想，14.1% 选择做一个好人，7.7% 的理想是“做大官”，把科学家、警察、黑社会老大作为自己理想的所占比例分别为 7.6%、7.8% 和 1.4%，另有 14.4% 选择了其他（见图 2.22）。

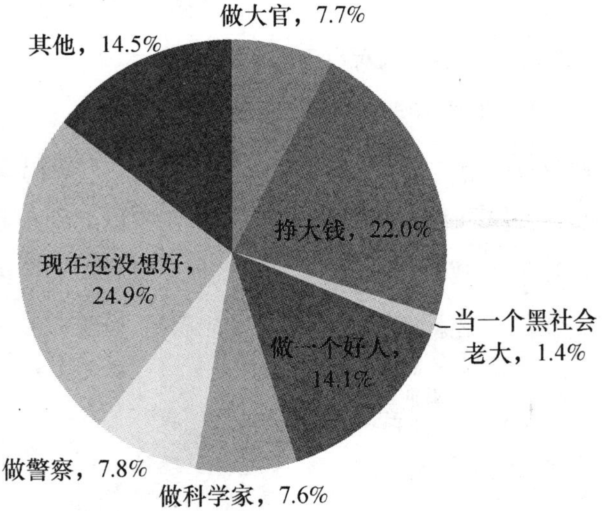

图 2.22 六岁以上留守儿童理想状况示意图

5. 留守儿童的健康与安全

（1）六岁以下留守儿童的安全与健康

六岁以下留守儿童的安全与健康是监护人最关心的事项。35.8% 的监护人关注被监护人的健康问题，仅次于对安全问题的 36.5% 的关注度（见图 2.23）。监护人对儿童健康状况的评价相对较低，51.9% 的被调查者认为小孩会偶尔闹点小病，32.9% 认为小孩很结实，8.6% 表示小孩经常闹点小病，另外有 6.6% 的人认为“小孩身体有点弱”。在留守儿童生病时，13.0% 的被调查者选择自己在家解决；更为严重的是，仍有 4.1% 的留守幼儿体检、疫苗注射呈现空白。

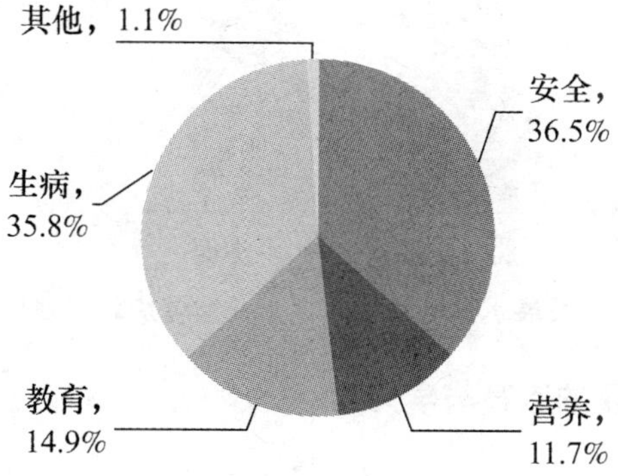

图 2.23　六岁以下留守儿童监护人最关注问题示意图

（2）六岁以上留守儿童的健康状况

六岁以上留守儿童的健康状况不甚理想，有 3.6% 的儿童经常生病，62.7% 的儿童偶尔生病。在地区经济发展水平相对较低的省份，六岁以上留守儿童的健康状况比地区经济发展水平相对较高的省份差（见图 2.24）。

（3）留守儿童的安全状况

留守儿童的安全状况堪忧。只有 36.5% 的六岁以下留守儿童监护人把留守儿童的安全放在优先考虑的位置，58.3% 的被调查者在做饭时会让小孩自己玩，形成监护空白，儿童安全难以得到有效保障。对于六岁以上留守儿童来说，约有 2.3% 的被调查者表示自己单独居住。在没有监护人，或监护不到位的情况下，留守儿童安全存在一定隐患。

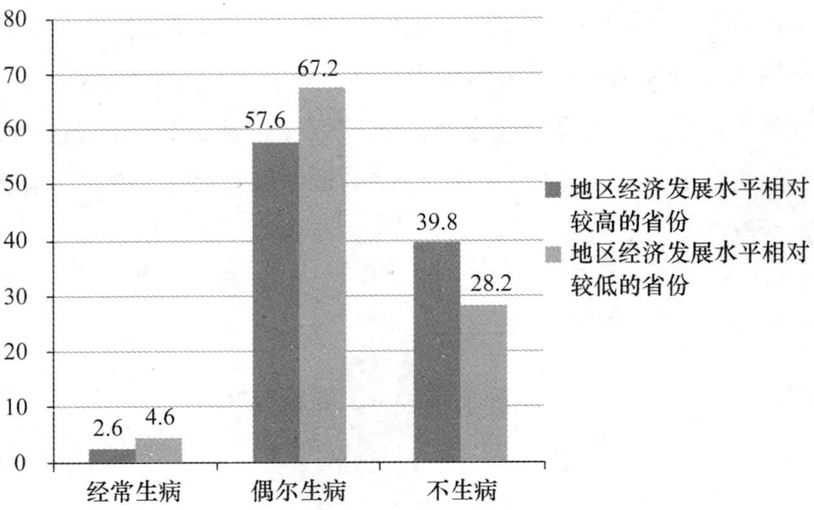

图 2.24 不同经济发展水平省份六岁以上儿童健康状况对比图（单位：%）

6. 留守儿童的教育与学习

（1）六岁以下留守儿童的教育状况

目前，六岁以下留守儿童的学前教育问题的解决主要依靠幼儿园，在总量上只有 46.0% 的留守儿童进入幼儿园学习，还有约 54.0% 的留守儿童没有接受正规的学前教育。对于没能接受正规学前教育的留守儿童，仅有占被调查者总数 17.0% 的人表示自己会教育小孩，有高达 37.0% 的监护人明确表示没有学前教育（见图 2.25）。

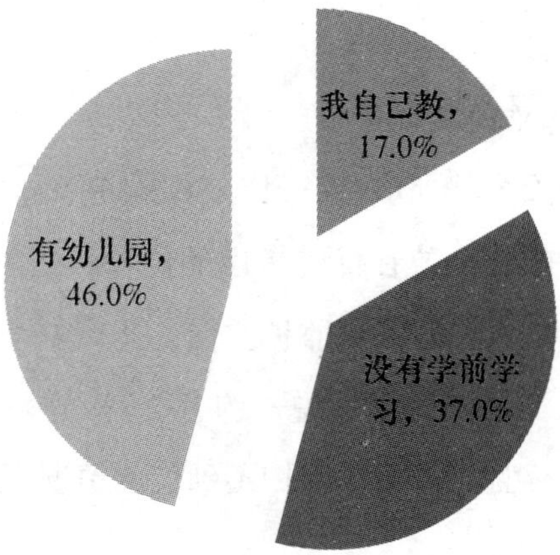

图 2.25 六岁以下留守儿童学前教育状况示意图

幼儿期是道德与基本人际关系建立的关键期。从调查的情况看，有将近百分之三十的六岁以下留守儿童的早期品德教育是缺失的；有 54.0% 的幼儿学前教育处于空白。在家庭教育上，也有相当比例存在缺失。有 10.8% 的监护人表示在六岁以下留守儿童发闹、做错事时自己想教育但不会教育，还有 15.4% 的监护人或者放任或者等小孩的父 / 母回来处理。

（2）六岁以上留守儿童的学习状况

大部分六岁以上留守儿童有学习上的困难，比例高达 69.9%，更有 3.4% 的六岁以上留守儿童已辍学在家（见图 2.26）。即使在地区经济发展水平相对较好的省份中，也有 65.4% 的六岁以上留守儿童有学习上的困难，而在地区经济发展水平相对较差的省份中，更有 75.0% 的六岁以上留守儿童有学习上的困难（见图 2.27）。

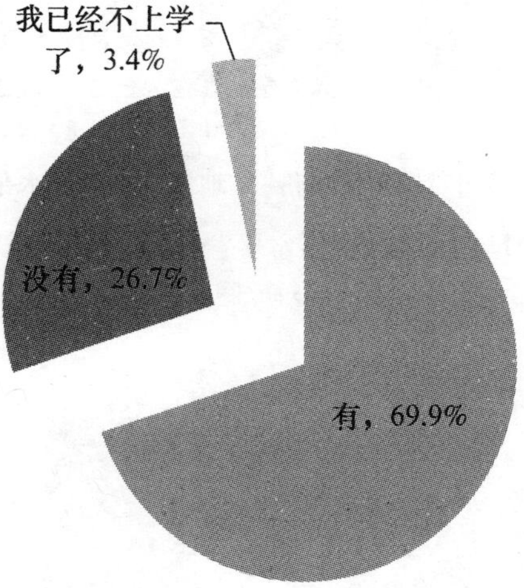

图 2.26 六岁以上留守儿童学习困难状况示意图

绝大多数六岁以上留守儿童认为没考好试是由于自身原因所致，68.6% 被调查儿童认为考试没考好主要在于自己平时不够努力，12.2% 的被调查儿童认为在于“自己本来就不行”。另有两成左右的六岁以上留守儿童将考不好的原因归于外在，4.6% 的被调查儿童认为考试没考好的责任在于老师没教好，9.8% 的被调查儿童认为在于没有家长的指导，还有 4.4% 的被调查儿童认为有其他原因导致没考好。

将近一半的六岁以上留守儿童认为父母不在身边督促对自己的学习有影响。相对于地区经济发展水平相对较好省份的留守儿童来说，地区经济发展水平相对较差省份的留守儿童在学习上更独立、更自主（见图 2.28）。

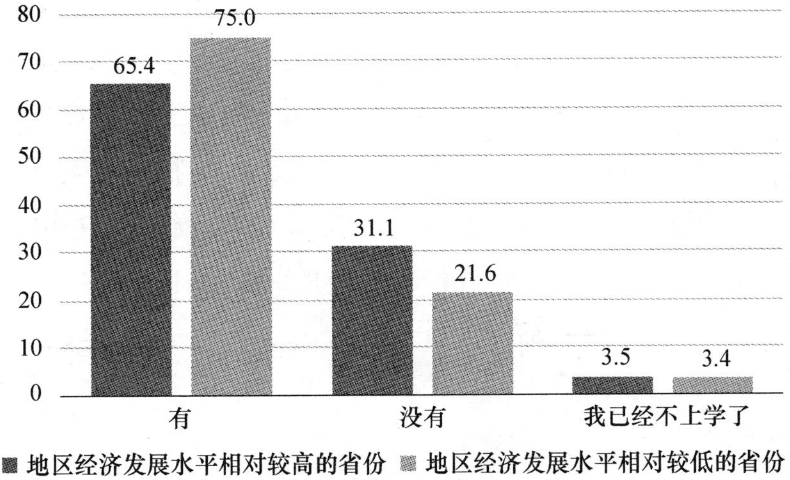

图 2.27 不同经济发展水平省份六岁以上留守儿童学习困难状况对比图（单位：%）

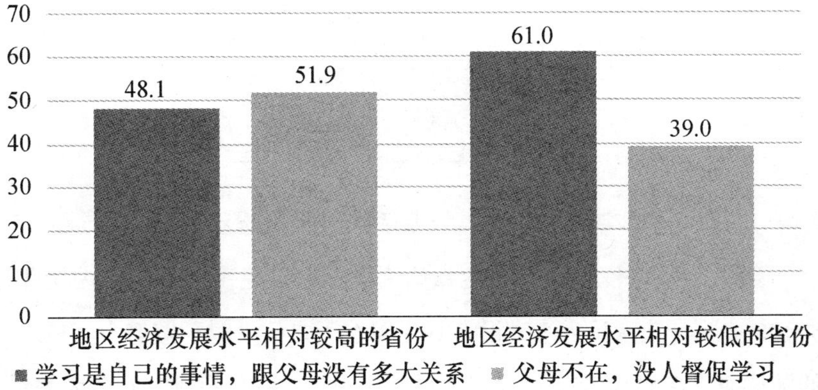

图 2.28 不同经济发展水平省份六岁以上留守儿童关于父母不在身边对学习影响的判断对比图（单位：%）

求助于老师和同学是六岁以上留守儿童解决学习困难的最主要途径。如果遇到学习上的困难，48.1% 的留守儿童会求助于老师，28.8% 的留守儿童会求助于同学，4.8% 的留守儿童会求助于亲戚，还有 18.3% 的留守儿童选择自己解决学习困难。在不同地区经济发展水平的省份，留守儿童在遇到学习困难时的解决方式稍有差异（见图 2.29）。相对而言，在地区经济发展水平较差的省份，教师在帮助留守儿童解决学习困难方面的角色更重要。

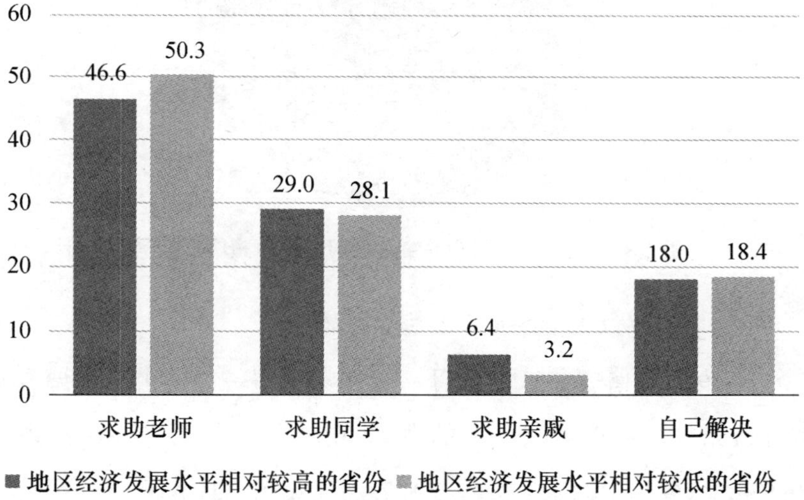

图 2.29　不同经济发展水平省份六岁以上留守儿童解决学习困难方式对比图（单位：%）

7. 留守儿童与其父母之间的关系

（1）六岁以下留守儿童与其父母的联系

六岁以下留守儿童与其父母的联系、见面频率偏低。有 48.2% 的六岁以下留守儿童监护人表示小孩的父 / 母至少每周会与其联系一次；有 45.5% 的六岁以下留守儿童父 / 母半年回家看望一次，31.0% 的父 / 母一年回家看望一次，只有 19.5% 的父 / 母一个月回家看望一次，还有 4.0% 的父 / 母一年以上回家看望一次（见图 2.30）。在幼儿期亲子之间联系、探望不够，将会在留守幼儿长大成人时产生社会性的家庭关系疏离现象，出现社会问题。

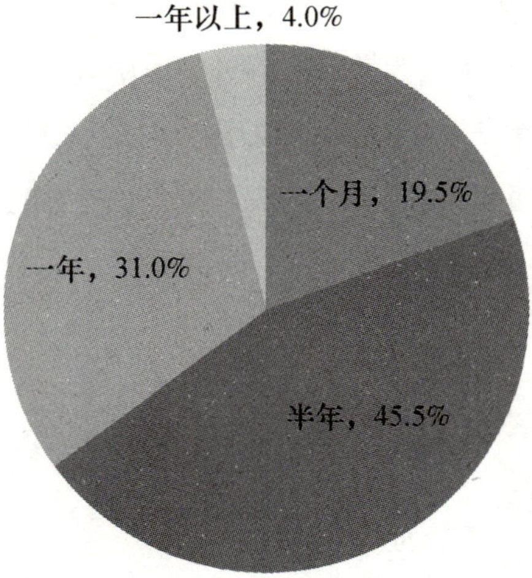

图 2.30 六岁以下留守儿童父母回家探望频率及比例图

（2）六岁以上留守儿童与其父母的联系

六岁以上留守儿童的父母一月回家探望一次的占到被调查儿童的 15.6%，半年回家一次的占到 40.1%，一年回来一次的占到 36.9%，一年以上回来一次的占到 7.4%（见图 2.31）。

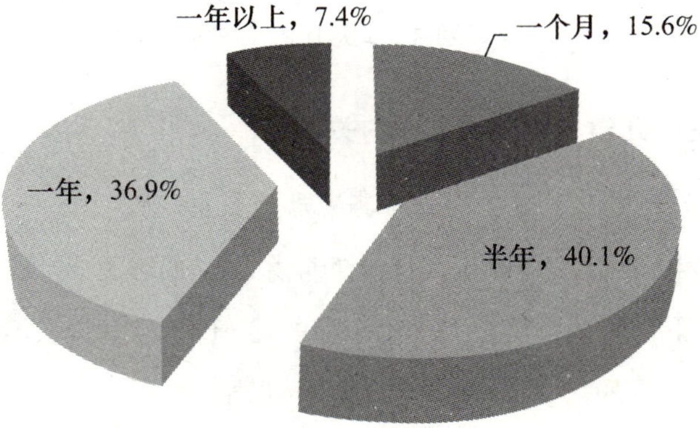

图 2.31 六岁以上留守儿童的父母回家探望频率及比例图

六岁以上留守儿童与其父母的关系更复杂。43.0% 的六岁以上留守儿童平均每周会和父母联系一次，33.3% 的六岁以上留守儿童会不定时的经常与父母联系，17.1% 的六岁以上留守儿童平均每月会和父母联系一次，另外还有 6.6% 的儿童很少与自己的父母联系（见图 2.32）。

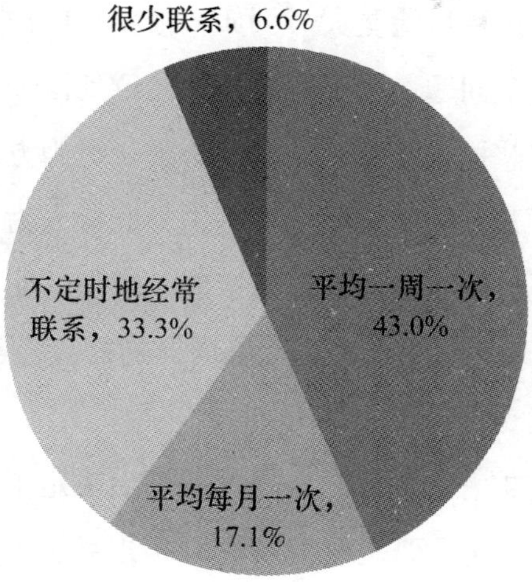

图 2.32 六岁以上留守儿童与父母联系频率及比例图

从六岁以上留守儿童的角度看亲子关系，多数儿童理解和担心外出打工的父母，27.7% 的被调查的六岁以上留守儿童担心父母，53.1% 的被调查者有点担心父母；但也有 19.2% 的儿童不担心父母，更有 9.8% 的儿童认为没有家长的指导是导致没考好的原因，这种归因可能为未来的家庭关系蒙上阴影。

二、留守儿童存在的问题及原因分析

1. 监护人监护意识和监护能力不足

（1）监护意识的欠缺

监护人的监护意识来源于日常的实践活动和间接经验。由于农村地区受教育程度普遍偏低，而且经济状况较差，对于儿童的抚养经验大多来源于自己曾经接受到的抚养和从别人那里接受到的间接经验，而现代社会的复杂性使这些相对滞后的经验不能很好发挥作用，不能有效预防一些危害儿童成长的事情的发生，特别是对六岁以下的幼儿来说这种风险更大。例如，很少有监护人注意到其做饭时留守儿童的安全问题，很少有监护人注意到留守儿童的饮食营养与均衡，很少有监护人注意到儿童的心理、行为方面的变化，还有不少监护人忽视儿童的健康问题。特别是监护人为（外）祖父母时这种监护意识更加缺乏，而且包括亲戚、家长的朋友担当监护人时也存在此类问题。因为这些人也面临同样的社会背景。

（2）监护能力的不足

农村地区监护意识的滞后在很大程度上决定了监护人监护能力上的欠缺或不足。这主要表现在农村留守儿童的监护人大多为儿童的（外）祖父母，且以女性监护人为主。这种隔代监护的不利之处在于监护人的年龄一般较大，有时甚至会形成逆向监护。在监护人没有足够的精力去照顾好被监护者的情况下，大多只能保证他们吃饱穿暖。此外，在被调查者中有为数不少的人要监护一个以上的小孩，尤其是在有的家庭中老人在兼顾农活的同时还要照顾数名留守儿童，这在无形中增加了他们的生活与心理负担，就更加力不从心。在问及六岁以下留守儿童监护人带小孩的感觉时，22.4%的监护人表示“很累”（见图2.33），显示出力不从心的感觉。

2. 留守儿童的心理压力较大

（1）过早独自面对各种压力

父母外出打工不仅使家庭人数减少，也会对留守儿童的心理产生较大的影响。更多的日常生活事情需要自己处理，有时还不得不承担起照料年老体弱的监护人（祖父母、外祖父母）的责任，这种

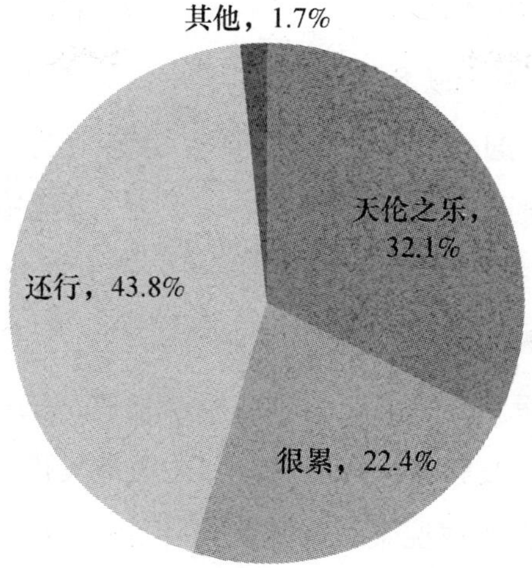

图 2.33　六岁以下留守儿童监护人带小孩感觉示意图

有形和无形的压力在父母外出后便转嫁到了留守儿童身上。特别是六岁以上留守儿童面对的压力更复杂，更容易受影响，譬如，对外出父母的担心、学习成绩的不理想、学习上存在的困难、与人发生矛盾等，这些在儿童成长过程中是不可避免的，但由于缺乏父母的帮助，就会成为留守儿童的心理负担。此外，面对成长的人身安全威胁，留守儿童显得很脆弱。再者，那些缺乏伙伴的留守儿童内心更加孤独，调查发现六岁以上和六岁以下留守儿童中都仍有部分只有很少或没有伙伴。

在巨大的压力之下，留守儿童在青少年时期容易走极端。调查还发现，部分留守儿童在遇到困难时不愿向别人寻求帮助，也有一部分留守儿童最想要得到别人的保护，甚至还有一些留守儿童把自己未来的职业理想定位为“黑社会老大”。这说明部分留守儿童在实际社会中会受到其他人的欺负，在得不到父母和监护人保护的时候寻求替代性保护，或者“以暴制暴”。

（2）*存在叛逆和软弱两种极端倾向*

在处理矛盾的方式上，有较多的留守儿童会采取与人吵架、回家发脾气和闷不吭声的方式。之所以会发展为叛逆和软弱两种极端倾向，原因主要在于以下几个方面：

第一，正常的心理沟通渠道受阻是影响留守儿童心理发展的重要原因。虽然与父母以外的人住在一起基本上能够保证正常的生活，而且大部分周围的人对留守儿童很关心，但大部分的留守儿童还是最想与父母住在一起。这充分说明留守儿童更希望得到的是与父母的交流和亲密感。由于留守儿童的临时监护人主要为其（外）祖父母、其他的亲戚和父母的朋友等，在这种隔代监护、上代监护，甚至是自我监护的情况下，沟通和交流会出现障碍，监护人不理解或不能很好地理解甚至采取冷漠的态度对待儿童时，正常的感情得不到表达就倾向于采用非正常的方式发泄，特别是在与人发生矛盾时。

第二，监护人家庭环境不佳是影响留守儿童不良性格形成的外在原因，对于寄养的留守儿童，其所寄养家庭环境对孩子的身心发展影响就更大。调查显示，六岁以上和六岁以下的留守儿童都会在不同程度上成为家庭矛盾的源点，原因之一在于家庭经济状况。一般而言，在经济发展水平较好的省份监护人因为留守儿童发生矛盾或监护人与留守儿童发生矛盾的比例小于经济发展水平交较差的省份。发生矛盾在一定程度上也增加了监护人的心理负担。在这种情况下，监护人可能就会疏于对儿童的照顾和监管，容易放任儿童。从调查数据可以看出，一旦在与监护人发生矛盾或由于自身原因而发生矛盾时，留守儿童对寄养家庭的信任度会下降。在这种家庭中，留守儿童感觉不到家庭的归属感，有被社会忽视的感觉，更容易产生叛逆的心理。此外，监护人与留守儿童的关系并不是亲子关系，监护人在照管过程中往往会放任儿童的发展。例如，对六岁以上留守儿童对于批评的态度的调查显示，如果因为做错一点小事而被大人批评，有 53.6% 的被调查儿童并不愿意承认错误，倾向于用一种消极的方式对待大人的批评，临时监护人的日常管理显得无力。

第三，对外出打工父母的思念是影响留守儿童心理发展的主要原因。父母是儿童的依靠，当这种依靠消失时儿童在心理方面会有很大的变化。对六岁以下留守儿童的调查显示，有 25.4% 的监护人认为小孩更调皮了，有 12.6% 的监护人感觉到“小孩好像不大精神”。这种心理在学习上也有一定的体现，如 68.6% 被调查的六岁以上留守儿童会将考试没考好的原因归于自己，认为自己平时不够努力，这表明大多数儿童能够认识到自己主观努力的重要性。然而令人担忧的是有 12.6% 的留守儿童认为“自己本来就不行”，才导致没考好，这表明这部分孩子自信心缺失。由于父母外出务工，留守儿童会感到自己没有依靠，人格发展出现软弱性的倾向。

第四，留守儿童的社会关系状况是影响留守儿童心理发展的重要因素。调查数据显示，六岁以下留守儿童在与人发生矛盾时有近一半会向监护人诉说，但是随着年龄的增长，特别是六岁以后更多的儿童转向闷不吭声。这表明当留守儿童发现现有的沟通途径无效时，更多的儿童会采取自闭的方式。

第五，监护人性别不平衡是影响留守儿童心理发展的潜在因素。儿童在成长期基本上是一个模仿的过程，通过模仿大人的言谈举止来塑造自己的心理、行为方式。由于农村留守儿童的监护人以女性为主，而绝大部分留守儿童的父亲或是其他男性亲属都出外打工，长期受周围女性性格的影响，极易发生性格发展的不均衡。而女性性格特点的软弱性也会一定程度地体现在留守儿童身上。

3. 留守儿童基本生活得不到有效保障

儿童时期正是长身体的时期，合理的饮食结构和营养搭配对孩子的成长是十分重要的。但是由于经济状况不好，在父母外出打工后，许多留守儿童只能在极度节俭的状态下过着维持温饱的生活。究其原因，主要在于：

（1）农村经济落后

留守儿童的父母之所以抛下自己的孩子外出打工，是因为在家务农的收入无法让自己的家庭过上稳定的生活，所以生活困难是留守儿童家庭的普遍特征。而且由于监护人一般也在农村居住，特别是留守儿童的（外）祖父母，家庭经济状况并不富裕，没有稳定的收入，所以在照顾留守儿童的基本生活方面也表现出有心无力。这主要表现在儿童的衣、食等方面，在地区经济发展水平不同的省份这一差别更加明显。例如，在六岁以下留守儿童水果供应方面，地区经济发展水平较好的省份有 58.2% 的留守儿童经常吃到水果，而在地区经济发展水平相对较差地省份仅有 43.2% 的留守儿童经常吃到水果，而在华北和西北地区有更多六岁以下及以上的留守儿童基本吃不到水果。

（2）监护人对儿童营养关注不够

对六岁以下留守儿童牛奶供应状况的分析发现，几乎所有的监护人都没有主动地为留守儿童提供牛奶，因此除经济因素的影响外，留守儿童监护人的主观意志也是影响留守儿童基本生活状况的主要原因之一。由于农村社会经济发展状况所限，吃饱仍然是大多数农民的追求，在吃好方面监护人的注重程度不够，而且限于财力的影响，就算注意到，实现起来也有一定困难。况且，监护人的监护一般都是义务监护，留守儿童的父母每月给儿童的生活费很大程度上决定了儿童的饮食营养状况。此外，在分析中我们发现，还有 3.5% 的六岁以上留守儿童中午饭处于吃不饱和没有饭吃的状态，基本生活得不到保障。

（3）过早的独立生活与自我管理能力不匹配

调查数据显示，有 2.3% 的六岁以上留守儿童自己居住。由于父母常年在外打工，回家探望次数也有限，这部分留守儿童的基本生活都要自理，不仅过早地承担起家务劳动，甚至还要承担一部分农活。受年龄、经历、能力等各种条件所限，独立生活的留守儿童的基本生活不可避免地存在许多问题。

4. 留守儿童安全存在隐患

留守儿童的安全问题主要集中在人身安全上。儿童的特殊性，加之种种自然的、社会的原因，留守儿童处在一种更加脆弱的状态，他们的安全比起一般儿童更成问题。

（1）监护人安全意识薄弱

调查显示，父母外出打工后绝大多数的留守儿童会和（外）祖父母一起住，这个比例约占到受调查的留守儿童总数的 65.3%。虽然安全问题一直是监护人最关注的问题，但在现实生活中仍然存在安全隐患。例如，对于六岁以下留守儿童的调查显示，在做饭时，58.3% 的被调查者会让小孩自己玩，这时小孩脱离了监护人的视野，会形成监护空白，安全即成为问题。还有 11.0% 的被调查者会把小孩也放在厨房里，虽然这样可以让小孩在监护人的视野之内，但是厨房内也有安全问题。

（2）留守儿童独立意识与独立能力不匹配

在对六岁以上留守儿童的调查中发现，在儿童遇到麻烦事时，37.2% 的被调查者会自己想办法解决，这表明相当一部分留守儿童的独立意识较强，想自己处理一些事情。虽然留守儿童具有了一定独立的意识，但是独立处理事务的能力明显是欠缺的，特别是在缺乏家长引导的情况下，儿童往往是盲目处理问题。此外，还有一部分六岁以上单独居住的留守儿童，由于父母不能经常回家，独自居住存在一定安全风险。

（3）不安全的复杂社会环境

不安全的社会环境也使留守儿童这一群体的安全不容乐观。在一个风险型社会中，任何因素的出现都可能对这些弱势群体形成威胁。例如，调查中我们发现很多儿童最想得到的是别人的保护，这说明留守儿童会受他人欺负。而且，近年来留守儿童被拐卖现象频出，不能不让人担心他们的安全，特别是那些独居的留守女童更易遭到侵害。

5. 留守儿童教育缺失严重

家庭教育是儿童社会化的第一步，也是最重要的一个环节。一方面，从整体情况看，多数留守儿童与祖辈共同生活，由于老人文化教育水平较低，加之还有近一半监护人同时监护几个儿童，老人监护往往限于照料孩子的日常生活，缺乏对儿童科学的教育，造成家庭教育的缺失。对六岁以下留守儿童的调查发现，留守儿童学前教育问题的解决主要依靠幼儿园，但约有 54.0% 的六岁以下留守儿童没有接受正规的学前教育，其中仅有 17.0% 的被调查者表示自己会教育小孩。有 73.8% 的被调查者表示在小孩发闹、做错事时自己会“好好教育一下”，但也有 10.8% 的被调查者表示自己想教育但不会教育。此外，还有 15.4% 的被调查者或者放任或者等小孩的父/母回来处理。不会教育和等父母回来再说的做法在一定程度上会放纵儿童的行为，对于儿童形成正确的世界观、价值观、人生观都有不利的影响。而且，由于代沟问题的存在，加之对小孩心理变化的忽视，委托监护人很难对儿童形成有效的教育，反而在某种程度上会造成儿童逆反心理。另一方面，父母常年在外务工，不能经常回家是造成家庭教育缺失的主要原因。45.5% 的被调查的六岁以上留守儿童认为“父母不在身边，没有人督促学习”，9.8% 的被调查儿童认为没有家长的指导是导致没考好的原因。这表明相当一部分六岁以上留守儿童，并不具有独立认知、学习的能力，需要家长给予适当的引导。留守儿童的父母不能经常与孩子在一起，缺乏对孩子系统性的了解，通过经常性的通过电话询问小孩的日常生活状况只能了解到问题的表征，也就无法对儿童进行教育，甚至还会放任孩子一些不良习惯的发展。而且，家长通常会以在打工过程中获得的认识对儿童进行教育，其中不可避免地就包含上学无用，金钱至上等观念的灌输。此外，在实际生活中，留守儿童的父母通常会觉得内心亏欠,常常会采用满足儿童物质上需要的方式来进行“补偿”，但是这种补偿很容易造成对儿童的溺爱，容易放任儿童的发展。

儿童教育的主要形式是学校教育。但是从图 2.1 和图 2.2 中我们可以看出，随着年龄的增大，特别是在六岁以后留守儿童的数量增加，这说明适龄儿童入学阶段容易产生留守儿童。这是因为父母外出打工后由于户籍制度、支付能力等因素的影响，儿童不能够跟随父母在打工地就读。学校教育的不足首先体现在教育资源分配的不公平。目前小学借读的机会较多，但是高昂的借读费把许多打工族的子女挡在了门外；另外，初中以后就读打工地学校变得更加困难，这主要是受户籍制度的影响，因为中、高考一般都会有当地户籍的限制，为了子女未来的考虑，绝大部分家长不得不选择把孩子送回户籍所在地读书。而在 16～18 岁之间出现下滑趋势的原因是留守儿童的辍学率较高（见图 2.35）。留守儿童辍学在家也没有参加正规的职业教育，因此可能成为潜在的新一代农民工。由于目前学校的设计很明显并没有与现阶段的社会情况有很好的衔接，在家庭教育与社会教育之间出现空白地带。就目前农村学校的建设来看，大部分的学校只能提供教室，很少有学校建立宿舍，这种情况在小学阶段更加明显。而且就学校的教育水平来看，调查发现，69.9%的留守儿童在学习上存在困难；在遇到学习上的困难时，48.1% 的留守儿童会求助于老师，28.8% 的留守儿童会求助于同学，4.8% 的留守儿童会向亲戚求助，还有 18.3% 的儿童选择自己解决学习困难；仅有 26.7% 的儿童没有学习困难。此外，调查还发现，由于受“读书无用”等不良思想的影响，约有 3.4% 的六岁以上留守儿童已辍学在家，接受不到正规教育。学校难以解决众多的留守儿童问题，又缺乏其他的教育形式，社会教育明显不足。

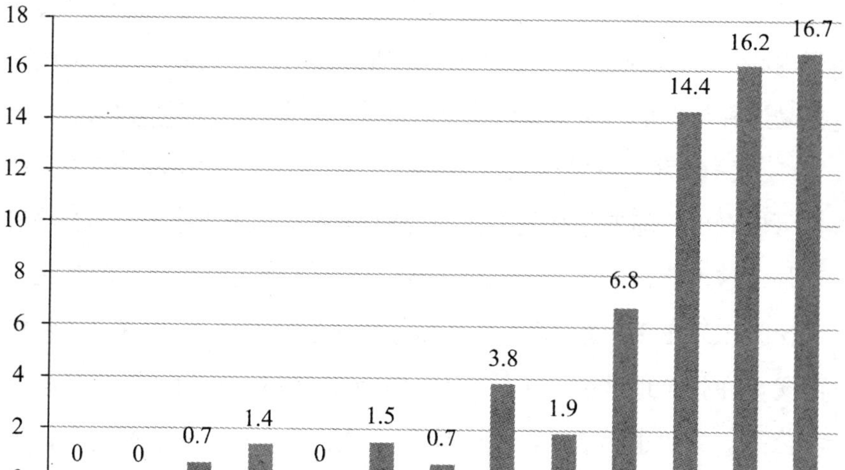

图 2.34 六岁以上留守儿童辍学率图（单位：%）

儿童时期是人生观、价值观与世界观形成的最佳时期。留守儿童家庭教育的缺失与不合理，学校教育的不足都使留守儿童的教育处在游离状态；加之儿童的自制力一般较差，因而极易出现社会行为的偏差。

6. 留守儿童存在健康隐忧

由于医疗水平的限制和监护人对病情的忽视，留守儿童生病极有可能对其身体造成伤害。尽管留守儿童的健康问题是监护人最关心的问题，但调查发现六岁以下留守儿童的健康状况并不乐观。六岁以下留守儿童生病后，有 80.2% 的被调查者选择找医生治，但同时也有 13.0% 的被调查者选择自己在家解决，还有 6.3% 的被调查者表示会赶紧和小孩的父 / 母联系，另外 0.5% 的被调查者表示会选用其他的办法。

经济因素是影响儿童健康的主要因素之一。调查发现，地区经济发展水平较高省份留守儿童经常生病的比例低于地区经济发展水平相对较低省份，地区经济发展水平相对较高省份留守儿童不生病的比例高于地区经济发展水平相对较低省份。地区经济发展水平较高的省份整体的生活水平相对高，饮食结构也相对更合理，所以留守儿童的发病几率小于地区经济发展相对较低的省份，而在发展落后地区有病后“扛一扛”成为无奈的选择。同时地区经济水平较高的省份对农村医疗卫生的投入也相对较多，医疗水平得到发展，很多病在基层就可以解决。

三、解决留守儿童问题的对策建议

儿童是社会的未来与希望，其能否健康成长是全社会应该关注的事情。农村留守儿童作为一个特殊群体，更应该给予他们更多的关注。留守儿童作为我国发展过程中出现的问题，其产生有深刻的社会、历史根源。作为社会性问题之一，留守儿童问题的解决需要政府、社会和监护人的共同努力，以为留守儿童的生活、学习创造良好的社会环境。

1. 发挥政府的主导作用

在由经济建设型政府向社会建设型政府的转变过程中，政府应更加重视社会公平、正义。留守儿童问题产生的根源在于农村经济与城市经济的巨大差距。长期以来政府注重城市经济的发展，相对忽视农村经济的增长，导致农村和城市收入差距的拉大，农村劳动力向城市的转移导致农村留守儿童问题的产生。所以，从根本上解决农村留守儿童问题，政府应发挥不可替代的作用。

（1）大力发展农村经济

由于农民外出务工的主要原因是为挣钱养家，所以只有解决农村经济问题才能从根本上解决农村留守儿童问题。首先，政府应该提高政策、财政方面的支持力度，通过职业和技能培训鼓励农民在农村进行自主创业，带动一批农村经济体的发展。就农村地区的农业生产和特色特点，发展农村经济产业链，使农村剩余劳动力就地转移。目前，可以充分利用国家对小企业的发展政策，鼓励农民就地创业，这样既可以解决“三农”问题，又可以有效防止留守儿童问题的产生。其次，深化农村经济体制改革。自十一届三中全会实行家庭联产承包责任制以来，农村经济发生巨大变化，改革给农村经济带来了生机。在城乡收入差距拉大，两极分化严重、社会矛盾突出的新时期，发展农村经济，增加农民收入对构建社会主义和谐社会尤其重要。所以有必要探索农村经济体制改革的新方法，从体制上保证农村经济的发展。成都市和重庆市所进行的国家城乡统筹发展综合改革试验区就是很好的例子，由城市反哺农村。两市在户籍制度创新、农村土地使用权流转办法和健全农村房屋所有权登记制度、完善城乡一体的环境保护管理体制和安全生产监管机制、农村基础设施建设、农村社会保障制度等方面都有很大的发展。

（2）加强对未成年人的保护力度

众所周知，未成年人应该受到法律的保护。而留守儿童又是未成年人中更为弱势的群体，所以更应该加强对留守儿童的保护力度。在立法层面，我国已制定和颁布了《中华人民共和国未成年人保护法》和《中华人民共和国义务教育法》，这两部法律是当前我国针对未成年人保护与教育的专门性法律。但随着社会整体状况的不断发展，其中的有些规定已经不适合当前社会的需要，近年来出现的留守儿童犯罪率上升问题、留守儿童辍学问题、留守儿童受到虐待问题等，都与法律不完备有一定的关系。因此，要保持法律的与时俱进，就必须针对新问题找出解决的新方法。建议从留守儿童的教育、安全等方面逐步完善相关法律。新修订的《中华人民共和国未成年人保护法》已于 2007 年 6 月 1 日起正式实施。该法第十六条明确规定，父母因外出务工或者其他原因不能履行对未成年人监护职责的，应当委托有监护能力的其他成年人代为监护。在修改《中华人民共和国义务教育法》时，应该进一步公平分配教育资源，资源向农村地区，特别是向留守儿童较多的农村地区倾斜；同时逐步放开义务教育阶段留守儿童在父母打工地就学方面的限制。

同时，地方政府要加强制度建设，完善地方性法规对农村留守儿童的保护。地方政府应该按照《中华人民共和国未成年人保护法》、《中华人民共和国义务教育法》的精神，结合本地的实际情况制定针对留守儿童的地方性法规和行政规章，切实保护留守儿童的权益。城市政府应该采取有效措施，积极为农民工解决子女上学难、上学贵等问题，同时积极为大龄辍学留守儿童提供职业教育。

（3）加大对农村地区义务教育、医疗卫生、社会保障等方面的转移支付

要逐步打破户籍制度对于人口流动的限制，优先解决农村留守儿童入学问题，可以采取用教育券的方式，鼓励留守儿童到流入地入学。要进一步完善进城务工人员的社会保障制度，解决其后顾之忧。基层政府应该加强对农村地区留守儿童的监测，建立留守儿童管理系统，及时掌握留守儿童的状况，积极开展调研工作，研究解决问题的新方法、新思路。地方政府应该对家庭困难的年龄偏大的留守儿童监护人提供一定的补助，减少因家庭经济困难引起的家庭矛盾，保障留守儿童的基本生活。各有关部门要强化济困助学服务，通过“希望工程”、民政救助等扶助资金，帮助贫困留守儿童完成学业。要发挥社会化协调机制、法律服务机构的作用，加强对未成年人的法制教育和自护教育，依法维护留守儿童的合法权益，为留守儿童创造健康成长的良好社会环境。

2. 鼓励支持社会力量关爱留守儿童

从调查过程中我们看到，农村地区的教育问题目前主要靠学校解决。但是，由于农村地区的学校师资、财力的有限性，农村留守儿童的教育仅仅依靠学校是不够的。儿童的教育问题是全社会都应该关注的问题。公办教育要不断提高教育质量，解决留守儿童的特殊困难；同时还应该充分发挥各类社会组织的优势，共同为解决农村留守儿童的教育问题努力。

（1）加大发挥学校的作用

加大教育投入，使学校发挥更大作用。学校应与政府部门实现资源共享，建立留守儿童档案制度，及时了解校内留守儿童的变化情况。学校可更多地组织与其他学校，特别是城市学校的合作交流，

开展城市学校对农村学校在师资、教育设施、学生个人方面的帮扶活动；也可以开发更多的校外实践基地，开展多种形式的教育活动。针对六岁以下留守儿童的学前教育问题，要开展多种形式的教育活动，如农村幼儿园建设，这在一定程度上可以解决部分六岁以下留守儿童的学前教育问题，而且也为儿童在假期提供娱乐、学习的场所，可以有效保护留守儿童的安全。对六岁以上留守儿童，学校应该给予适当的关注，要利用财政支持与学校自身经费改善留守儿童在校的食宿条件，为留守儿童创造良好的学习环境。要建立学校与留守儿童家长间的交流与对话机制，代课老师及班主任等应该对留守儿童进行重点关注；有条件的地方，可以考虑建立导师制度，通过导师与家长的沟通与交流，及时有效地了解和掌握留守儿童心理、学习方面的情况，从而弥补监护人的空缺。要建立儿童心理咨询室，引导儿童发展积极乐观向上的心理。

（2）加强社会各界对留守儿童的关心

社会组织（志愿者组织、企业、社区组织、媒体）应该弥补学校和家庭教育的不足，通过多种形式的帮扶关爱活动给予留守儿童以关心和帮助。志愿者组织应该充分发挥自身易组织、管理费用少、文化层次高的优势，积极开展农村地区的义务支教、留守儿童心理咨询等活动，这样不仅可以锻炼大学生社会活动的能力，也能在解决留守儿童问题上发挥重要的作用。留守儿童家长所在的企业也应该尽可能地为留守儿童问题的解决提供帮助，如尽量为留守儿童家长提供较长时间的休假，以便留守儿童的父母能够经常回家探望；可以在留守儿童集中的地方建立假期接送制度，在儿童放假时将儿童接到父母身边等。村民委员会和村自治组织在这方面的作用则显得更加重要，也更易发挥作用，如建立留守儿童服务站[①]、留守儿童活动站、留守儿童托管学校等。媒体可以通过对留守儿童的报道，为留守儿童健康成长争取更多的帮助，但同时也应避免伤害到儿童的自尊心。生活在留守儿童周围的人群，更应该为留守儿童的健康成长创造良好的社会环境，帮助留守儿童的监护人加强对留守儿童的教育。加强对留守儿童的关心可以在一定程度上弥补儿童亲情的缺失，避免留守儿童产生社会疏离感。各级妇联组织要充分发挥关爱留守儿童的特殊作用，广泛开展关爱留守儿童活动，给予留守儿童尤其是没有监护人的留守儿童更多的关怀。共青团可组织留守儿童参加各种社团活动，培养留守儿童的社会交往能力和社会亲近感，组织农村与城市儿童形成更多的帮扶关系，如组织夏令营活动等。

3. 增强监护人的监护意识和能力

家庭教育是儿童教育重要的一部分，是儿童社会化过程中关键的一个环节。鉴于农村家庭教育的缺失，有必要加强对留守儿童父母和其他监护人的培训，增强监护人家庭教育的意识，培养监护人家庭教育的能力。监护人应该对监护儿童所在环境有清楚的认识，加强对留守儿童安全、健康问题的关注。监护人在监护能力培养上，应该着重于对儿童心理和行为的引导，避免留守儿童走进误区。

（1）加强监护人监护意识的培养

由于留守儿童的监护人大多以（外）祖父母为主，此外还有亲

---

① 目前在四川、湖北、山东、重庆、浙江、云南等地都建立起了留守儿童服务站。农村留守儿童服务站的监理方式主要是由政府、妇联扶持，由村委会或个人管理运行。作为儿童校外学习、活动的场所，其主要功能是举办兴趣学习培训，建立志愿者队伍，定期对留守儿童进行走访，交流谈心，提供儿童学习、生活方面的相关服务等。

戚朋友之类的人作为监护人，所以留守儿童的监护人可能在监护儿童时并没有足够的耐心和细心来关照留守儿童，甚至留守儿童父母的监护意识也缺乏。鉴于农村的实际情况，对父母与留守儿童监护人监护意识的培养，应该通过电视、电台、“大喇叭”等大众喜好的形式进行。电视和广播虽然较新型媒体显得有些落后，但是在农村地区依然是农民接受信息的最重要渠道，不仅在于它的时效性，而且还在于它是以语言形式传播的，这使得一些不识字的监护人也能够接受。通过电视和广播宣传儿童在教育、身体和心理健康、安全等方面的知识，有助于使监护人对留守儿童更加关注，增强监护意识。

（2）加强监护人监护能力的提升

监护能力的提高也可以通过电视和广播的形式进行。同时留守儿童的父母应尽量避免同时外出打工；外出的父母要加强和子女的联系，并尽可能增加回家探望的频率。家长还应该多与留守儿童的老师和监护人进行联系，了解留守儿童在成长过程中遇到的种种问题，积极想办法解决。此外，监护人的监护能力毕竟是有限的，而留守儿童是社会问题，所以更多的人应该帮助监护人共同照顾留守儿童。

第三章　农村留守老人生存状况研究

农村富余劳动力向非农产业的城镇转移，不发达地区的人口向较发达地区流动，是我国工业化和现代化过程的必然趋势，由此伴生出一些特殊的群体：农村留守儿童、留守老人和留守妇女。与其他两者相比，留守老人生存于守候家园、教养孙辈与年老力衰、经济贫困、孤苦寂寞的夹缝中。他们手中握有的资源极少，自身生活缺乏保障，却又背负着巨大的责任和压力。迄止今日，虽然有关留守老人的报道频频见于报端和网络，也已经引起政府、社会的广泛关注，但大多止于感性的、个案的、表象的报道，缺乏客观、全面、深入的数据研究。为了更加科学有效地解决农村留守老人这一群体所面临的困境以及由此引发的沉重社会问题，必须对该群体进行更加广泛、专门的调查研究。“农村留守儿童、老人、妇女生存状况调研”课题组设专题对我国农村留守老人生存现状展开调查研究。课题总计对全国 16 个省的 2 531 名留守老人进行了入户问卷调查，搜集了大量内容翔实而鲜活的第一手资料。在此基础上，对全国留守老人的生存状况进行了多方面、多角度、多层次精准的数据统计与剖析，以期了解留守老人最为真实的生存现状和他们面临的问题，进而有针对性地为解决留守老人问题提供一些对策建议。

一、留守老人的基本情况

本次调研涵盖了留守老人的性别构成、年龄分布、家庭成员、劳动负担、子女供养、医疗照料、代际关系、精神文化等各方面的内容，全面展现了我国大部分地区留守老人的生存现状。

1. 人口学状况

留守老人的性别分布为男性比例低于女性比例，基本上低10%左右，并未因地理分区不同或者经济发展水平不同产生显著差异。留守老人男女比例呈现如此状况，是与全球范围内女性寿命普遍比男性寿命偏长的现象一致的。从年龄来看，低年龄组（60岁～79岁）的留守老人占样本比例为85.5%，高年龄组（80岁及以上）的留守老人仅占样本比例为14.5%，相差较为悬殊。留守老人的婚姻状况以原配和丧偶为主，分别占61.5%和34.1%，而离异、再婚、未婚单身情况较为少见。留守老人的整体文化水平偏低。初中及以上教育水平的留守老人仅占16.4%，绝大部分为没受过教育和只受过小学教育。

2. 经济状况

本次调研对于留守老人的经济状况主要从2010年收入水平、经济来源、经济负担三个方面进行。留守老人2010年的年收入极低值为0元，极高值在20 000元以上。2010年年收入在20 000元以上的占2.7%，5 000元以上的累计占21.4%。通过调研，我们发现从现实情况来看，留守老人高收入的出现通常带有明显的个案特征。当前留守老人在经济上主要依靠自己劳动收入和子女供养维持生活，政府补贴和村集体补贴对老人经济支持的比例非常小。

3. 生活状况

本次调研对留守老人生活状况方面的考察主要从老人的家庭居住情况（静态）和老人日常活动（动态）两方面进行。留守老人以同老伴、孙辈居住者居多，其比例分别为44.1%和33.4%，而独居和与其他人居住的情况较少。在日常生活中，近八成留守老人最主要由自己和老伴来照料，子女照料大多缺失。留守老人大都要从事不同性质的劳动，其中农业劳动负担最重。在本次调研中，有1230名留守老人平日主要进行务农活动，占48.8%；670名留守老人主要做家务，占26.6%；98名留守老人进行经营、务工活动，占3.9%；仅520名留守老人不工作，占20.7%，亦即近80%的留守老人都要从事劳动。在完全自我独居的留守老人中，有63.5%的能够完全自理，有34.8%的能够部分自理，有1.6%的完全不能自理。这表明农村有少部分不能自理的留守老人处于“老无所依”的境况，容易出现“死后尸体腐烂多日”无人知晓的情况。

4. 健康状况

随着年龄的增长和身体机能的退化，健康问题成为留守老人不得不面对的一个越来越突出的问题。身体和心理健康状况直接关系到留守老人对他人照料的依赖程度和对医疗保健的需求程度。本次调研从身体和心理两个方面对留守老人的健康状况展开了研究。

就身体状况而言，在问卷调查样本中，认为自己身体一般、较差和非常差的占56.6%，近四成留守老人不能完全自理，有一种及以上慢性病的留守老人占60.8%，视力大多数有不同程度的衰退，接近一半的留守老人睡眠不好。留守老人整体的健康状况处于一般偏下的水平。

就心理状态而言，在被调查的留守老人中，对生活持乐观态度的有1232位，占48.9%；有923位留守老人对生活不报太大希望，占36.6%；有145名留守老人对生活比较悲观，占5.7%；有20名留守老人感到基本绝望，占 0.8%；另有 203 名留守老人没有想过这个问题，占 8.0%。总体来说，留守老人的消极情绪比较严重。大多数留守老人精神文化生活的范围仅限于自家和邻里的狭小空间，大多数人选择静态的休息休闲方式，有 18.2% 的留守老人无事可干。留守老人参加社会交往较少，参与村里组织的活动频率较低。

二、留守老人面临的主要问题及其原因

几千年来，我国都崇尚“老有所依，老有所养”的儒家孝文化，老人的经济供养、精神抚慰和生活照料主要由家庭成员提供，“儿孙满堂”被看作是老人成就和幸福的象征。然而，大量农村青壮年外出务工冲击了我国传统的家庭养老方式，留守老人面临着经济物质、家庭生活和健康医疗等方面的问题。

1. 经济普遍贫困

留守老人收入水平低，儿女赡养不足，社会保障作用微弱，家庭支出项目繁杂，经济负担沉重，呈现普遍贫困的状况。经济状况是衡量每一个家庭生活状况的重要指标。尤其对于正在逐渐失去劳动能力的老人而言，经济对他们的生活起着更为重要的保障作用，成为衡量留守老人生活质量的核心指标。

（1）留守老人的收入状况

留守老人普遍贫困，对自身经济状况评价不高。在被调查者中，2010 年年收入为 0 元的留守老人达 544 位，1～2 000 元的为 829 名，5 001～10 000 元的为 592 位，收入高于 10 000 的仅为 241 名（见图 3.1）。

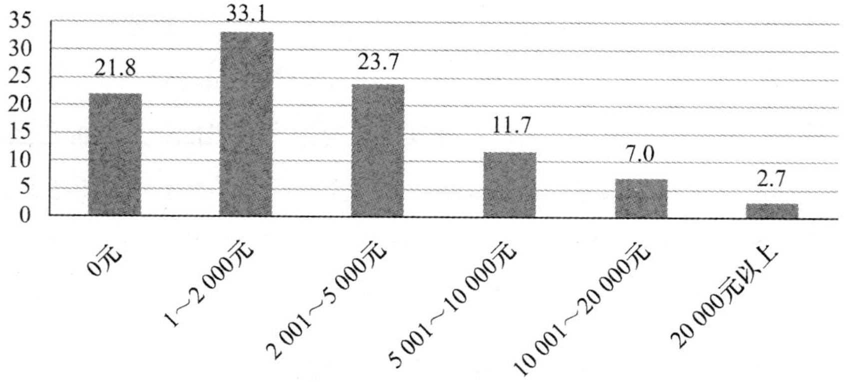

图 3.1 2010 年留守老人年收入状况比例图（单位：%）

国家统计局 2011 年 3 月 10 日发布的抽样调查结果显示，2010 年农村居民人均纯收入为 5 919 元人民币。留守老人被调查者中高达 80% 的人没有达到这一水平。这直接反映出留守老人绝大部分处于低收入状态，贫困现象十分普遍。此外，物价飞涨、人民币贬值更是加重了留守老人的生活负担。留守老人对自己的经济状况普遍持不满意的态度，认为自己经济状况好的仅为 11.7%，认为自己经济状况一般的为 60.8%，较差的为 21.2%，极差的为 6.3%。按照世界银行 2008 年确定的日收入 1.25 美元（按 1 美元约合 6.34 元人民币计算，约合 7.925 元人民币）的国际标准，目前我国有相当一部分留守老人生活在国际贫困线标准以下。按照我国 2010 年确定的年收入 1 274 元人民币的贫困线标准，我国也有不低于 1/5 的留守老人处于该贫困线标准以下。按照我国 2011 年确定的年收入 2 300 元人民币的最新贫困线标准，则处于贫困线以下的留守老人为数更多。也就是说，处于赤贫状态的留守老人在当今是一个数量较为庞大的弱势群体。

（2）留守老人经济收入的来源

留守老人的经济收入主要来源于自身劳动的收入和子女提供的生活费，儿女赡养偏低，社会保障作用微弱。在被调查者中，有

1 100 名留守老人主要以自己劳动所得为主要经济来源，儿女供养只是起到补充、辅助作用；有 1 321 名以子女赡养为主要收入方式；其余的留守老人主要依靠配偶、政府补贴和村集体补贴生活，子女几乎完全没有负担起赡养父母的责任。而政府补贴和村集体补贴对留守老人经济支持的比例非常小，分别仅占到 8.0% 和 0.8%。这表明社会保障对留守老人的生活并没有充分发挥效能。而依靠自己劳动收入为主要生活来源的留守老人占到了 38.2%，远远超过社会保障所起的作用，土地依然为留守老人提供了相当程度的保障。

在传统家庭养老和土地保障的模式下，子女赡养是老人最为主要的经济来源。据统计数据看，虽然大部分留守老人都有儿女提供经济供养，但子女对父母供养呈现数额不均、差异较大，普遍偏低的状态（见图 3.2）。不容忽视的是，有 16.4% 的留守老人其子女没有提供任何供养，他们处境堪忧。同时，子女给留守老人的供养金额介于 1～2 000 元之间的比例占近六成，5 000 元以上仅为 8.4%，子女对老人供养的力度远远不够，仅靠子女供养留守老人难以安享晚年，社会保障的作用亟需加强。

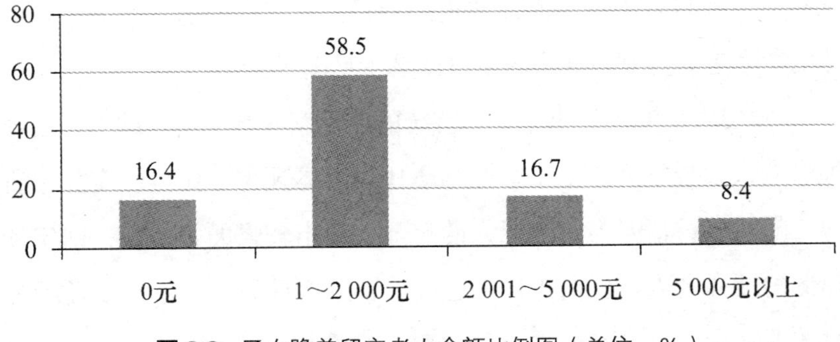

图 3.2　子女赡养留守老人金额比例图（单位：%）

2. 开支负担沉重

留守老人家庭支出项目繁杂，经济负担沉重。在家庭收支中，日常生活支出占36.8%，看病就医占20.8%，排在第三、四的是农业生产资料投入和照顾孙辈，依次占16.2%和14.2%，最后人情支出占11.3%。日常生活支出在留守老人的家庭支出项中所占比例并不高，留守老人的消费水平非常低。医疗支出是留守老人无法避免而又沉重的经济负担。照看孙辈是外出务工的子女遗留下来的义务和责任，已经成为留守老人的沉重负担。

3. 照顾孙辈压力巨大

家庭成员特别是青壮年成员减少给留守老人日常生活带来许多压力和问题。美满团圆的家庭和休闲富足的生活是所有老人希望的生活状态。本次调研发现，留守老人的生活状况无论是家庭居住情况（静态）还是日常活动（动态）都面临着较为严重的问题。

留守老人以同老伴、孙辈同住者居多，缺乏子女照料；同时空巢家庭、隔代家庭现象突出，老人隔代监护压力大。在被调查者中，子女数量在2～6个之间的留守老人达到94.0%。从子女数量我们可以窥豹一斑，若是子女不外出务工，留守老人的家庭规模相对较大，家庭成员数目较多。然而，调查问卷显示，当前同老伴、同孙辈居住的留守老人分别占41.4%和31.4%（见图3.3）。

随着大量农民外出务工，传统的主干家庭结构遭到破坏，出现大量老人独居家庭、空巢家庭和隔代家庭等现象。而且在实际调研中，隔代监护情况与留守老人的年龄表现出较强的相关性，即年龄越低的留守老人隔代监护比例越高。在本次调研中，不需要监护孙辈的留守老人（及其配偶）仅占整个样本的35.1%，有30.3%需要照看一个孙辈，有25.3%需要照看两个，7.0%需要照看3个孩子，还有2.3%需要照看4个及以上的孙辈（见图3.4）。

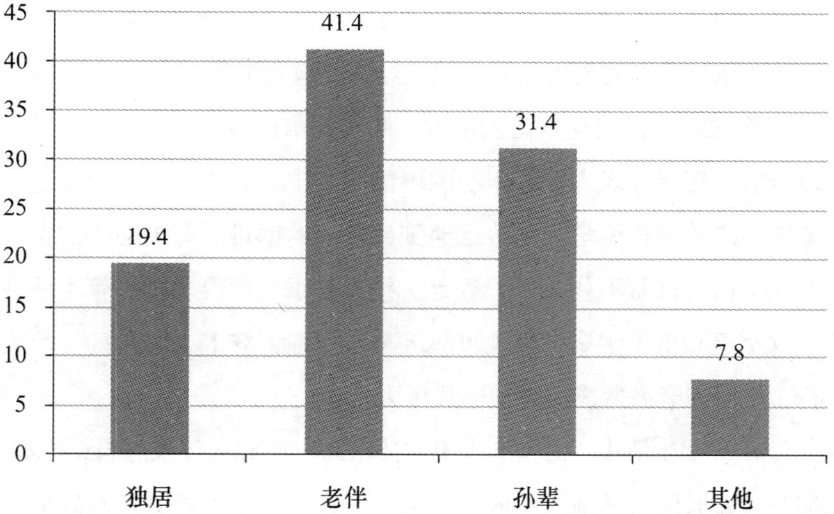

图 3.3　留守老人居住状况比例图（单位：%）

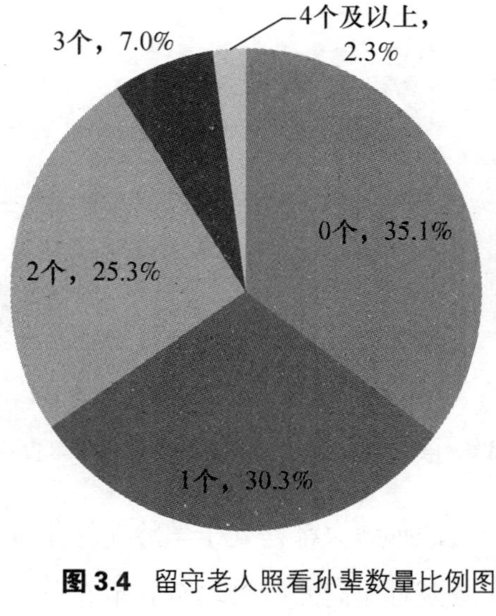

图 3.4　留守老人照看孙辈数量比例图

大部分留守老人需要照料 1 到 2 个小孩。有 9.3% 留守老人需要照料 3 个甚至更多小孩。照料 3 个小孩对于青壮年夫妻尚且是个极大的挑战，对老人造成的压力就可想而知了。普遍贫困再加上还要负担孙辈的吃穿住行以及教育费用，这给留守老人造成了沉重的经济负担。在接受调查的留守老人中，有 20.8% 的留守老人认为在照看孙辈中遇到的最大的困难就是经济负担太重。

除此之外，调查数据还显示，照看孙辈也给留守老人带来了心理压力。在留守老人最为担心的事情调查中，有 29.1% 的留守老人觉得不能辅导孩子学习是自己遇到的最大的困难。有 19.6% 的留守老人害怕自己管不住孩子，等等。担心孩子的学习、担心管不住孩子以及担心孩子生病、出现事故等都是压在留守老人心口的一块大石，给留守老人造成很多烦恼和压力。

在日常生活中，留守老人最主要依靠自己和老伴来照料，孙辈、亲戚、邻居以及其他人只起到辅助补充作用，子女赡养照料缺失情况严重（见图 3.5）。

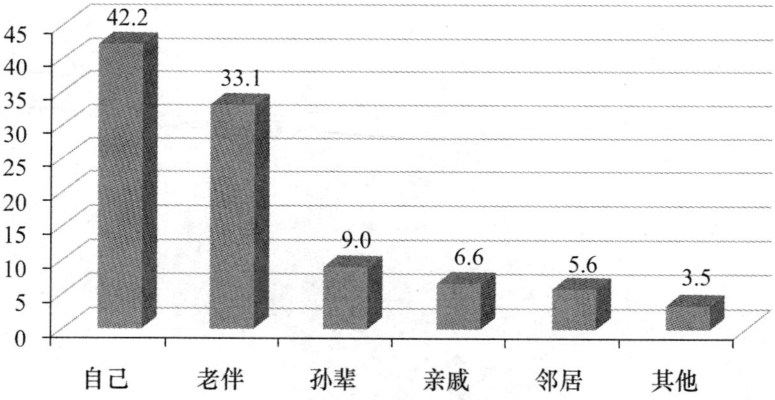

图 3.5 留守老人日常照料情况比例图（单位：%）

留在老人身边的孙辈大都是处于学龄期的儿童和青少年，他们本身尚需要留守老人对他们的照料。而成年的孙辈也是生活刚刚起步，自顾不暇，只有极少的时间和精力来照料爷爷奶奶。除孙辈、子女外，留守老人亲近的亲戚一般为自己的兄弟姐妹以及血缘更远的亲戚。就留守老人同辈的亲戚而言，他们本身也已经年老体弱，面临与留守老人相同的境况，很难给留守老人提供照料和帮助。在外出务工子女由于身在异乡而不能照料父母，当地政府在留守老人生活照料上基本缺位的情况下，留守老人不仅缺少子女的关爱照料，而且背上了照料家庭、监护孙辈的沉重责任，这对于留守老人而言无论是生理上还是心理上都形成了巨大的压力。可见，农村传统养老模式失去了对老人的保障作用。

3. 农业劳动负担沉重

留守老人大都要从事不同性质的劳动，农业劳动负担尤为沉重。年轻子女外出务工，留守老人要代替子女下地劳动、管理农田、看管孩子、做家务等。在本次调研的样本中，有近 80% 的留守老人要进行务农、家务、经营、务工及其他劳动，仅有 20.7% 的留守老人不需要劳作。在 2 518 份有效样本中，超过六成的留守老人平日主要进行务农活动。调研村庄人均耕地面积均值为 1.46 亩，最高值为 17.00 亩，也从某种程度上反映出留守老人的农业劳动压力格外沉重。留守老人参与农业活动的比例最高，这是留守老人在其他保障措施不能完全满足基本生活需求时做出的不得已选择。留守老人必须尽可能坚持从事农业生产，从而获得自己日常生活所需，实现自身生活的基本保障。另外，由于子女外出，其田地无人照料，勤劳节俭的习惯与并不宽裕的经济状况都使留守老人不愿放弃这些耕地。这样留守老人负担的耕地面积扩大、农活加重；而且在农忙时节，多数外出子女并不能回来帮忙，这就使得留守老人的农业劳动压力格外繁重。在家务方面主要是子女外出后，留守老人除了要完全自我照顾和与配偶相互照顾外，还要承担起照料孙辈的饮食起居和上学放学接送任务。留守老人承担了年轻子女本应该承担的照料子女的责任，因而家务的负担也相当沉重。总体而言，子女外出对留守老人造成的劳动负担是显而易见的，家里的劳动力减少了，而劳动量并未减少，留守老人承担了本应由一家人共同承担的劳动量。而且，留守老人的身体机能已经大不如前了，这样的劳动负担让留守老人更加不堪重负。

4. 健康状况堪忧

随着年龄增长，健康医疗问题成为老人十分关注的一个问题。身体和心理健康状况直接关系到老人对他人照料的依赖程度和对医疗就医的需求程度。本次调研发现，留守老人无论在身体方面还是心理方面都面临严重问题，诸如身体每况愈下而就医困难，精神空虚缺乏关怀，精神文化生活单调等问题严重干扰老人的健康。

留守老人健康状况堪忧且不能积极就医，医疗费用成为留守老人及其家庭的沉重经济负担。在调研样本中，认为自己身体一般、较差和非常差的留守老人占比是 56.6%，近四成留守老人不能完全自理，有一种及以上慢性病的留守老人占 60% 以上，视力大多数有不同程度的衰退，接近一半的留守老人睡眠不好。留守老人的整体健康状况处于一般偏下水平，需要良好的、普遍的医疗资源。留守老人看病就医的费用由自己和子女负担的分别占三成和四成，新农合所负担的费用在留守老人所有医疗费用支出中仅占 25.4%（见图 3.6）。医疗费用支出成为留守老人及其家庭沉重的经济负担，很多留守老人被迫选择“小病拖、大病扛”。

在日常得小病的情况下，有 64.4%的留守老人找村医弄点药吃，有 10.8%留守老人自己忍着既不去看病也不吃药，有 8.5%的留守老人自己找土办法解决，仅有 14.9% 的留守老人及时去医院看病。之所以出现上述现象，在日常生活中留守老人缺乏普遍的医疗意识是一方面影响因素，迫于经济压力、无钱进行身体检查和正规治疗是其更为直接、更为根本的原因。

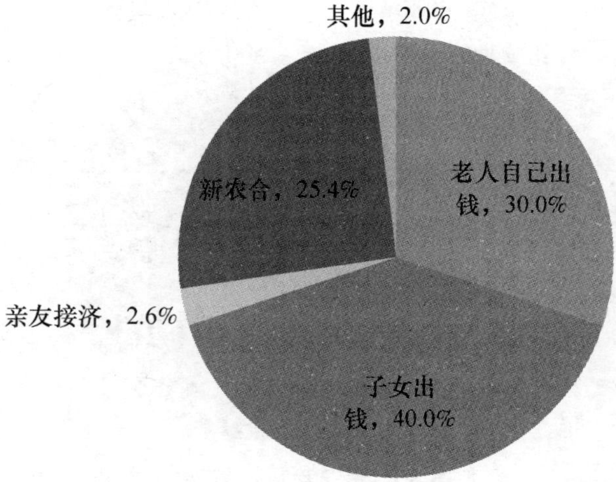

图 3.6 留守老人医疗费用来源比例图

5. 生活态度悲观

留守老人空虚寂寞，生活态度悲观；文化生活单调，质量不高。对每个人的老年生活来讲，精神文化生活同经济物质生活一样起着不可或缺的作用。丰富多彩的精神文化生活能给老人带来精神慰藉，让老人保持开朗的心情和高昂的精气神儿，更能减少心理和身体疾病，有利于老人身体健康。

留守老人缺乏对生活的乐观态度。调研数据显示，43.1% 的留守老人对生活持不同程度的悲观态度，对于这部分留守老人而言，他们的生活是没有精神支柱的，是不快乐的（见图 3.7）。

对留守老人是否有孤独感、无聊感问题的调查数据显示，在 2516 名被调查者中，有 90 位留守老人的回答是一直有，占 3.6%；经常感觉有孤独感、无聊感的有 498 位，占 19.8%；选择偶尔有的有 1138 位，占 45.2%；在生活中从未有孤独感、无聊感的为 790 位，占 31.4%（见图 3.8）。

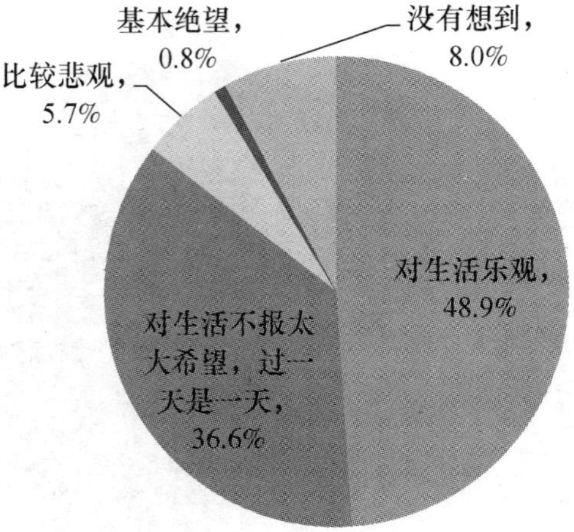

图 3.7 留守老人生活态度示意图

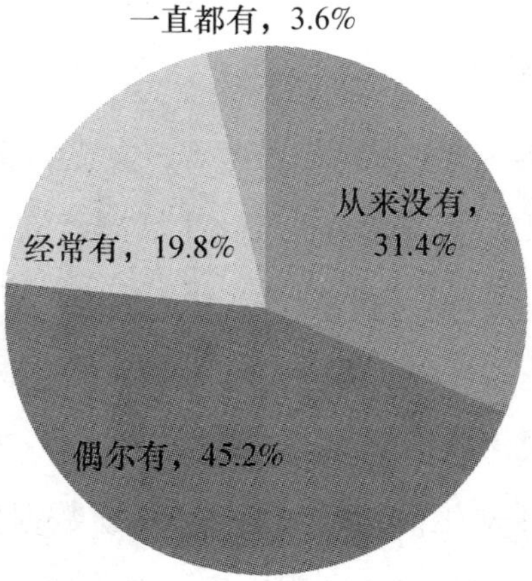

图 3.8 留守老人孤独感程度示意图

只有三成左右的留守老人在日常生活中没有孤独感和无聊感，而其余七成留守老人都会在劳作之余有不同程度的孤独感和无聊感。这表明留守老人的精神状态不佳，大多数老人情绪消极，他们对未来逐渐失去信心和期望，抱着过一天算一天的态度。我们很难想象一个人失去精神动力如何能够面对生活的重压。留守老人精神文化面临的问题可从以下几个方面进行分析：

首先，留守老人家庭内部精神文化生活残缺。由于子女外出，回家探亲闲暇少，电话联系频率较低，沟通中情感交流较少，因此留守老人与子女的精神沟通十分有限。孙辈虽然在老人身边，但由于他们大多年龄尚小，能力有限，老人也很难向他们倾诉内心感受和烦恼。在整个家庭中能经常与老人进行精神交流、有相似爱好的家庭成员似乎只剩下配偶。部分丧偶留守老人平时缺少亲人在身边加以照料和开导，这会让他们产生孤苦无依的感觉，同时心中苦闷无处倾诉，容易滋生消极、自我封闭甚至悲观厌世的倾向。

其次，留守老人自身受教育水平低，不容易接受新事物。一般而言，受教育程度越高，过往经历越丰富，老人的视野和思维就越开阔，越容易接受新鲜事物，也就越容易发展更为广泛的兴趣爱好。同时，文化程度高，平日里读书看报也是了解社会、自娱自乐，消除孤独感和无聊感的良好方式。在本次调研中，从未上过学的留守老人有1 218位，上过小学的有897位，受过初中教育的有333位，上过高中及中专的有76位，只有5位受过大专及以上教育。文化水平不高的留守老人了解外部世界、融入环境的能力相对较低，更容易被社会边缘化。因而，这些留守老人在日常生活中也更容易感到孤独和无聊，进而对生活产生混天熬日的悲观情绪。

再次，宗教信仰也会成为一个人强大的精神支柱，有信仰的人通常心性更为坚韧。从本次调查来看，在2 525份样本中，510位留守老人有宗教信仰，2 015人没有宗教信仰。宗教宣扬的真、善、美等容易吸引老人，给他们以精神慰藉，而且信教让老人在精神上的安全感提高，孤单感降低。此外，留守老人在信教的同时，还夹杂着很多封建迷信思想，老人信教多是有求于宗教中的神，希望给自己和儿女带来福音。

最后，精神文化生活单调，结构不良。在很多人心目中，上辈老人是身怀绝技的一代人。20世纪六七十年代很多村子都有自己的舞狮队、锣鼓队和武术队、戏班子，每当重大节日，村里便锣鼓喧天，热闹非凡。农村传统文娱项目比之城市可能花样不足，但绝对称不上单调。在本次调研中，当留守老人被问及农闲之余会做什么活动时，串门聊天和看电视成为选择最多的选项，选择频次分别为48.4%和44.0%；其次是做家务、带孩子，选择频次为38.9%；打牌、搓麻将的选择频次为16.0%，娱乐健身的选择频次仅为3.7%，而更有18.2%的留守老人选择无事可干。大多数留守老人精神文化生活的范围只限于自家和邻里这狭小的空间内，而且大多数人选择一种静态的休息休闲方式，只有极少数老人选择娱乐健身和读书看报、听广播等其他方式作为自己农闲活动的内容。留守老人的这种状态更适合用“打发时间”来定义，而非我们通常认为的精神文化生活内容。虽然这样的精神文化生活会让留守老人得到休整，但对留守老人强身健体、提高文化修养、发挥特长并无太大助益。

6. 社会交往不足

社会交往较少，参与村里组织的活动频率较低。本次调研显示，在2 524份有效问卷中，在是否参与诸如村民选举这样的活动问题上，有1 116位留守老人选择不参与，占44.2%；有78位选择想参与而没有机会，占3.1%；有621位选择偶尔参与，占25.0%；有700位选择经常参与，占27.7%（见图3.9）。

在村里组织的活动中，留守老人不是一个十分活跃的群体，出现在村庄活动中的人不多。村庄活动组织人员经常忽略留守老人的需求，逐渐将其边缘化，使得留守老人即使有参加村庄活动的精力和意愿，也被排除在外。

随着年龄增长，留守老人对他人照料和关怀的依赖程度逐渐增加，生活不能由自己掌控，更容易产生不安全感和消极情绪。这个时候充实而丰富多彩的精神文化生活能帮助留守老人精神有所寄托，减少其孤独感和不安全感，保持健康乐观的心理状态和积极乐观的生活态度。然而，留守老人的精神文化生活处于典型的“数量不多，质量不高”状态。

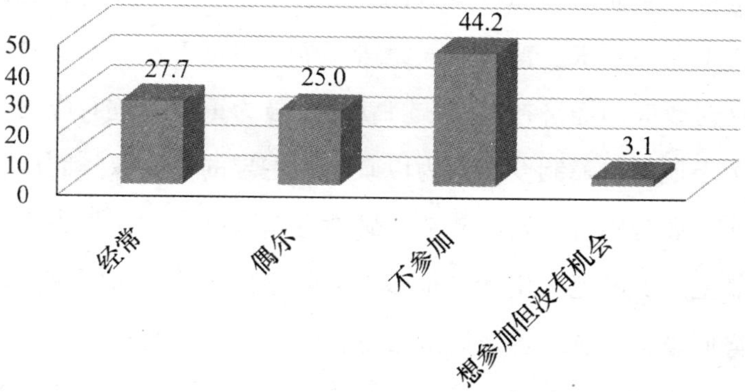

图 3.9　留守老人参与社会活动情况比例图（单位：%）

三、改善留守老人生存状况的对策建议

本次调研结果显示，虽然不同性别、不同年龄、不同居住情况、不同地区的留守老人存在一些差异，但是几乎所有的留守老人都表现出劳动负担沉重、经济状况贫困、感情空虚、缺乏生活照料、医疗资源不足、精神文化生活单调等情况。不仅子女对父母缺乏足够的关爱，当地政府也很少关注留守老人。很多留守老人就如一头被政府和亲人遗忘在农村受苦受难的老牛，为子女付出了青春，为国家贡献过力量，老去的时候依然拖着沉重的犁耙，难得清闲。

解决农村留守老人群体面临的困境以及由此产生的社会问题必须对症下药，从留守老人的实际需求出发，给留守老人提供支持和帮助。因此，了解留守老人的期望和需求就显得尤为重要。通过综合梳理留守老人的需求，本书建议主要从以下几个方面入手改进留守老人的状况。

1. 逐步完善农村社会保障

希望政府提高对留守老人的经济补贴，改善其经济状况，是留守老人的普遍要求。留守老人无法完全实现自养，而子女赡养又不足，这时政府的经济补贴和扶持就显得极为重要。政府应逐渐将农村基于土地的保障制度转变为以政府为主导的社会保障制度。我国城市化发展是不可逆转的趋势，必然有越来越多农民失去土地，那么依靠土地保障老人生活在很多地方就越发显得不合时宜了。就发展趋势而言，传统的养老模式必然被现在通行的社会保障制度所代替。政府应该从现在开始就加强和完善农村保障制度建设，避免农村留守老人老无所依。在留守老人相对集中的村镇，应以政府投资为主兴建养老院或敬老院，同时完善相关配套制度与设施，通过激励措施使留守老人积极入住，让他们也能安度晚年。

2. 创造子女就近就业环境与条件

“安土重迁”依然是中国人的传统观念，很多农民外出务工不是为了走到更广阔的天地去实现自己的伟大理想，而只是迫于生计。外出务工的农民多从事体力劳动，食宿条件相对较差，难以适应外地生活习俗，同等收入水平下，在心理上他们更愿意选择回到家乡而不是在外奔波。同时外出务工农民回到家乡后，因有子女在身边照料，留守老人的生活条件会有所改善，且劳动负担会大大减轻。因此，建议地方政府努力发展规模化的特色农业和地方工业，将农民增收和就近转移农村的剩余劳动力相结合，特别是在当前的新农村建设中要着力增加外出农民工回家乡就业的渠道，创造就近工作条件，提高工作待遇，以便于子女探望或照料自己的父母，使留守老人不再成为孤独的留守者。

3. 降低医疗费用及提升医疗服务质量

“看病难、看病贵”是所有农村民众面临的问题，而留守老人由于身体机能衰退，病痛也就随之而来，他们成为与医疗机构接触最多，对村镇医疗服务质量和医疗费用水平感触最深的一个群体。虽然目前新农合的覆盖面比较广，但在一些地方新农合存在报销费用低、报销程序复杂、服务态度差，甚至不按章报销等问题，新农合并未给留守老人带来多少实惠。同时，村镇医疗资源不足，药物配备不齐全，留守老人得了重病后只能到县城，甚至更远的医院去看病；而看病的地方越远报销的比例越低，这使得许多留守老人在生病后不得不选择放弃医治。因此，建议政府采取有效措施扩大新农合报销的比例，降低农村的医疗费用，使医疗资源向乡村倾斜，改变长期以来医疗资源配备重城市轻乡村的局面。与此同时，通过制度建设切实提高医疗质量，特别是大幅度加强乡村医生的培训，落实村镇必备的医疗器械配备，规范基层医院的医疗工作流程，加强对医院的监督，切实解决留守老人的看病贵看病难、经济负担重的问题。

4. 增加乡村老人活动设施与文化活动

留守老人大都面临着物质与精神的双重贫困。目前，政府与社会提供的有限扶持和帮助基本上都局限于物质层面，对留守老人的精神关注相对较少，而且有的地方政府根本没有意识到留守老人的精神需求方面的问题。但是，不可忽视的是，随着老人身体机能的退化，对他人依赖程度的增加，丧偶、疾病等因素都会使其内心发生一些变化，如情感更加敏感和脆弱、不安全感和消极情绪增长，自我封闭甚至悲观厌世倾向加剧等。物质丰富和精神愉快的生活才是一个人正常的健康生活。因此，在完善农村社会保障、满足留守老人物质需求的同时，还要在村里增加老年人活动设施（如老年人活动中心等），定期或不定期地组织适合老年人的文化活动，逐步满足和解决留守老人对精神文化生活的渴望，使越来越多的留守老人保持乐观、开朗的情绪。另外，在社会上还要营造尊重老年人的社会氛围，把我国尊老爱幼的良好传统恢复起来和传承下去。对于行动不便的留守老人，要积极创造条件和采取多种形式经常进行入户慰问，同留守老人聊家常排解其内心的孤独感和不安全感，给留守老人更多情感关怀和精神慰藉。基层政府还要加强对留守老党员的关怀，创造条件充分发挥他们的余热。

5. 改进农村教育

留守儿童的家庭教育大都是不完整的，这就更加需要良好的学校教育来支持他们的成长和未来。农村社会环境的变化、代沟情况的存在和绝大多数留守老人在文化知识、家庭教育能力方面的欠缺或力不从心，使得留守老人难以应对孙辈的教育需求，留守老人照顾孙辈的压力普遍较大；千百年来根深蒂固的通过读书改变命运的传统观念更是使得部分留守老人教育孙辈的压力倍增。留守老人希望孙辈受到更好的教育来改变命运，这不仅从个人和家庭看是理所当然的，而且从国家未来和民族希望的大局看也是十分必要的。因此，各级政府在教育资源配置上也应大力向农村倾斜，在近期内应该大力改进农村校舍，配齐合格的农村教师，补贴贫困学生，逐步使留守老人的孙辈受到应有的义务教育，以切实减轻留守老人照顾孙辈的压力。

6. 强化进城农民工就业保障

近年来，进城农民工务工被欠薪在一定程度上已经成为相对普遍的现象，农民工通过各种手段讨薪的报道屡屡见诸报端，成为社会焦点问题之一。工作一年甚至更长时间的农民工拿不到本应属于自己劳动报酬的工资，对寄希望于子女打工改善经济困境的农村留守老人和农民工的家庭都是一种沉重的打击甚至灾难，讨薪群体的日益庞大也可能成为社会矛盾加剧的根源之一。改善农村留守老人的经济困境与他们的外出打工子女的劳动能否及时兑现有着直接的利害关系。因此，在目前物价上涨的情况下，建议政府从制度上建立农民工工资保障机制。地方政府要负起监督和查办的责任，基层法院可考虑增设保障农民工利益的“绿色通道”，加大对欠薪单位的处罚力度，杜绝普遍欠薪现象的存在和恶意讨薪现象的蔓延。

第四章　农村留守妇女生存状况研究

20 世纪 90 年代以来，我国经济发展、社会转型使城市吸收了大量的农村剩余劳动力。青壮年农民进城务工，因为户籍、教育制度的限制，大量的老人、妇女、儿童却留守乡间，农村形成了一个留守儿童、留守老人、留守妇女的庞大群体。其中，留守妇女成为新农村建设的主力，她们的生存现状与需求影响着我国农村的未来走向。“农村留守妇女生存现状调查研究”是“农村留守儿童、老人、妇女生存状况调研”专项课题的一部分。调查对象包括全国 16 个省份的 66 个县，课题组在每个县选择 10 个村庄，每个村庄选取 4 名留守妇女进行入户访问。留守妇女的选取标准为：已婚，60 周岁以下，丈夫在外务工 / 经商半年以上。本次调研拟调查 2 640 位留守妇女，收回有效问卷 2 414 份，有效回收率为 91.4%，符合统计要求。在此基础上，采用软件 spss18.0 进行分析。

一、留守妇女基本情况

1. 年龄结构

从年龄看，留守妇女大都为中青年妇女。主要集中在 36～45 岁，所占比例为 36.7%；其次是 26～35 岁，占 30.0%；46～55 岁占 19.7%；25 岁以下和 56～60 岁所占比重较低，分别为 6.2% 和 7.4%（见表 4.1）。

表 4.1　留守妇女基本情况统计表（单位：%）

年龄	25 岁以下	26～35 岁	36～45 岁	46～55 岁	55～60 岁	—	合计
占比	6.2	30.0	36.7	19.7	7.4	—	100.0
受教育程度	未上过学	小学	初中	高中或者中专	大专及以上	—	—
占比	15.6	32.6	41.0	9.7	1.1	—	100.0
身体状况	非常健康	比较健康	一般	有小病	有大病	残疾	—
占比	24.4	45.2	14.3	11.4	4.0	0.7	100.0

2. 受教育状况

从受教育状况看，留守妇女的文化程度普遍较低，初中以下的占到 89.2%，其中，未上过学的占 15.6%，小学文化程度的占 32.6%，初中文化程度的占 41.0%。高中或中专的占 9.7%。接受过高等教育的人极少，大专及以上文化程度的所占比例仅为 1.1%（见表 4.1）。

3. 身体健康状况

因为大部分留守妇女是中青年妇女，所以身体大都比较健康。其中，“非常健康”的所占比例为 24.4%，“比较健康”所占比例最大，为 45.2%，两者合计 69.6%。“身体状况一般”、“有小病”、“大病”和“残疾”所占比例较小，分别为 14.3%、11.4%、4.0% 和 0.7%（见表 4.1）。

二、留守妇女生存现状

1. 家庭收入提高，但是生活依然贫困

外国的农民进城是为了谋生，而我国的农民受农地流转制度的限制，进城务工主要是为了提高家庭收入。调研结果显示，农民进城务工确实提高了家庭收入，务工收入已经构成了外出务工家庭收

入的主要部分。92.8% 的外出务工人员收入占其家庭收入的一半以上。其中，丈夫在外务工收入等于家庭全部收入的为 22.9%，占家庭收入四分之三的为 46.9%，占一半的为 23.0%，占四分之一的比例较小，为 5.1%（见表 4.2）。因为丈夫在外务工收入缓解了家庭经济贫困，所以留守妇女对丈夫收入的满意度较高。其中，“非常满意”的占 7.0%，“满意”的占 38.6%，“一般”的占 38.1%，“不大满意”的占 13.8%，“非常不满意”的占 2.5%（见图 4.1）。

表 4.2 留守妇女丈夫在外务工基本情况统计表（单位：%）

外出务工年限	5 年以上	3～5 年	1～2 年	1 年及以内	—	合计
占比	45.4	27.0	17.1	10.5	—	100.0
外出务工地点	本县（市）	本省内其它县（市）	外省（市）	国外	不知道	—
占比	15.6	33.1	48.9	1.9	0.5	100.0
外出务工收入占家庭收入的比重	全部	四分之三	一半	四分之一	几乎没有	—
占比	22.9	46.9	23.0	5.1	2.1	100.0

50.8% 的农民外出务工月收入集中在 1 001～2 000 元之间（即年收入在 12 000～24 000 之间）。其中，1 001～1 500 元所占比例为 24.8%，1 501～2 000 元所占比例为 26.0%，2 001～2 500 元、2 501～3 000 元、3 000 元以上所占比例分别为 18.3%、13.1% 和 12.8%，1 000 元以下的所占比例较小，仅为 5.0%（见图 4.2）。据国家统计局《中华人民共和国 2010 年国民经济和社会发展统计公报》，2010 年我国农村居民全年人均纯收入为 5 919 元，城镇居民全年人均可支配收入为 19 109 元。相比较而言，外出务工农民的收入并不算低。

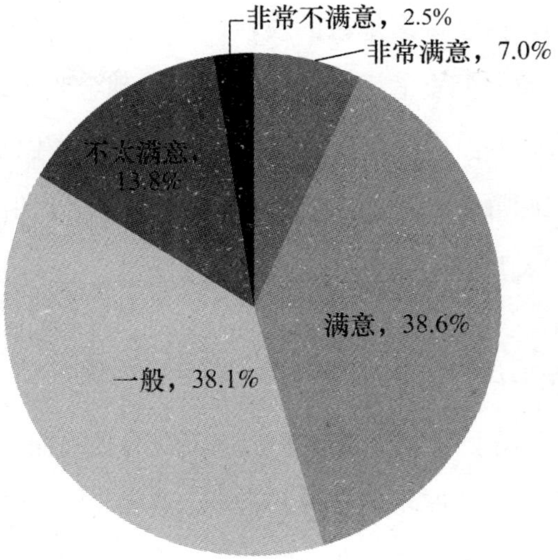

图4.1　留守妇女对丈夫在外的收入满意程度示意图

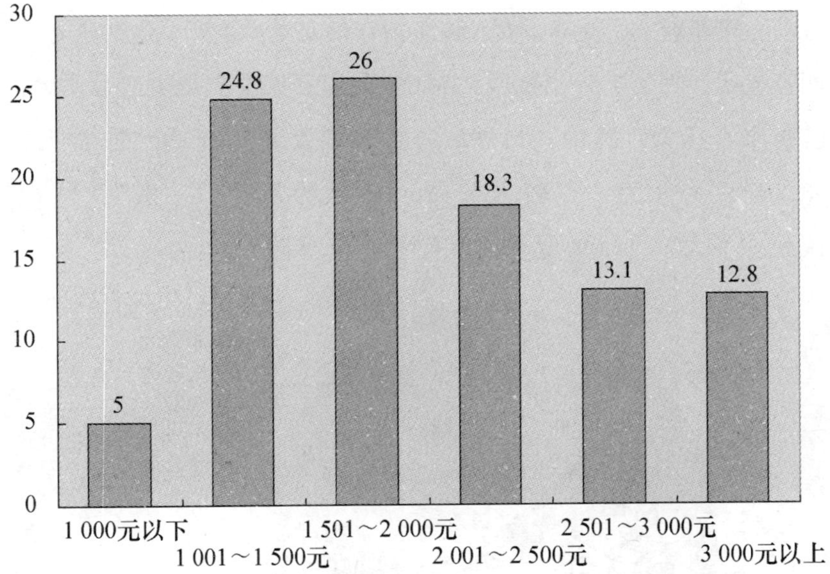

图 4.2　留守妇女丈夫在外务工的月收入比例图（单位：%）

虽然丈夫外出务工使经济生活有所改善，但是仍有 35.0% 的留守妇女把“经济拮据”列为当前面临的最大困难。主要原因在于：留守妇女主要承担着生养和教育小孩、洗衣做饭等家务劳动和传统的农业生产劳动。由于许多地区的农业生产仍然以自给自足和半自给自足为特征，留守妇女的生产劳动无法产生现金收入，整个家庭收入并不高。另一方面，留守家庭的开支繁杂，日常生活、子女教育、购买种子和化肥等生产性投入、人情往来、看病分别占家庭支出的32.3%、24.3%、16.6%、15.4%、10.6%。

2. 生产生活压力大，尤其教育、养老负担重

19.1% 的留守妇女把“劳动负担重”视为目前面临的最大困难。农民进城务工改变了原来的“男耕女织”的状况，女性被推到农业生产的第一线，出现了“农业女性化”现象。但是，由于大部分农村的劳动仍然属于高强度、粗放型的体力劳动，再加上繁重的家务劳动、赡养老人、抚养子女，许多留守妇女觉得生产、生活压力大。调查显示，在丈夫外出期间，44.0% 的留守妇女觉得生产劳动给自己带来了压力，其中，11.2% 的留守妇女觉得压力“非常大”，32.8% 认为压力“比较大”，26.4% 认为压力“一般”，15.6% 认为“不大”，14.0% 觉得“没有压力”（见图 4.3）。

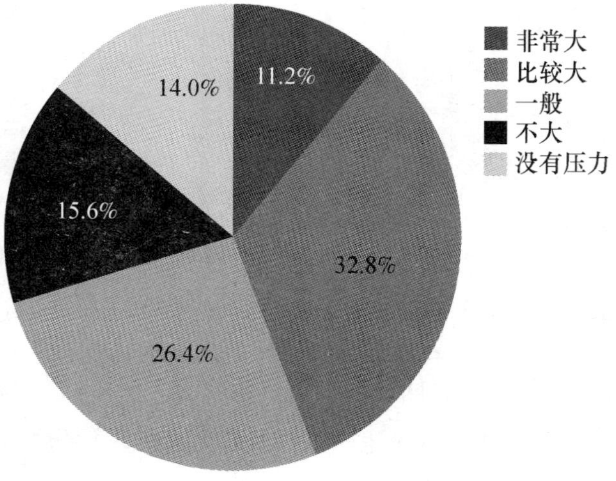

图4.3 生产劳动带给留守妇女的压力程度示意图

留守妇女的丈夫外出务工具有延续性，外出务工年限以“5 年及以上”居多，所占比例为 45.4%，3～5 年所占比例为 27.0%，1～2 年和 1 年及以内所占比例分别为 17.1% 和 10.5%。留守妇女的丈夫外出务工地点主要以外省（市）为主，所占比例为 48.9%。在本省内其他县（市）、本县（市）所占比例分别为 33.1%、15.6%，在国外所占比例较小，仅为 1.9%（见表 4.2）。考虑到来回的时间、路费，大部分外出务工人员只是在逢年过节、农忙时节才能回家，留守妇女与丈夫处于长期分离的状态。

农忙期间抢收抢种是农业生产中至关重要的事情。超过一半（54.2%）的留守妇女在生产劳动中遇到了困难。在遇到困难的留守妇女中，有 87.5% 的认为主要困难是“劳动力不足”，25.6% 认为是“没有技术”，24.2% 认为是“生产资料购买困难”，11.7% 的认为是“销售困难”（见表 4.3）。

表 4.3　留守妇女在生产活动中遇到的主要问题统计表（单位：%）

生产活动中遇到的主要问题（多选）	占比
生产资料购买困难	24.2
劳动力不足	87.5
没有技术	25.6
销售困难	11.7
其他	5.8

大多数留守妇女过着“上有老、下有小”的生活。留守妇女与自己的子女居住或同时与子女、公婆 / 父母居住的共占 82.6%，其中与子女和公婆 / 父母“三世同堂”的所占比例最高，为 43.3%，与子女同住的所占比例为 39.3%。自己一个人住、自己与公婆 / 父母共同居住所占比例分别为 7.5% 和 7.4%（见表 4.4）。因此，留守妇女在承担繁重的农业生产劳动之外，还要料理家庭事务，

照顾年迈的老人，教育孩子。

表 4.4 留守妇女赡养老人、抚育子女及居住状况统计表（单位：%）

需要赡养的老人	没有	1 位	2 位	3 位	4 位及以上	合计
占比	22.0	23.0	35.4	10.7	8.9	100.0
需要抚养的子女	没有	1 位	2 位	3 位	4 位及以上	—
占比	24.6	39.3	29.4	5.5	1.2	100.0
居住状况	自己一个人住	与子女同住	与公婆 / 父母同住	与子女和公婆 / 父母同住	其他	—
占比	7.5	39.3	7.4	43.3	2.5	100.0

78.0% 的留守妇女需要赡养老人。其中，需要赡养 1 位老人的所占比例为 23.0%，需要赡养 2 位老人的比例最大，为 35.4%，有 10.7% 的留守妇女需要赡养 3 位老人，8.9% 的留守妇女需要赡养 4 位及以上老人。不需要赡养老人的留守妇女所占比例仅为 22.0%（见表 4.4）。因此，留守妇女承担着沉重的养老责任，农村亟需建立完善的养老保险制度。

37.3% 的留守妇女把“教育子女”列为当前面临的最大困难。75.4% 的留守妇女需要抚养 18 周岁以下的子女，其中需要抚养 1 位的所占比例为 39.3%，需要抚养 2 位的为 29.4%，需要抚养 3 位和 4 位及以上子女的留守妇女所占比例较小，分别为 5.5% 和 1.2%。不需抚养 18 周岁以下子女的留守妇女仅占 24.6%（见表 4.4）。在养育子女时，留守妇女面临的主要问题是“没有时间、精力、能力辅导子女学习”，所占比重为 48.9%；其次为“经济拮据”，所占比重为 21.9%；“不了解子女的心思”的占 17.3%；“管不住孩子”的占 11.9%（见表 4.5）。

表 4.5　留守妇女与子女关系状况统计表（单位：%）

子女听话程度	非常听话	听话	一般	不听话	非常不听话	合计
占比	12.5	55.4	23.2	7.9	1.0	100.0
养育子女面临的问题	没有时间、精力、能力辅导子女学习	不了解子女的心思	管不住孩子	经济拮据	—	—
占比	48.9	17.3	11.9	21.9	—	100.0

3. 婚姻稳定性高，但感觉内心孤单

一些学术研究认为，丈夫外出务工对留守妇女的婚姻产生许多消极影响。本次调研的结果发现与这些学术研究的观点不同，留守妇女的婚姻稳定性比较高。留守妇女没有与丈夫出现过感情危机的占多数，比例为 94.0%，出现过感情危机的仅占 6.0%。丈夫外出后，“和丈夫的关系与以前差不多的”占多数，比例为 77.5%，16.5% 的“比以前更好了”，仅有 6.0% 的“不如以前好”。总体而言，留守妇女有婚姻幸福感的占 65.3%，其中觉得婚姻“非常幸福”和“比较幸福”的分别占 15.3% 和 50.0%，觉得婚姻“一般”的所占比例为 30.4%，觉得婚姻“不幸福”和“非常不幸福”的分别为 3.8% 和 0.5%（见图 4.4）。农村多数家庭面临的最大问题仍然是经济问

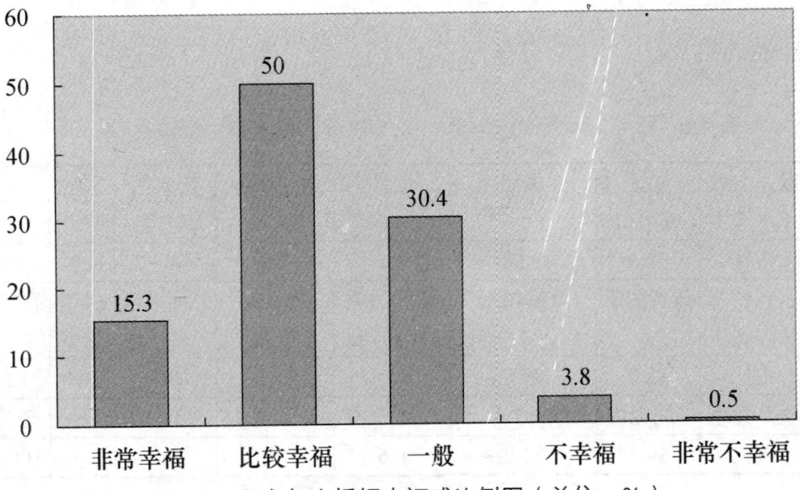

图 4.4　留守妇女婚姻幸福感比例图（单位：%）

题，如果丈夫不外出务工，夫妻之间仍然会因为经济拮据、生活贫困而发生矛盾，而丈夫的外出务工既缓解了家庭的经济困难，又使夫妻之间体谅到彼此的辛苦与不易。在感情与柴米油盐发生冲突时，他们不得不选择柴米油盐，因为这是家庭利益最大化的一种体现。

现代通信方式为留守妇女与丈夫的联系提供了便利。在丈夫外出期间，98.3% 的留守妇女与丈夫以电话联系为主，22.8% 是丈夫回家，4.3% 是托人捎口信，1.1% 是通过信件，1.0% 通过电子邮件。

丈夫外出期间，留守妇女与其联系的频率以一周以内为主，占 59.7%，一周到一个月占 31.9%，1～3 个月、4～12 个月和一年以上分别占 6.6%、1.3% 和 0.5%。这种频繁的联系缓减了因丈夫在家庭生活中的实际“缺席”而带来的困难，留守妇女与丈夫的感情也因为相互的关怀与叮嘱而得到维持与巩固。在与丈夫联系时，82.0% 的留守妇女谈论的内容“以孩子的事”为主,79.0% 以“家庭情况”为主，59.6% 以“相互的关怀与叮嘱”为主,55.6% 以“老人的情况”为主。另有 19.0% 和 14.0% 选择了“外面的事”和“村里的事”（见表 4.6）。丈夫即使长期不在家，也能够通过频繁的互动和联系了解家庭事务、子女和老人的生活。留守妇女也通过这种频繁的互动和联系了解了外面的世界。

表 4.6 留守妇女与丈夫联系方式、内容及频率统计表（单位：%）

联系方式（多选）	电话（或手机）	丈夫回家	信件	电子邮件	托人捎口信	其他	—
占比	98.3	22.8	1.1	1.0	4.3	1.3	—
联系内容（多选）	孩子的事	家庭情况	相互的关怀与叮嘱	老人的情况	外面的事	村里的事	其他
占比	82.0	79.0	59.6	55.6	19.0	14.0	1.2
联系频率	1 周以内	1 周～1 个月	1～3 个月	4～12 个月	一年以上	—	合计
占比	59.7	31.9	6.6	1.3	0.5	—	100.0

调查显示，婚姻稳定并不能掩盖留守妇女内心的孤单寂寞感。在问及是否出现过孤单寂寞感时，回答“经常有”和“偶尔有”的留守妇女共占 70.2%，其中经常感觉孤单寂寞的占 19.3%，偶尔感觉孤单寂寞感的占 50.9%，基本没有感觉孤单寂寞的占 22.3%，从来没有的占 7.5%（见图 4.5）。

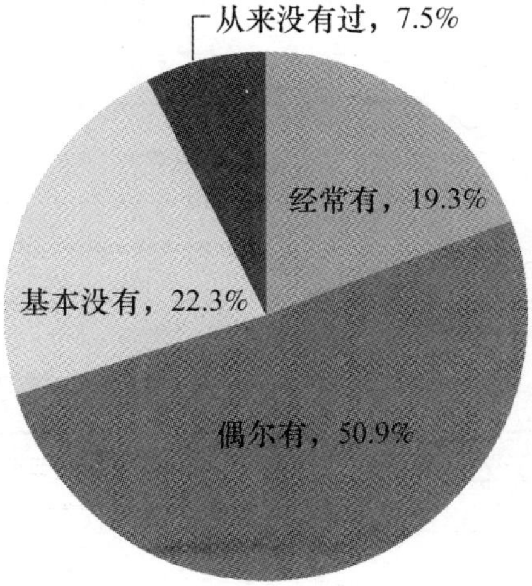

图4.5　留守妇女出现孤单寂寞感比例图

4. 担心家人的安全与健康，但自身安全状况不容忽视

留守妇女具有自我牺牲精神和忍耐力。她们考虑最多的不是自己，而是丈夫、孩子和父母 / 公婆的安全与健康。72.7% 的留守妇女最担心的是“丈夫的安全与健康”，16.4% 最担心“孩子的安全与健康”，4.6% 最担心“父母 / 公婆的安全与健康”，1.8% 担心“财产安全”，仅有 3.1% 担心“自己的安全与健康”（见表 4.7）。

近年来，外出务工人员上当受骗、甚至被虐待残害的报道不胜枚举。频繁发生的恶性事件增加了留守妇女对丈夫的担心。问及“丈夫外出期间，您最担心他的是”，调查显示，74.6% 的留守妇女选择最担心丈夫的“工作安全”，72.3% 最担心丈夫的“身体健康”，

25.5% 最担心丈夫“赚不到钱”，23.4% 最担心丈夫“上当受骗”，15.7% 最担心丈夫“沾上赌博等不良嗜好”，12.7% 最担心丈夫“有外遇”（见表 4.8）。

表 4.7 丈夫外出期间留守妇女最担心的事项统计表（单位：%）

最担心的事项	占比
自己的安全与健康	3.1
丈夫的安全与健康	72.7
孩子的安全与健康	16.4
父母 / 公婆的安全与健康	4.6
财产安全	1.8
其他	1.4
合计	100.0

表 4.8 丈夫外出期间留守妇女最担心丈夫的事项统计表（单位：%）

最担心丈夫的事项（多选）	占比
赚不到钱	25.5
工作安全	74.6
有外遇	12.7
身体健康	72.3
沾上赌博等不良嗜好	15.7
上当受骗	23.4
其他	1.4

与外出务工的丈夫相比，留守妇女感觉生活在“熟人社会”里的自己是相对安全的。其中 15% 的留守妇女觉得“非常安全”，44.9% 觉得“比较安全”，31.2% 觉得“一般”。但是，仍有部分妇女觉得“不安全”和“非常不安全”，两者的比重分别为 7.9% 和 1.0%（见图 4.6）。

调查表明，在丈夫外出期间，74.9% 的留守妇女没有遭遇到任何威胁到安全的事故。但是，在大量男性劳动力外出务工后，部分农村治安状况恶化，而乡镇派出所通常离村庄较远，村治安员或者外出务工，或者形同虚设，这使留守妇女的人身与财产安全容易受到威胁。如一些村庄的牲口和家禽经常被偷，一些犯罪分子把留守妇女作为性侵犯的对象。调查显示，有 6.5% 的留守妇女曾经遭遇被抢、被盗事件，6.2% 遭遇被骂，5.0% 遭遇被骗，2.3% 曾经被骚扰，1.2% 被公然威胁，0.7% 被打，3.2% 遭遇过其他不安全情况。这说明留守妇女的安全问题不容忽视（见表 4.9）。

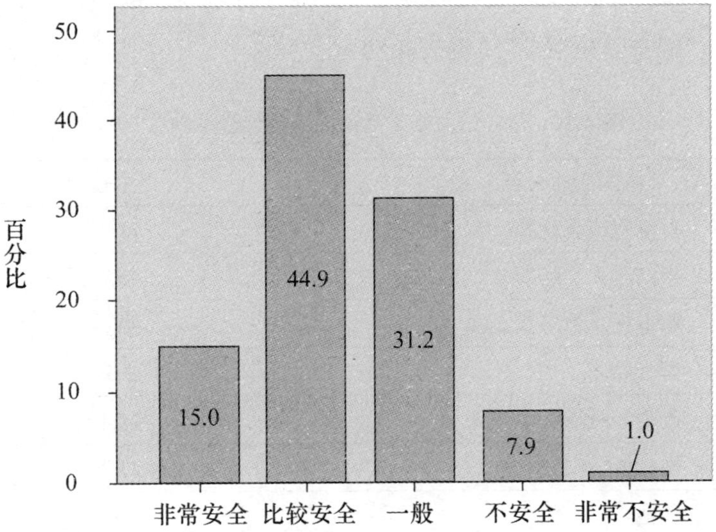

图 4.6　丈夫外出后留守妇女感觉安全程度示意图（单位：%）

表 4.9　丈夫外出期间留守妇女安全状况统计表（单位：%）

安全状况（多选）	占比
被抢、被盗	6.5
被骂	6.2
被骚扰	2.3
被打	0.7
被骗	5.0
被公然威胁	1.2
其他情况	3.2
没有任何不安全情况发生	74.9

5. 闲暇活动以娱乐消遣为主，但较少学习创造性活动

留守妇女的闲暇活动以消遣性的休闲娱乐活动为主，较少有提高性的学习创造活动。84.7% 的留守妇女没有宗教信仰。在被问及“休闲时间，您主要做些什么”时，45.9% 的留守妇女选择“串门聊天、喝茶”，45.6% 选择“看电视、看书、上网”，23.7% 选择“做针线活”，21.9% 选择“打麻将或者玩牌”，21.4% 选择“赶集、赶场”，2.3% 选择“健身娱乐活动”（见表 4.10）。

表 4.10 留守妇女休闲活动内容统计表（单位：%）

休闲活动内容（多选）	占比
打麻将或者玩牌	21.9
串门聊天、喝茶	45.9
看电视、看书、上网	45.6
健身娱乐	2.3
赶集、赶场	21.4
做针线活	23.7
其他	7.0

6. 公共事务参与率有所提高，但增幅不大

在丈夫外出务工后，留守妇女参与村庄公共事务的比例比丈夫外出前有所提高，但是增幅不是很大（见图 4.7）。在劳务输出的主要省份，虽然留守妇女已经成为新农村建设的主要力量，但是她们对村庄公共事务缺乏参与的意愿与能力。只有 23.9% 的留守妇女关心村庄公共事务，其中 2.5% 表示“非常关心”，21.4% 表示“关心”。“一般关心”、“不大关心”和“从不关心”的分别占 35.2%、30.5% 和 10.4%（见图 4.8）。只有 16.9% 的留守妇女了解村委会干

部的选举程序，其中“非常了解”的只占 1.4%，“比较了解”的占 15.5%。此外，“一般了解”、“不大了解”和“完全不了解”的分别占 24.4%、40.0% 和 18.7%（见图 4.8）。61.5% 的留守妇女从不向村委会反映自己的意见，偶尔反映的占 35.4%，经常反映的只占 3.1%。

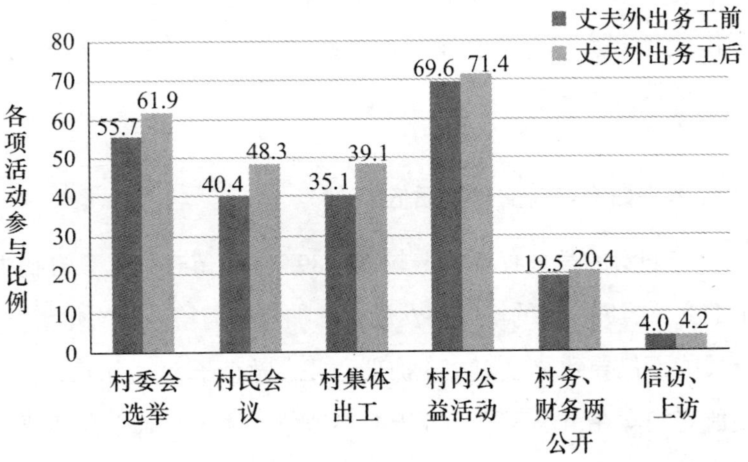

图 4.7　丈夫外出前后留守妇女参与村庄公共事务对比图（单位：%）

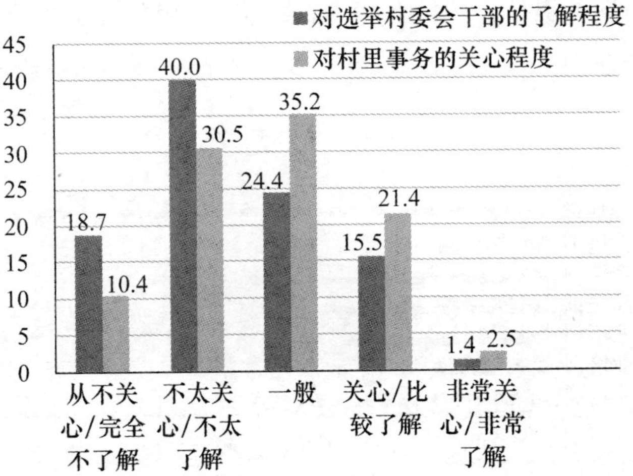

图 4.8　留守妇女对村庄公共事务的了解与关心情况示意图（单位：%）

三、留守妇女生存困境的原因分析

留守妇女大多数处于劳动力的黄金年龄，在农村中，她们肩负着赡养老人、养育子女、经营农业、照顾家庭的重任，逐渐成为新农村建设的主力。但是，留守妇女普遍面临着经济困难、劳动强度大、教育养老负担重、心灵孤单空虚等问题。这些问题产生的主要原因在于：

1. 留守妇女自身文化素质低

留守妇女的教育程度普遍较低，89.2% 的留守妇女只有初中及以下的文化，73.0% 的留守妇女没有参加过任何培训。文化素质低、缺乏技能不仅导致留守妇女在护理幼儿、教育子女时力不从心，而且使留守妇女在市场竞争下处于弱势地位，缺乏改善生存现状、就业创业的能力。调查显示，留守妇女迫切需要政府举办各类培训，提升生产生活技能。有 36.4% 的留守妇女希望政府举办家庭教育培训，29.3% 希望举办种植业培训，26.8% 希望举办卫生保健培训，25.2% 希望举办农民工就业培训，20.7% 希望举办养殖业培训（见图 4.9）。

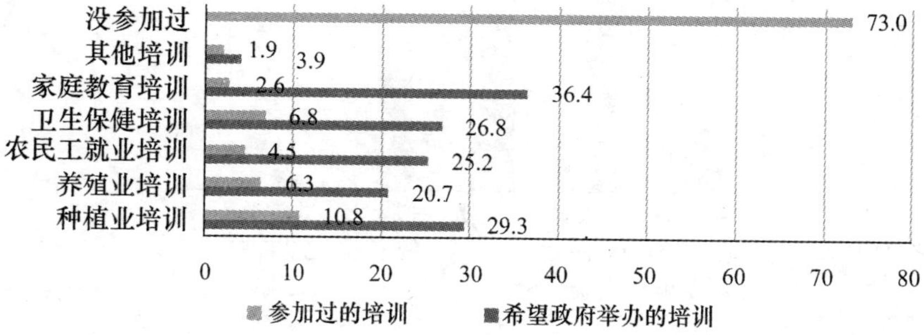

图 4.9 留守妇女参加过的和希望政府举办的培训比例图（多选题）（单位：%）

2. 农村合作互助组织少

当前农村的合作互助主要局限于亲戚、邻居之间的换工等，超越血缘、地缘关系的各类非政府、非营利的社会组织比较少，基于生产、资金、技术合作的民间组织尤其少见，因此，留守妇女的社会组织参与率不高。有 17.6% 的留守妇女参加过文艺类协会或组织，14.9% 的参加过留守妇女互助组织，12.8% 的参加过基金或者信贷组织，11.8% 的参加过经济合作组织，10.4% 的参加技术协会或者组织，另有 38.0% 的参加过其他类型的组织（见图 4.10）。

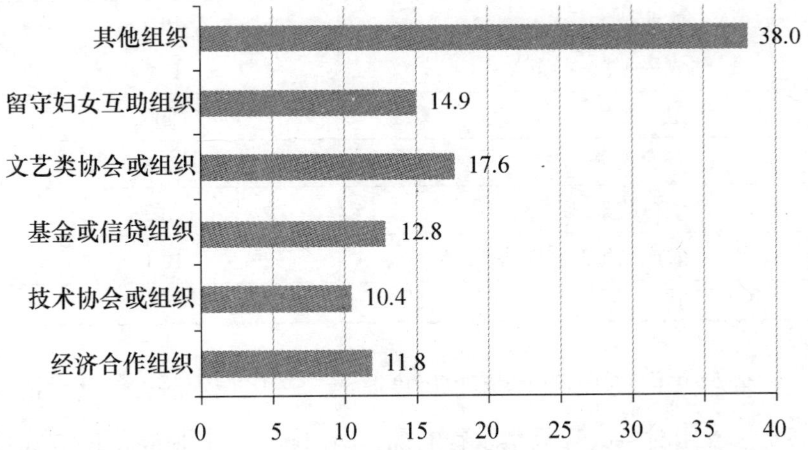

图 4.10　留守妇女参加过的组织和协会比例图（多选题）（单位：%）

3. 农村基础设施落后

农村的基础设施建设如道路、桥梁、通信、电力等普遍落后于城市。尤其是中西部农村水利、气象基础设施落后，农业机械化程度低，农业仍处于靠天吃饭的阶段，农业生产仍然采用传统的耕作方式。农产品的仓储、运输、市场等基础设施落后，农产品无法通过深加工提高附加值。因此，留守妇女不仅生产劳动负担沉重，收入也无法得到提高。

农村信息化程度低，信息基础设施投入不足，留守妇女无法获得急需的指导农业生产、帮助生产决策的必要信息。调查显示，有38.8%的留守妇女最希望政府提供子女教育方面的信息，25.9%希望提供卫生医疗方面的信息，19.7%希望提供农业技术信息，18.3%希望提供农村政策信息，17.5%希望政府提供农民工权益保障信息（见表4.11）。

表4.11 留守妇女希望政府提供信息的需求统计表（单位：%）

最希望政府提供的信息（多选）	占比
农业技术	19.7
农民工权益保障	17.5
卫生医疗	25.9
子女教育	38.8
农村政策	18.3
农产品生产和销售	10.1
其他	2.2

农村文化娱乐基础设施也极度匮乏，文化娱乐活动贫乏，留守妇女在农闲时节大都只是以看电视、串门聊天、打麻将等的方式打发时间，缺乏积极健康的文化生活。

4. 教育和社会保障严重滞后

我国特有的户籍制度使得农民工无法享受附着于户籍之上的教育、就业、福利、社会保障等资源，这增加了农民工举家迁徙的难度，也是留守妇女产生的根本原因。

（1）教育水平落后

城乡二元分割体制造成“农村教育”与“城市教育”的差异。

农村教育的投入、师资、基础设施等都远远落后于城市教育，留守儿童的教育受制于这样的城乡二元教育制度，如果跟随父母进城，则受到社会排斥；如果留在家乡，则只能与所有农村儿童一样，在经费匮乏、资源短缺的农村教育体系中就学。

“教学布局调整”极大地影响了农村教育资源配置。原来“村办小学，乡办中学，县办高中”的格局已经被打破，现在一个乡镇往往只剩下一所小学，一所中学，留守儿童上学或者要在学校寄宿，或者要家长接送，在中西部部分地区，学校与家庭来回的路程较远而且不安全，反而增加了家长的负担。2004—2007 年，中西部农村实施了“农村寄宿制学校建设工程”，但是由于需要负担住宿、伙食、交通等费用，中西部地区寄宿制学生每学期要支出 600～800 元，这反而大大增加了农村家庭的负担，完全抵消了“两免一补”政策带来的正面效应。在调研中，许多留守妇女都提到“农村中小学要加强学生管理，提高教学质量”；“要提高乡镇中学的师资力量，保障农村子弟的升学率”；“要增加农村学生入城受教育的机会，希望能让农村的孩子有更好的出路，不只是一辈辈的打工种地”等。

（2）社会保障制度滞后

在城乡二元结构下，农村的社会保障制度严重滞后。据第六次全国人口普查数据，居住在乡村的人口占总人口的 50.32%，农村居民为 6.74 亿人。目前，新型农村合作医疗制度已覆盖全国绝大多数农民，农民获得了基本的医疗保障。但与此相比，新型农村养老保险参保面偏低。据人力资源和社会保障部的统计，2011 年一季度，新型农村养老保险试点参保人数共计 1.74 亿人，达到领取养老金待遇 60 岁的有 5 003 万人，换言之，还有 7 300 万以上的农村老年人没有养老金。落后的社会保障水平使部分老人缺乏养老保障，容易因病致贫，因病返贫，从而增加了留守妇女的生活负担。

四、留守妇女走出生存困境的对策建议

1. 加大法律法规的宣传与执行力度

要加大《中华人民共和国未成年人保护法》、《中华人民共和国义务教育法》、《中华人民共和国妇女权益保护法》以及《中华人民共和国婚姻法》等法律法规的宣传和执行力度。要让留守妇女了解自己拥有的人身权与财产权，尤其是在婚姻家庭、土地承包、生育保障等方面的权利，在必要时候会用法律武器捍卫自己的权益。基层政府可以通过 12338 妇女维权热线、基层法律援助工作站等形式维护留守妇女的切身权益。

2. 提供生产、生活技能培训

首先，要加强对留守妇女农业生产方面的培训。可通过技术下乡等活动，开设各种妇女技术培训班，对留守妇女进行特色养殖培训、棚菜种植培训等，使留守妇女掌握一、两门实用的农业生产专业技术，提高留守妇女自身的农业生产能力。其次，要为留守妇女转移就业提供服务。可对准备外出务工的留守妇女进行家政服务、电脑操作等方面的培训，使其掌握在城市从业的基本技能和安全知识，增加其在城市劳动力市场上的竞争力。再次，要举办各种家庭教育、卫生保健的培训班，以提高留守妇女家庭教育、家庭护理的能力。最后，可组织专家进行巡讲，对留守妇女进行心理情绪疏导，调适婚姻家庭关系。

3. 增加政府财政投入

一是要增加对留守妇女的资金扶持。可通过“小额贷款担保贴息贷款”等形式，鼓励留守妇女自主创业。二是要注入启动资金，设立“关爱农村留守妇女”基金会，建立关爱农村留守妇女的长效机制，并募集社会资金用于留守妇女的创业，贫困留守妇女的生活救济等。三是要加大农业基础设施的投入，提高农业机械化程度，落实相关补贴政策，减轻留守妇女的劳动生产强度。四是要建设并开放一些农村社区活动中心、图书室，增加文体器材的数量，提高图书的数量与质量，组织文体宣传队，举办各种形式的文艺活动，丰富农村的文化生活，改变当前部分农村单调乏味的文化娱乐方式。

4. 提供政策扶持

一方面，要引进一些适合留守妇女从事的家庭创业项目，或者依据本地的资源禀赋，扶持一些较好的项目，鼓励、引导、扶持留守妇女自主创业。另一方面，要将分散的留守妇女等闲置劳动力组织起来，由政府或企业拨付少量资金，以“公司＋基地＋农户”的形式建立一些刺绣、编织等手工艺品制作或外包加工企业，使留守妇女“挣钱教子”两不误。

5. 提供制度保障

第一，要推动县域经济发展，推进城乡一体化，为农民提供多种就近就业的机会。第二，要打破城乡二元制结构，加快户籍制度改革并逐步取消与户籍制度相关联的制度，加强流动人口管理，使农民工在医疗、住房、子女就学等方面享受与城市居民相同的待遇。第三，要建立城乡一体的基本医疗保障、社会保障和养老保障制度。

要加快新型农村合作医疗制度建设，完善县、乡、村医疗卫生体系；要扩大新型农村合作保险的覆盖面，做到应保尽保；要建立最低生活保障制度，对农村困难人员实行社会救济。只有在进一步扩大农村医疗保险范围的基础上，把农民纳入养老保险的框架之中，弱化土地的保障功能，才能真正减轻农村留守妇女的生活负担。

6. 加强基层民主和社会组织建设

首先，劳务输出大省可明确规定村支部和村委会中必须有妇女代表，鼓励留守妇女参与村治，增强留守妇女参与社区公共事务的能力，使其成为真正的新农村建设的主力军。其次，要建立“支持型”社会组织，培育和孵化立足农村社区的社会组织，搭建农村社区互助、合作、交流平台。例如，留守妇女互助合作组织，农忙时可以互帮互助，减轻生产劳动的强度；平时生活上可以相互扶持、相互照顾，情感上可以相互依靠、相互倾诉。再次，要在农村社区采取成立治安巡逻队、邻里守望、电话呼应等措施，营造安全的社会环境。最后，要鼓励创建各种民间团体，设立基金会，发展专门为留守妇女提供支持、保护和服务的慈善机构。

第五章　农村留守群体生存状况地理分区差异研究

无论是官方还是学界，关于我国的地域间差异都存在一种共识：不同的地理环境、历史沿革、经济社会发展水平使得各地区的境况各异，生活在这不同地区的民众生活也表现出了差异性与多元化。这种差异和多元体现在生活方式与生活水平、文化习俗、宗教信仰、人际交往等方面。因此，对我国的地域与群体进行划分是非常有必要的，诸如东中西部经济分区、十七个文化分区、行政区划、地理分区乃至城乡二元体制等。

浩浩荡荡的农业劳动力向城镇转移的过程是全国性的，从辽宁到四川、从浙江到贵州、从广西到宁夏。当这些农村劳动力进入城市之后，因为户籍等方面的限制，儿童、老人、妇女被留在了家乡。那么，这些不同地理、文化、经济背景下的乡村环境会对“留守群体”的生活和心态产生什么样的影响呢？我们借鉴了官方和学界对我国区域的经济与地理划分，通过有关经济分区、地理分区的相关性分析，尝试着对这个问题进行解答。

在经济分区方面，我们收集《中国统计年鉴 2011》中所统计的 2010 年我国各省份人均 GDP 数据[①]，参照世界银行《世界发展

---

① 参见中华人民共和国国家统计局编：《中国统计年鉴2011》，中国统计出版社2011年版。

指标2011》[1]中所界定的2010年中等收入国家与中低收入国家的人均GDP分界线：3 978美元，按2010年12月份美元平均汇率6.65转换成人民币26 453.7元，将16个省份划分为两大经济分区：中等收入国家水平层次的省份（浙江、辽宁、山东、福建、河北、湖北、陕西、宁夏）和中低收入国家水平层次的省份（山西、河南、江西、四川、安徽、广西、甘肃、贵州）。

在地理分区方面，我们参考了2005年我国行政区划中各省的空间位置[2]，将调研的16个省划分为六大地理分区：东北地区（辽宁），西北地区（甘肃、陕西、宁夏），西南地区（四川、贵州），中南地区（湖北、河南、广西），华东地区（浙江、山东、福建、江西、安徽）和华北地区（河北、山西）。

这两种地域划分的意义在于：经济分区通过强调以经济发展水平来考察各地留守儿童、留守老人、留守妇女的生活和心态差异；而地理分区更多地是强调综合性的因素，诸如经济、文化、传统价值观等。由此二者，我们能比较全面地对农村"留守群体"的生活和心态差异进行地域比较，以利于制定政策时能进行因地制宜的考量。

通过PASW/SPSS的相关性检验和交叉表分析，我们寻找出了留守儿童、留守老人、留守妇女三个群体在不同分区下的差异。本章将从基本生活状况等方面以具体的数据来说明不同地理分区间的地区差异。

---

② 参见世界银行：《世界发展指标2011》，http：//data.worldbank.org.cn/data-catalog/world-development-indicators。

② 参见《中华人民共和国行政区划（2005年）》，http：//www.gov.cn/test/2007-03/23/content_559298.htm。

一、基本生活状况

1. 留守儿童

（1）六岁以下留守儿童

在生活费用方面，家长每月给六岁以下留守儿童的生活费用主要集中在 201～500 元之间。在 200 元以下以及基本不给的水平上，西北地区所占比例最高，为 46.0%。在 800 元以上的水平上，华东地区所占比例最高，为 22.3%。而在西北和西南地区，没有家长每月给 1 500 元以上的生活费（见表 5.1）。地理分区与留守儿童零花钱间的 Pearson 相关系数为 0.064，显著性（双侧）系数为 0.024，在 0.05 水平（双侧）上呈现显著相关。因此，地理分区对六岁以下留守儿童零花钱有较大的影响。

表 5.1　六岁以下留守儿童月生活费地理分区统计表（单位：%）

		基本不给	200 元以下	201～500 元	501～800 元	801～1 000 元	1 001～1 500 元	1 500 元以上	合计
地理分区	东北	1.0	22.2	44.5	22.2	9.1	1.0	0.0	100.0
	西北	13.6	32.4	32.9	15.0	4.7	1.4	0.0	100.0
	西南	18.8	21.7	48.7	8.7	1.4	0.7	0.0	100.0
	中南	12.6	26.8	37.0	16.3	3.3	2.8	1.2	100.0
	华东	11.4	23.0	30.0	13.3	8.8	7.0	6.5	100.0
	华北	6.4	45.6	30.1	11.5	3.8	1.3	1.3	100.0
平均百分比		11.4	28.0	35.0	14.1	5.6	3.4	2.5	100.0

注：　Pearson卡方值是151.399，在0.05水平上显著，表明地理分区差异对六岁以下儿童生活费的影响显著。

在食品供给方面，华北地区和西北地区仅有 19.0% 和 15.9% 的六岁以下留守儿童能够每天吃上一次荤腥，远低于东北、西南、中南、华东地区。在华北和西北地区更多的六岁以下留守儿童只能一周一次或更长时间才能吃到一次。相比较而言，在东北、华东地区有更多的六岁以下留守儿童能够每天都能吃上荤腥（见图 5.1）。地理分区与六岁以下留守儿童吃荤腥间的 Pearson 相关系数为 -0.115，显著性（双侧）系数为 0.000，在 0.01 水平（双侧）上呈现显著相关，因此地理分区对六岁以下留守儿童吃荤腥的状况有较大的影响。

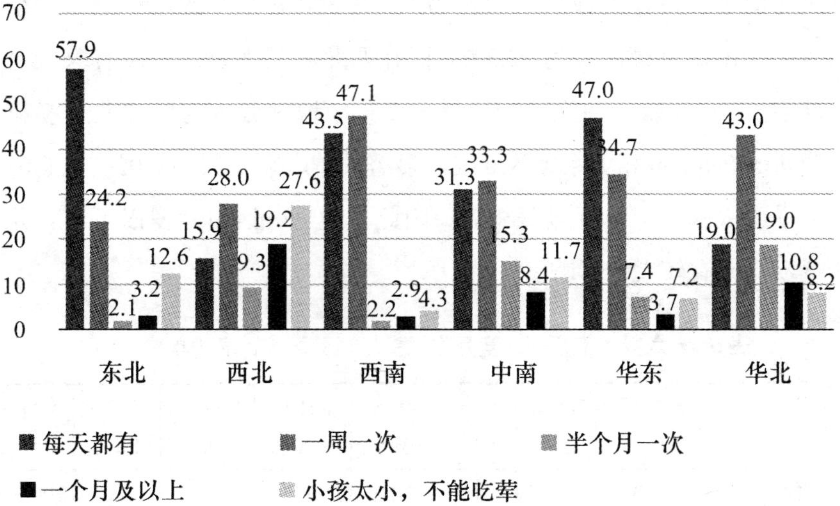

图 5.1 六岁以下留守儿童荤腥状况地理分区对比图（单位：%）

在营养摄入方面，东北地区的六岁以下留守儿童营养状况相对较好，有 81.6% 的被调查者表示只要小孩想要喝牛奶，就能满足其要求。而在中南、西南、华北和西北地区还存在较多的家庭因经济状况的限制而不能正常供给牛奶（见图 5.2）。地理分区与六岁以下留守儿童喝奶状况间的 Pearson 相关系数为 -0.117，显著性（双侧）系数为 0.000，在 0.01 水平（双侧）上呈现显著相关，因此地理分区对六岁以下留守儿童喝奶状况有较大的影响。

在水果供应方面，东北、华东地区的水果供应状况最好，一半以上的六岁以下留守儿童能够经常吃到水果。但是其他四个地区仅有不到一半的能够经常吃到水果，其中华北地区仅有 37.6% 经常能吃到水果。在西北和华北地区分别有 15.5% 和 12.7% 基本吃不到水果（见图 5.3）。

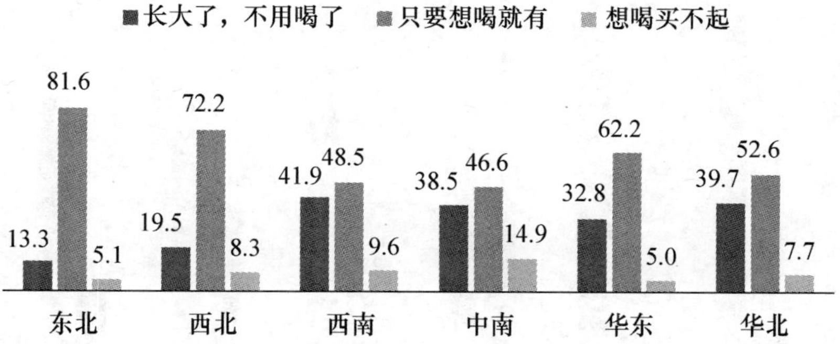

图 5.2　六岁以下留守儿童牛奶供应状况地理分区对比图（单位：%）

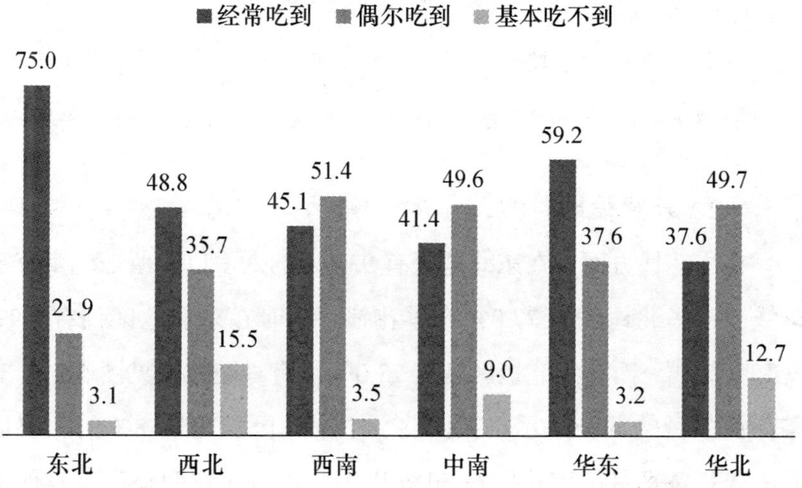

图 5.3　六岁以下留守儿童水果供应状况地理分区对比图（单位：%）

在衣服供给方面，在华东和西南地区，六岁以下留守儿童可替换的衣服比较多；在东北和华北地区有更多的六岁以下留守儿童的衣服仅够替换；而在西北和中南地区则分别有 4.6% 和 5.2% 的六岁以下留守儿童的衣服供给缺乏（见图 5.4）。地理分区与六岁以下留守儿童衣服供应状况的 Pearson 相关系数为 -0.083，显著性（双侧）系数为 0.003，在 0.01 水平（双侧）上呈现显著相关，因此地理分区对六岁以下留守儿童衣服供应状况有较大的影响。

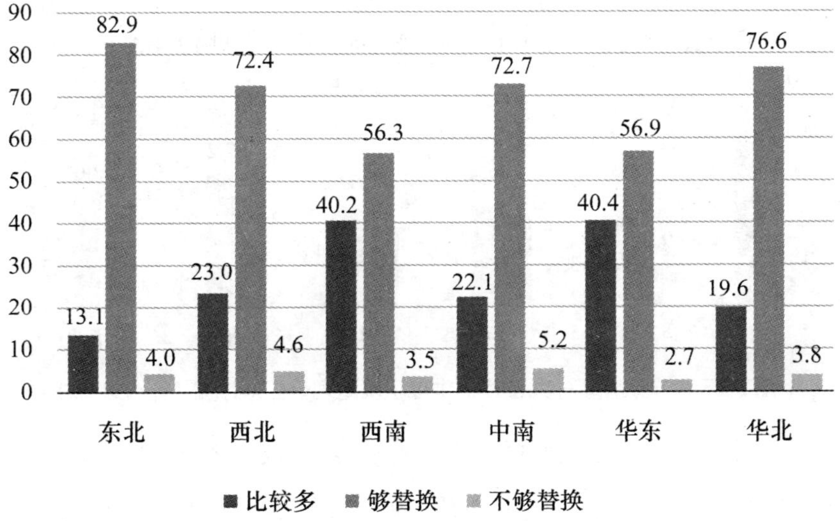

图 5.4 六岁以下留守儿童衣服供给状况地理分区对比图（单位：%）

（2）六岁以上留守儿童

在零花钱方面，在东北地区有 93.1% 的六岁以上留守儿童有零花钱，在华北地区有 77.0% 有零花钱；同时在东北地区仅有 6.9% 没有零花钱，而在华北地区则有 23.0% 没有零花钱（见图 5.5）。对零花钱数量的调查显示，在西北、中南地区均有 69.8% 的六岁以上留守儿童每月的零花钱在 50 元以下，所占比例明显高于其他地区；华北、东北和华东地区分别有 31.9%、31.2% 和 29.2% 每月的零花钱在 50～100 元，相对较高；在西南、华东和东北地区分别有 27.8%、17.6% 和 16.7% 每月的零花钱在 100 元以上（见图 5.6）。由此可见，在华东和东北地区六岁以上留守儿童的零花钱状况明显好于其他地区。

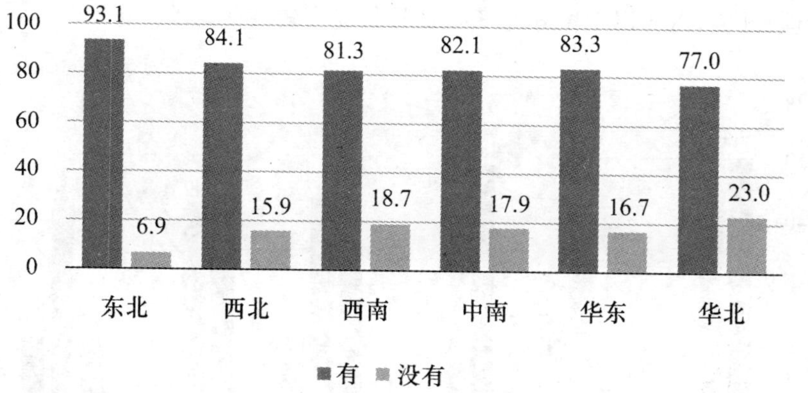

图 5.5　六岁以上留守儿童零花钱地理分区对比图（单位：%）

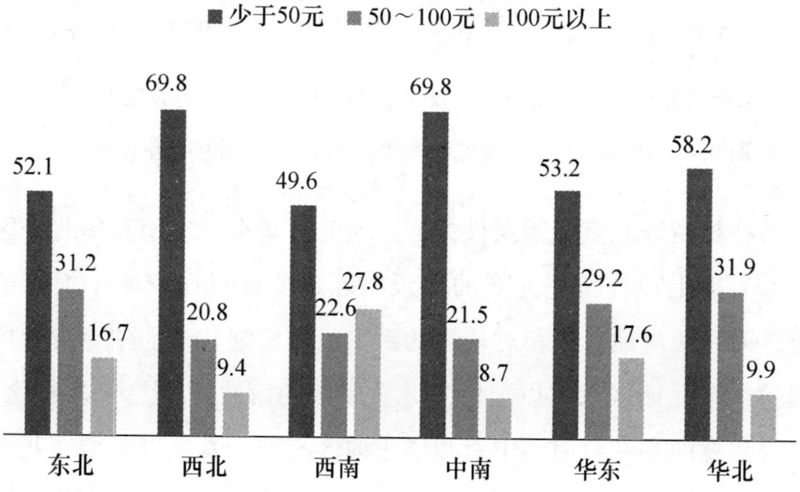

图 5.6　六岁以上留守儿童零花钱数量地理分区对比图（单位：%）

在荤素营养方面，在东北、西南和华东均有超过四成的六岁以上留守儿童每天都能吃上荤腥，情况好于其他三地区。而在西北、中南和华北地区，均有较多的六岁以上留守儿童半个月以上才能吃上荤腥，这种情况在西北地区更加明显（见图 5.7）。地理分区与六岁以上留守儿童吃荤腥间的 Pearson 相关系数为 -0.065，显著性（双侧）系数为 0.022，在 0.05 水平（双侧）上呈现显著相关，因此地理分区对六岁以上留守儿童吃荤腥状况有较大的影响。

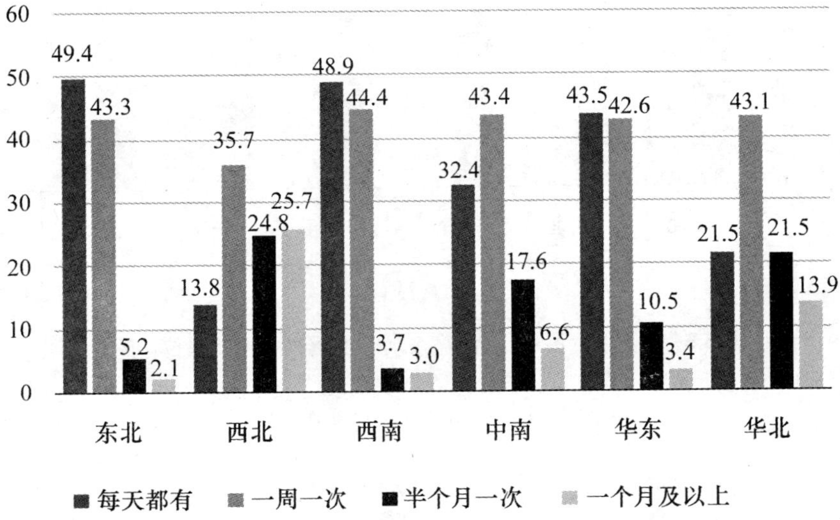

图 5.7 六岁以上留守儿童吃荤腥状况地理分区对比图（单位：%）

在校留守儿童吃饭条件方面，西北、华东、中南和华北地区的六岁以上在校留守儿童的午饭问题主要通过回家吃午饭来解决，而在西南地区有相对较多的六岁以上留守儿童的午饭由学校提供，东北地区六岁以上留守儿童午饭的解决方式趋于多样化。值得注意的是在西南、中南和华东地区有部分六岁以上留守儿童中午不吃午饭，其中西南和中南地区有部分六岁以上留守儿童没有午饭吃。六岁以上留守儿童的午饭基本上能够吃饱，但是在中南地区仍有 3.9% 根本吃不饱（见图 5.8、5.9）。地理分区与六岁以上留守儿童吃午饭方式间的 Pearson 相关系数为 -0.067，显著性（双侧）系数为 0.018，在 0.05 水平（双侧）上呈现显著相关，因此地理分区对六岁以上留守儿童吃午饭方式有较大的影响。

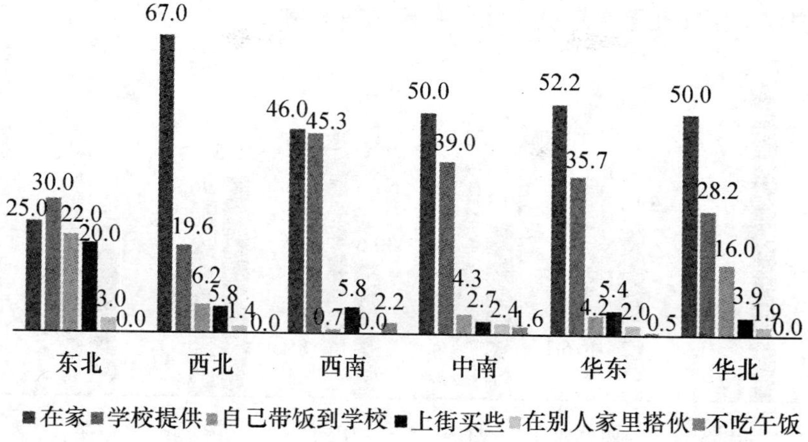

图 5.8　六岁以上留守儿童午饭解决方式地理分区对比图（单位：%）

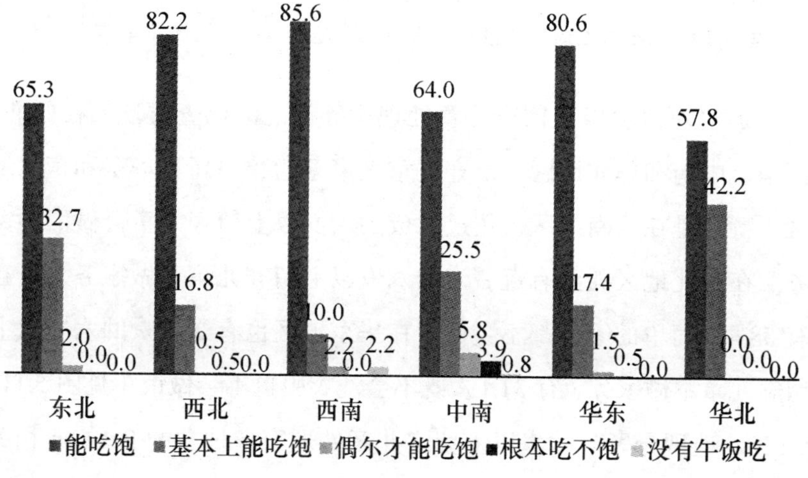

图 5.9　六岁以上留守儿童午饭供应状况地理分区对比图（单位：%）

东北地区六岁以上留守儿童能吃到新鲜水果的比例为 73.2%，远高于其他地区；而在华北地区则有高达 15.5% 表示基本吃不到水果，在西北、西南、中南地区也有相对较多的六岁以上留守儿童基本吃不到水果（见图 5.10）。地理分区与六岁以上留守儿童水果供应状况间的 Kendall 相关系数为 0.057，显著性（双侧）系数为 0.018，在置信度（双测）为 0.05 时，相关性是显著的，因此地理分区对六岁以上留守儿童水果供应状况有较大的影响。

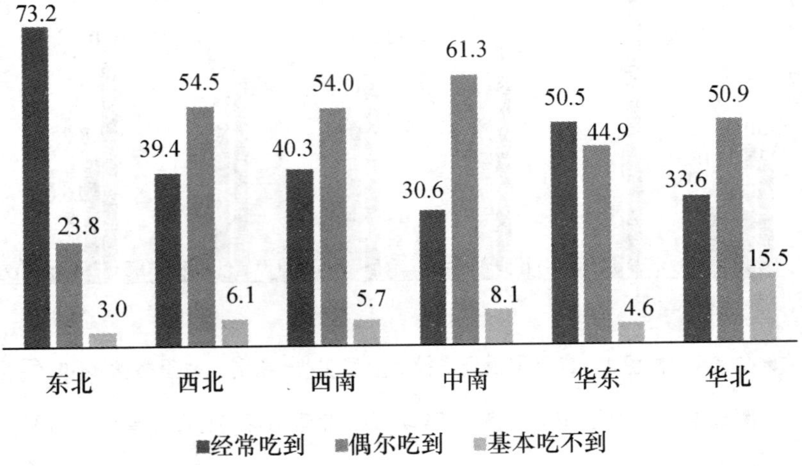

图 5.10 六岁以上留守儿童水果供应状况地理分区对比图（单位：%）

通过对六岁以上留守儿童处理家务情况的调查发现，在西北、西南、中南和华北地区，留守儿童做家务的频率高于华东和东北地区，特别是在西南地区，超过六成的六岁以上留守儿童会做两种家务。在东北地区甚至有近一半的六岁以上留守儿童不做家务，而且有 58.4% 简单的家务都不会做。在华东地区也有 26.9% 的六岁以上留守儿童不做家务，有 31.1% 既不会洗衣服也不会做饭（见图 5.11、5.12）。地理分区与六岁以上留守儿童处理家务种类的 Pearson 相关系数为 -0.081，显著性（双侧）系数为 0.004，在 0.01 水平（双侧）上显著相关，因此地理分区对六岁以上留守儿童处理家务种类有较大的影响。

2. 留守老人

经济状况在很大程度上决定着人的物质生活水平，是一个人生存于世的基本保障。对身处农村地区日渐衰老、疾病缠身的留守老人而言，经济生活状况更是处于核心位置。经济生活状况是衡量留

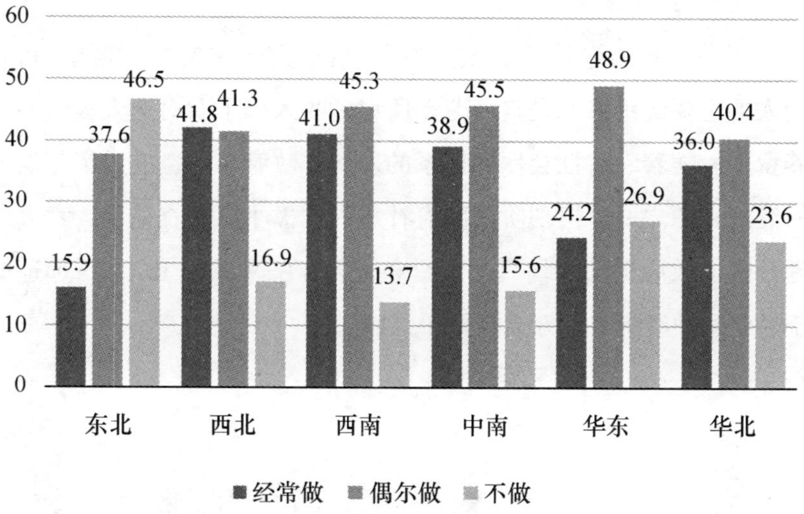

图 5.11　六岁以上留守儿童做家务状况地理分区对比图（单位：%）

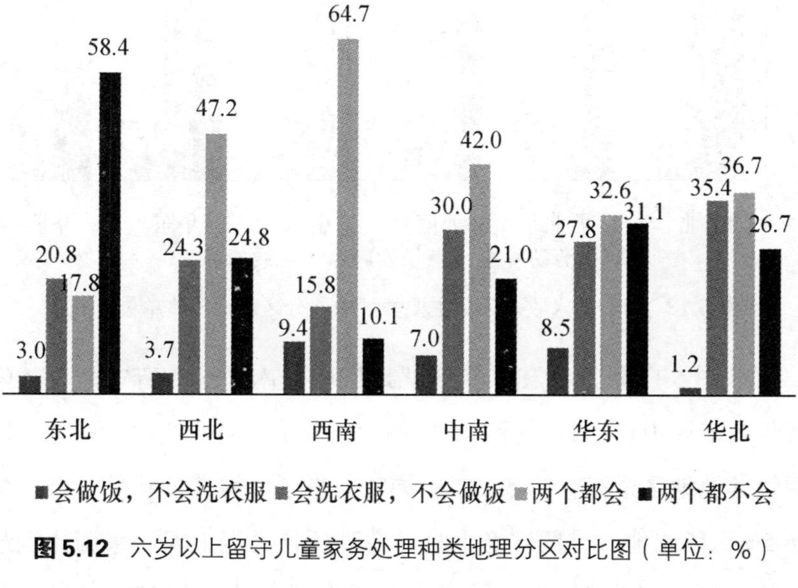

图 5.12　六岁以上留守儿童家务处理种类地理分区对比图（单位：%）

守老人生活质量的一个极其重要的指标。我们将通过对留守老人经济来源、2010 年收入状况、月基本生活开支费用的对比来论述不同地理分区对留守老人经济状况的影响。

（1）经济来源

目前，我国绝大部分农村地区通行家庭赡养老人的模式。留守老人的主要经济来源是自己劳动所得的收入和子女对老人提供的赡养费用。随着农村社会保障体系的发展，政府补贴也成为留守老人的经济来源之一，但现阶段政府补贴占比极小。调查显示，六大地理分区的政府补贴平均只占到留守老人经济来源的10.1%，远远低于另外两种经济来源方式（见图5.13）。

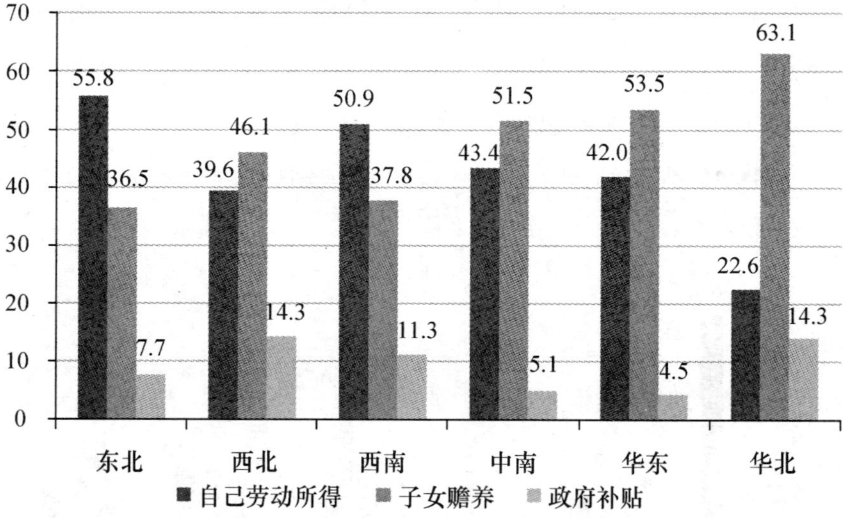

图5.13 留守老人收入来源主要类型地理分区对比图（单位：%）

从图5.13可以看出，在东北地区和西南地区，留守老人的经济收入来源中自己劳动所得的比例大于其他两者。其中，东北地区相较其他地区最高，为55.8%；同时获得子女赡养的比例最低，为36.5%。华北地区是留守老人自己劳动所得占老人经济来源比例最小的地区，仅为22.6%，同时也是子女赡养比例最高的地区，为63.1%。华北地区、西北地区和西南地区留守老人获得政府补贴的比例略高于平均水平，华北地区和西北地区政府补贴所占比例相较其他地区最大，均为14.3%。

（2）2010年收入状况

老人最终获得的经济收入量是决定留守老人生活状况的重要因素。本次调研将留守老人的年收入分为0元、1～2000元、2001～5000元、5001～10000元、10000～20000元和20000元以上六个层次，以体现留守老人的收入差距。

在进行调研的六个地理分区中，留守老人2010年无收入的比例，西北地区高达27.7%，明显高于其他地区，留守老人得不到最基本的生活保障。华北地区留守老人的经济收入多集中于1～2000元之间，比例为49.0%，收入偏低，较为贫困。中南地区在2001～5000元之间的比例高于其他地区，为27.8%。东北地区在5001～10000元和10000～20000元之间的比例高于其他地区，分别为22.5%和12.0%，更多比例的留守老人有较好的物质生活保障。华东地区收入在20000元以上的比例为4.4%，高于其他地区（见表5.2）。总体而言，东北地区留守老人的经济收入状况与其他五个地区相比有较为明显的优势。

（3）月基本生活开支费用

受不同地理分区物价水平、耕地面积、农业状况和风俗习惯的影响，不同地理分区留守老人的生活开支费用也呈现出一定的差异性。留守老人每月基本生活费用华北地区和西北地区100元以下的比例分别为分42.1%和38.8%，所占比例明显高于其他四个地区。东北地区留守老人的基本生活支出集中在201～300元和301～500元间，比例分别为34.3%和22.7%。西南地区集中于201～300元、301～500元和500元以上的比例分别为30.7%、26.9%和15.9%。华东地区在500元以上的支出相较于其他地区最高，比例为16.3%（见表5.3）。

表 5.2 留守老人 2010 年收入状况地理分区统计表（单位：%）

		0 元	1～2 000 元	2 001～5 000 元	5 001～10 000 元	10 001～20 000 元	20 000 元以上	合计
地理分区	东北	18.5	13.5	31.0	22.5	12.0	2.5	100.0
	西北	27.7	37.9	18.3	10.4	4.5	1.2	100.0
	西南	15.6	32.6	27.4	14.1	9.6	0.7	100.0
	中南	18.4	34.1	27.8	12.3	5.7	1.7	100.0
	华东	22.6	29.2	24.0	10.8	9.0	4.4	100.0
	华北	20.3	49.0	19.0	7.6	2.2	1.9	100.0
平均百分比		21.2	33.2	24.1	11.9	7.1	2.5	100.0

注：Pearson 卡方值是 161.071，在 0.05 水平上显著，表明地理分区差异对留守老人个人收入的影响显著。

表 5.3 留守老人月基本生活开支费用地理分区统计表（单位：%）

		0～50 元	51～100 元	101～200 元	201～300 元	301～500 元	500 元以上	合计
地理分区	东北	6.1	9.1	20.7	34.3	22.7	7.1	100.0
	西北	14.0	24.8	23.0	13.3	17.2	7.7	100.0
	西南	1.8	2.2	22.5	30.7	26.9	15.9	100.0
	中南	4.9	18.4	22.1	21.6	18.0	15.0	100.0
	华东	2.8	13.5	23.9	22.1	21.4	16.3	100.0
	华北	18.2	23.9	26.2	19.2	9.4	3.1	100.0
平均百分比		7.2	16.1	23.3	22.1	19.2	12.1	100.0

注：Pearson 卡方值是 310.439，在 0.05 水平上显著，表明地理分区差异对于留守老人月基本生活费的影响显著。

通过上面三个方面的对比，我们发现，在不同地理分区，留守老人的家庭经济状况呈现出如下差异：

第一，东北地区的留守老人依赖自己劳动所得获得收入的比例最高，经济收入状况也最好，月基本生活支出水平居中，在六个地区中有最好的生活保障。

第二，西北地区留守老人政府补贴在收入来源中较其他五个地区最高，但有65.6%的留守老人收入集中在2000元以下，月基本生活水平支出也较低，相较其他五地区，留守老人的经济状况最为贫困。

第三，西南地区留守老人依赖自己劳动所得作为收入来源的比例次高，收入多集中于5000元以下，20000元以上收入的比例最少，而基本月生活支出在300元以上的比例最高，收入水平居中，但支出相对较为庞大，经济状况并不乐观。

第四，中南地区留守老人2010年收入水平多集中于5000元以下，月基本生活费用支出集中于51～300元之间，收入和支出都比较低。

第五，华东地区留守老人收入来源中政府补贴比例最低，仅为4.6%，2010年收入水平在5000元以下，月基本生活费用支出在500元以上的比例最高，支出相对较高。

第六，华北地区留守老人自己劳动所得在收入来源中所占比例最少，子女赡养费最高，政府补贴所占比例次高，2010年收入集中在5000元以下，每月基本生活费用支出多集中在300元以下，劳动负担低，生活有所保障。

3. 留守妇女

（1）2010年家庭经济收入

留守妇女2010年家庭经济收入西南地区1000元以下和1001～2000元的比例达7.7%和10.3%，高于其他地区；西北地区2001～5000元的比例达17.1%，高于其他地区；西北地区和华北地区5001～10000元的比例分别为33.2%和29.9%，高于其他地区；东北地区 10 001～20 000 元间和 20 000 元以上的比例达 37.0% 和 36.5%，高于其他地区；华东地区 10 001～20 000 元间和 20 000 元以上的比例达 33.7% 和 35.2% 位居第二（见表 5.4）。

表 5.4 留守妇女 2010 年家庭经济收入状况地理分区统计表（单位：%）

		1 000 元以下	1 001～2 000 元	2 001～5 000 元	5 001～10 000 元	10 001～20 000 元	20 000 元以上	合计
地理分区	东北	0.0	2.0	5.0	19.5	37.0	36.5	100.0
	西北	3.4	6.3	17.1	33.2	25.0	15.0	100.0
	西南	7.7	10.3	14.8	17.3	31.1	18.8	100.0
	中南	0.2	3.1	15.2	27.3	33.3	20.9	100.0
	华东	0.7	3.4	11.2	15.8	33.7	35.2	100.0
	华北	1.4	2.5	12.9	29.9	26.3	27.0	100.0
平均百分比		1.8	4.4	13.1	23.1	31.3	26.3	100.0

注：Pearson 卡方值是 246.879，在 0.05 水平上显著，表明地理分区差异对留守妇女家庭经济收入的显著影响。

（2）丈夫在外务工收入

留守妇女丈夫外出务工收入在 1 000 元以下的西南地区和西北地区分别达到 12.9% 和 7.7%，高于其他地区；中南地区 1 001～1 500 元的比例为 31.4%，高于其他地区；华北地区集中于 1 501～2 000 元区间，比例为 39.4%，高于其他地区；东北地区在 2 001～2 500 元、2 501～3 000 元和 3 000 元以上的比例分别为 29.0%、23.5% 和 27.0%，均高于其他地区；华东地区在 2 501～300 元和 3 000 元以上的比例分别为 15.7% 和 19.4%，均仅次于东北地区（见表 5.5）。

表 5.5　留守妇女丈夫在外务工收入状况地理分区统计表（单位：%）

		1 000 元以下	1 001～1 500 元	1 501～2 000 元	2 001～2 500 元	2 501～3 000 元	3 000 元以上	合计
地理分区	东北	1.5	3.5	15.5	29.0	23.5	27.0	100.0
	西北	7.7	27.5	31.0	20.6	6.9	6.3	100.0
	西南	12.9	28.9	20.5	20.2	13.7	3.8	100.0
	中南	3.7	31.4	24.8	16.7	13.8	9.6	100.0
	华东	2.9	21.4	24.2	16.4	15.7	19.4	100.0
	华北	4.7	29.6	39.4	13.9	4.7	7.7	100.0
平均百分比		5.0	24.8	26.0	18.3	13.1	12.8	100.0

注：Pearson 卡方值是 302.46，在 0.05 水平上显著，表明地理分区差异对留守妇女丈夫外出务工月收入的显著影响。

二、健康状况

1. 留守儿童

（1）六岁以下留守儿童

华北和中南地区六岁以下儿童健康状况堪忧。在中南和华北地区对六岁以下留守儿童健康状况较好的评价不足三成，而经常生病的均超过 10%。在东北、中南和华北地区均有过半数的六岁以下留守儿童偶尔生病。在东北地区有 11.1% 的六岁以下留守儿童身体健康状况较差（见图 5.14）。

当六岁以下留守儿童生病时，西北和西南地区有近一成的监护人选择和小孩的父母联系；而在东北地区，有 24.3% 选择在家自己解决；而大部分监护人会找医生治疗，以华东地区最为显著；但在西南、中南和华东仍然有少部分监护人选择用其他方式解决（见图

5.15）。地理分区与六岁以下留守儿童监护人处理儿童生病情况间的 Pearson 相关系数为 0.067，显著性（双侧）系数为 0.017，在 0.05 水平（双侧）上显著相关，因此地理分区对六岁以下留守儿童监护人处理儿童生病方式有较大的影响。

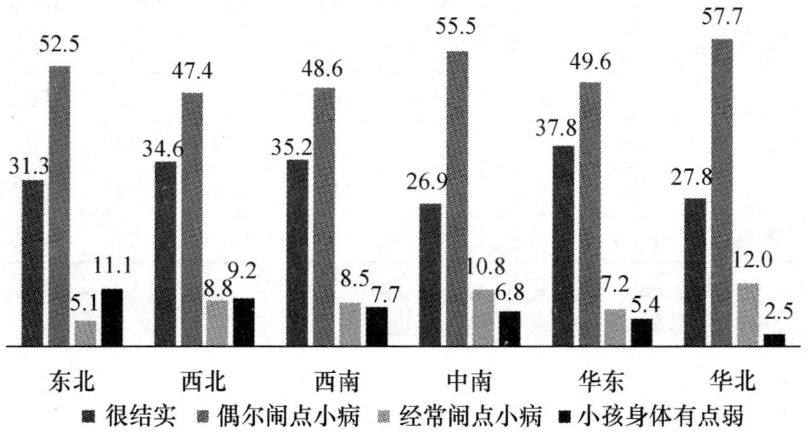

图 5.14 监护人对六岁以下留守儿童健康状况评价地理分区对比图（单位：%）

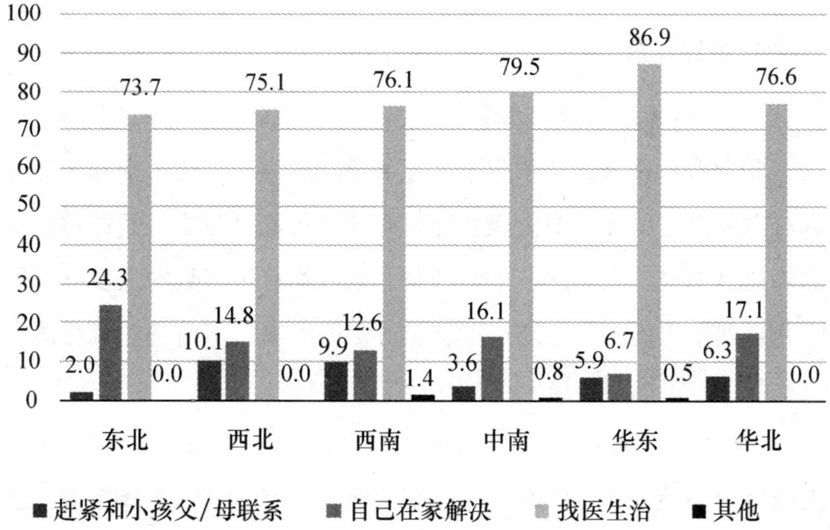

图 5.15 监护人处理六岁以下留守儿童生病方式地理分区对比图（单位：%）

在东北地区仅有 55.6% 的六岁以下留守儿童监护人会带小孩接种疫苗，主要原因在于有 39.4% 的医生会上门服务。而在其他五个地区，给六岁以下留守儿童接种疫苗主要靠监护人带小孩到医疗机构进行。而在中南、华东、西南和西北地区仍有部分监护人没有听说过接种疫苗的事情（见图 5.16）。地理分区与六岁以下留守儿童监护人处理儿童疫苗接种间的 Pearson 相关系数为 -0.125，显著性（双侧）系数为 0.000，在 0.01 水平（双侧）上显著相关，因此地理分区对六岁以下留守儿童监护人处理儿童疫苗接种方式有较大的影响。

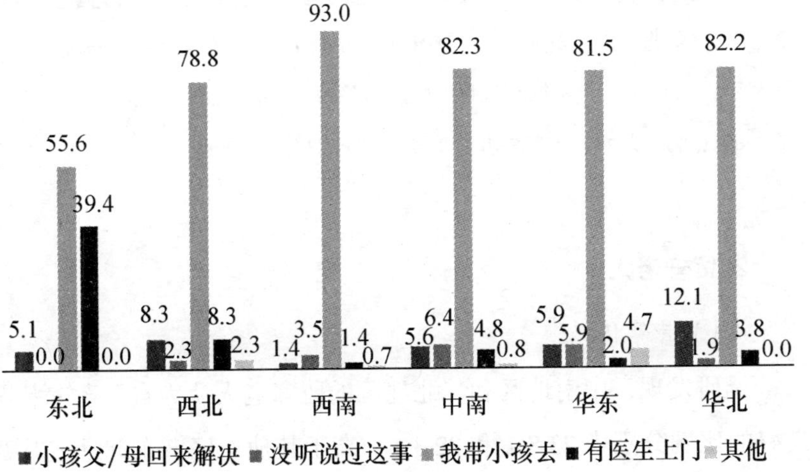

图 5.16　六岁以下留守儿童监护人处理儿童疫苗情况地理分区对比图（单位：%）

（2）六岁以上留守儿童

东北和华北地区六岁以上留守儿童的健康状况优于其他地区，经常生病的分别为 2.0% 和 1.2%，不生病的分别为 47.5% 和 39.8%（见图 5.17）。

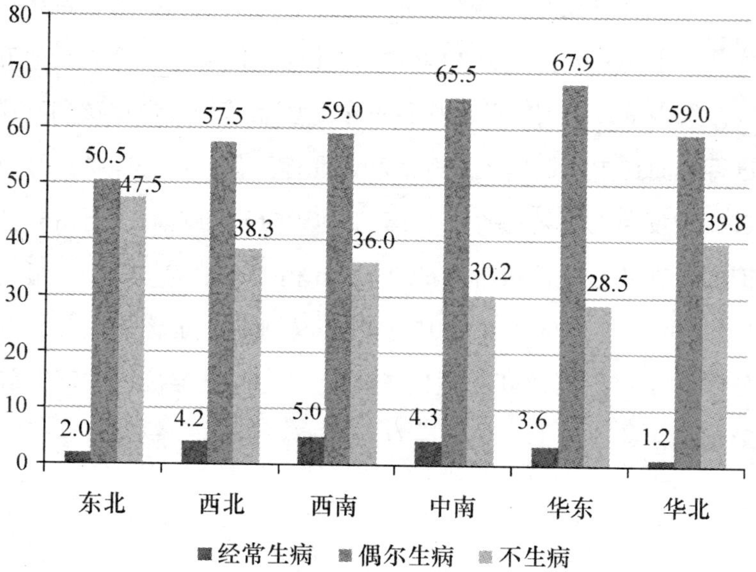

图 5.17 六岁以上留守儿童健康状况地理分区对比图（单位：%）

2. 留守老人

（1）营养状况

调研发现，中南地区和华北地区的留守老人认为自己营养状况良好的比例分别为 23.8% 和 22.3%，高于其他地区。东北地区认为自己营养状况一般的留守老人所占比例最高，达到 81.0%。华北地区有 20.1% 的留守老人认为自己营养状况较差；而西南地区认为自己营养状况极差程度的留守老人比例达到 5.4%，与其他五个地区相比明显偏高（见图 5.18）。

（2）健康状况

认为自己非常健康的留守老人比例最高的是华北地区，占 13.2%，远远高于东北地区；其次是华东和西南地区，比例分别为 6.7% 和 6.5%。认为自己身体比较健康和一般的留守老人比例

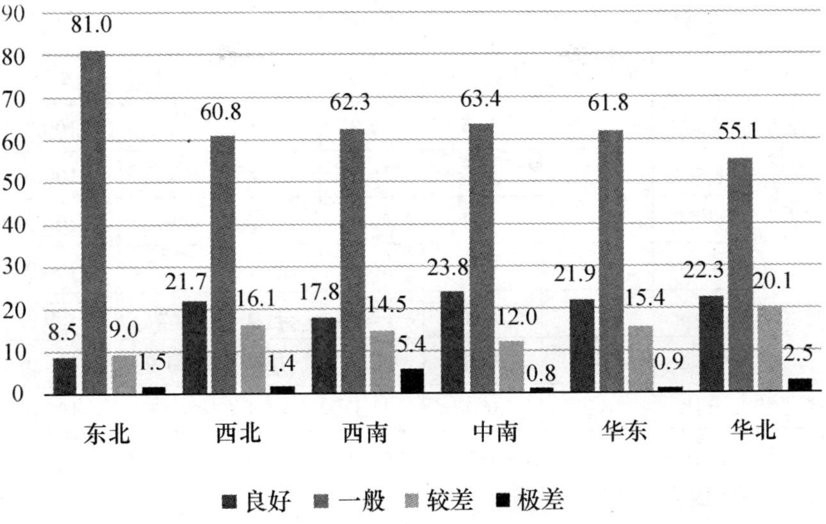

图 5.18　留守老人营养评估地理分区对比图（单位：%）

最高的是东北地区，分别占 40.5% 和 37.0%。西南地区认为自己身体健康状况非常差的留守老人比例最高，为 10.1%；其次是西北地区，比例为 8.2%。西北地区认为自身健康状况较差的留守老人比例最高，为 23.8%；其次是中南地区，为 23.7%，两地相差不大（见表 5.6）。

（3）生病后的行为选择

在生病之后，选择及时去医院的留守老人比例华东地区最高，为 21.5%，高于其他地区；而华北地区及时去医院的比例最低，仅为 7.2%，远低于其他地区。选择自己忍着，既不看病，也不吃药的留守老人比例华北地区达 14.5%，高于其他地区。中南地区和西北地区选择找村医弄点药吃的留守老人比例分别为 72.8% 和 71.8%，分列第一和第二。选择自己找土办法的留守老人比例最高的是华东地区，为 12.1%，其次是华北地区，为 11.0%。（见表 5.7、图 5.19）

表 5.6 留守老人健康状况地理分区统计表（单位：%）

		非常健康	比较健康	一般	较差	非常差	合计
地理分区	东北	2.5	40.5	37.0	13.5	6.5	100.0
	西北	5.5	36.3	26.2	23.8	8.2	100.0
	西南	6.5	35.2	26.3	21.9	10.1	100.0
	中南	6.3	31.5	36.8	23.7	1.7	100.0
	华东	6.7	37.1	32.0	21.5	2.7	100.0
	华北	13.2	38.3	27.7	18.9	1.9	100.0
平均百分比		6.9	36.1	31.1	21.4	4.5	100.0

注：Pearson 卡方值是 105.437，在 0.05 水平上显著，表明地理分区差异对留守老人健康状况的影响显著。

表 5.7 留守老人生病后行为选择地理分区统计表（单位：%）

		及时去医院	找村医弄点药吃	自己忍着，既不去看病也不吃药	自己找土办法	没钱治	合计
地理分区	东北	16.5	67.5	8.5	7.5	0.0	100.0
	西北	11.6	71.8	9.4	7.0	0.2	100.0
	西南	14.7	69.2	11.4	4.0	0.7	100.0
	中南	12.4	72.8	8.4	4.9	1.5	100.0
	华东	21.5	53.6	10.9	12.1	1.9	100.0
	华北	7.2	66.7	14.5	11.0	0.6	100.0
平均百分比		15.1	64.8	10.5	8.5	1.1	100.0

注：Pearson 卡方值是 114.351，在 0.05 水平上显著，表明地理分区差异对留守老人生病处理情况的影响显著。

综合以上对留守老人营养、健康状况的分析可以看出，不同地理分区的留守老人对自身营养健康状况的评价和生病后的选择存在明显差异：

第一，华北地区留守老人认为自己非常健康的比例远高于其他

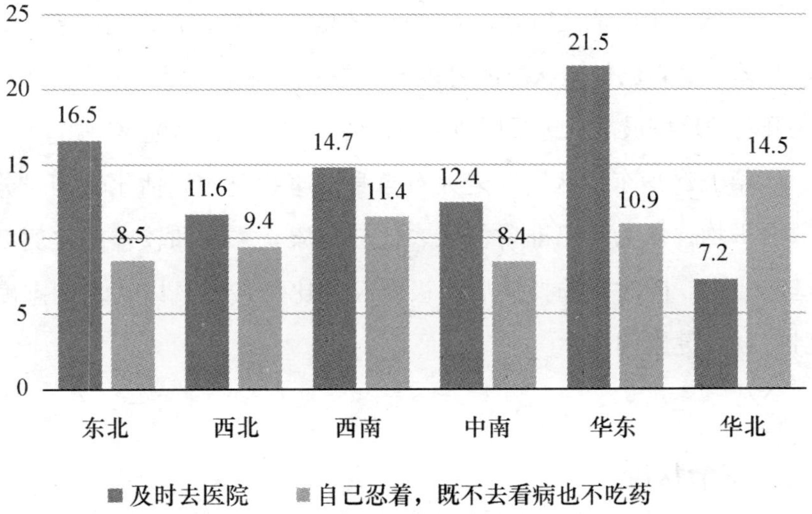

图 5.19 留守老人生病后的行为选择地理分区对比图（单位：%）

地区，比较健康的比例也仅次于东北地区。认为自己营养状况良好的比例仅次于中南地区，对自己营养状况和身体健康状况的评估相较其他五个地区最好。但是生病后及时就医的比例最低，自己忍着、既不看病也不吃药的比例最高，有相当一部分留守老人选择消极的方式处理健康问题。

第二，西南地区和西北地区留守老人对自己营养健康状况评价最差，西南地区认为自身健康状况较差和非常差的留守老人比例分别为 21.9% 和 10.1%，分列第二和第一；西北地区较差和非常差的比例为 23.8% 和 8.2%，分列第一和第二。同时，这两个地区选择病后积极就医和找村医开药的比例都较高，多数留守老人更倾向于选择便捷、便宜的方式治疗疾病。

第三，东北地区留守老人对自身健康的评估集中于比较健康和一般，认为自身营养状况一般的比例最高，对自身营养健康状况的总体评价呈现集中于中间水平的状态。生病后及时就医的比例位居第二，对自己的身体治疗相对积极。

第四，中南地区留守老人对自己健康状况的评价多集中于一般和较差，对自己健康状况的总体评价是中间偏差。同时生病后找村医开药的比例最高，选择用便捷廉价的方式处理自己健康问题。

第五，华东地区留守老人对自身健康状况的评估比例相对分散而平均，认为自己非常健康、比较健康、一般和较差的比例都基本居中。同时，选择病后积极就医的比例最高，以认真的态度对待自身健康问题。

三、安全状况

1. 留守老人

由于子女外出，家中缺少“顶梁柱”，留守老人的安全问题也成为社会日益关注的问题。就安全方面而言，房屋状况可以代表留守老人自身在家的安全程度，受欺负状况一定程度代表了留守老人在外的安全情况。所谓居有定所，心有归属，我们将主要从这两个方面对不同地理分区留守老人的安全状况进行差异分析。

（1）对住房状况的满意程度

调查显示，对住房表示非常满意比例最高的是西北地区的留守老人，为 13.7%，最低的是东北地区，比例仅为 5.0%。东北地区表示对住房比较满意的比例相较于其他五个地区最高，为 47.5%。对自己住房状况表示一般比例最高的是中南地区，为 41.6%。中南地区表示非常满意和比较满意的比例最少，分别为 9.3% 和 34.1%，分列第二和第一。对自身住房条件表述不满意和非常不满意比例最高的都为西南地区，分别为 15.2% 和 7.6%，高于其他地区（见表 5.8）。

表 5.8　留守老人对住房满意度地理分区统计表（单位：%）

		非常满意	比较满意	一般	不满意	非常不满意	合计
地理分区	东北	5.0	47.5	38.0	7.5	2.0	100.0
	西北	13.7	43.3	26.4	13.0	3.6	100.0
	西南	10.5	38.2	28.5	15.2	7.6	100.0
	中南	9.3	34.1	41.6	13.1	1.9	100.0
	华东	11.7	42.4	32.1	11.6	2.2	100.0
	华北	11.0	44.7	35.5	8.2	0.6	100.0
平均百分比		10.8	41.2	33.5	11.7	2.8	100.0

注：Pearson 卡方值是 82.899，在 0.05 水平上显著，表明地理分区差异对留守老人住房状况的影响显著。

根据表 5.8,我们将非常满意与比较满意合并为“满意”项,将“不满意”与“非常不满意”合并为“不满意”项，通过图形对比可以更直观地看出地区差异（见图 5.20）。留守老人对自身居住房屋条件表示最为满意的是西北地区，其后依次是华北地区、华东地区、东北地区、西南地区和中南地区。对自身居住房屋条件表示最不满意的地区是西南地区，其后依次是西北地区、中南地区、华东地区、东北地区和华北地区。

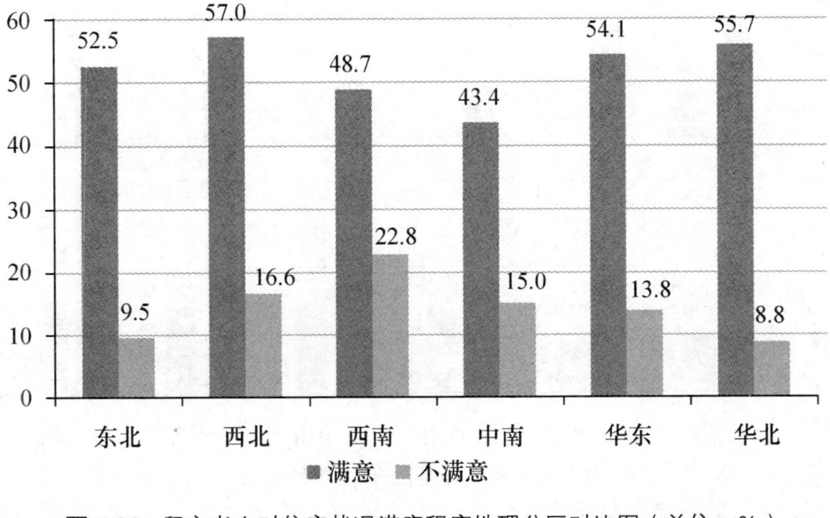

图 5.20　留守老人对住房状况满意程度地理分区对比图（单位：%）

（2）受人欺负情况

留守老人从未受人欺负的比例在东北地区和西北地区最高，达到了85.5%。中南地区、华东地区和华北地区偶尔受人欺负的占比均超过了1/5，分别为22.2%、20.3%和21.7。（见表5.9）。

表5.9 留守老人受人欺负情况地理分区统计表（单位：%）

		从来没有	偶尔有	经常有	合计
地理分区	东北	85.5	13.0	1.5	100.0
	西北	85.5	12.3	2.2	100.0
	西南	72.5	19.9	7.6	100.0
	中南	76.7	22.2	1.1	100.0
	华东	76.8	20.3	2.9	100.0
	华北	76.7	21.7	1.6	100.0
平均百分比		78.4	18.9	2.7	100.0

注：Pearson卡方值是56.727，在0.05水平上显著，表明地理分区差异对留守老人受欺负的影响显著。

需要强调的是，西南地区留守老人经常受人欺负的比例达7.6%，相对于其他五个地区明显偏高，而从来没有受人欺负的老人比例为72.5%，低于其他地区（见图5.21）。

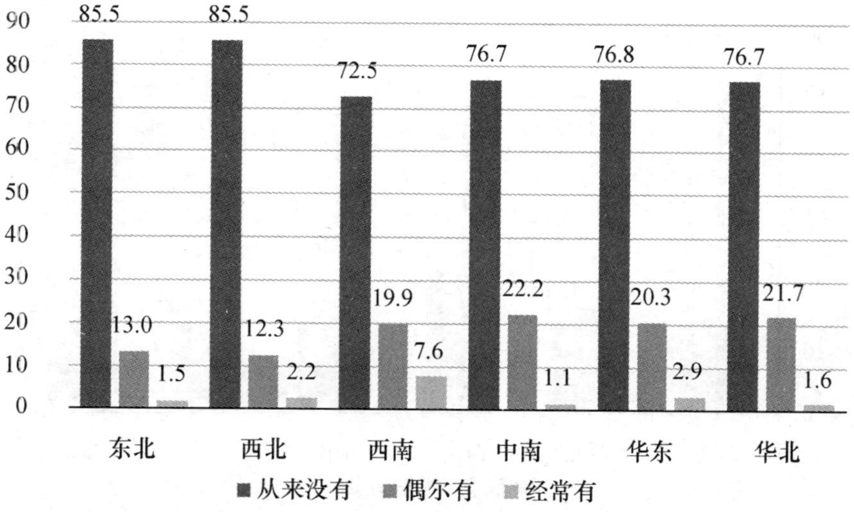

图5.21 留守老人受人欺负情况地理分区对比图（单位：%）

综合以上有关留守老人住房状况和受人欺负状况的数据统计，我们发现地理分区不同，留守老人的安全保障程度也不同：

第一，西北地区留守老人对住房状况的满意程度最高，同时从来未受欺负的比例也最高，西北地区留守老人的安全状况最好。

第二，西南地区留守老人对住房的不满意程度最高，比例达22.8%，房屋状况最差；同时经常受欺负的比例也远高于其他地区，从未受欺负的比例低于其他地区，西南地区留守老人的安全程度最低。

第三，华北地区留守老人对住房状况的满意程度位居其次，满意率为55.7%，仅低于西北地区；而从未、偶尔和经常被欺负的比例居中，华北地区留守老人的安全程度居中。

第四，东北地区留守老人对自身房屋状况的评价集中于比较满意和一般，在六个地区中处于中等水平，有待改善；而从未被欺负的比例最高，偶尔和经常被欺负的比例较低，社会交往中的安全状况最好。

第五，华东地区留守老人对房屋状况的满意程度为54.1%，次于西北和华北地区，位居第三；同时受欺负状况在六个地区中也居于中间程度，两个方面的安全状况都有待改善。

第六，中南地区留守老人对房屋状况的满意程度最低，不满意程度较高，整体评价仅好于西南地区；受欺负情况也处于中间，两个方面的安全状况都有待改善。

2. 留守妇女

丈夫外出务工后，东北地区留守妇女非常安全的比例最高，为35.0%；西南地区比较安全的比例最高，为58.5%；西北地区不安全和非常不安全的比例高于其他地区，分别为12.5%和2.3%（见表5.10、图5.22）。

表 5.10 丈夫外出后留守妇女安全状况地理分区统计表（单位：%）

		非常安全	比较安全	一般	不安全	非常不安全	合计
地理分区	东北	35.0	31.5	27.0	5.5	1.0	100.0
	西北	12.3	39.5	33.4	12.5	2.3	100.0
	西南	14.9	58.5	24.0	1.5	1.1	100.0
	中南	14.1	45.4	30.1	10.0	0.4	100.0
	华东	12.9	46.8	30.6	8.5	1.2	100.0
	华北	11.5	42.5	41.7	4.3	0.0	100.0
平均百分比		15.0	44.9	31.2	7.9	1.0	100.0

注：Pearson 卡方值是 145.026，在 0.05 水平上显著，表明地理分区差异对留守妇女在丈夫外出期间安全感的显著影响。

西北地区留守妇女安全状况不理想的原因主要在于，所调研的西北地区几个省份大都地广人稀，经济落后，属于劳务输出省，青壮劳力外出后，村庄里主要剩下所谓的“996138 部队”，派出所、警务室等距离村庄遥远，而村里的治安联防队等又因青壮年外出务工而形同虚设。因此，小偷小摸、性骚扰等事件时有发生，对留守妇女的安全构成了威胁。

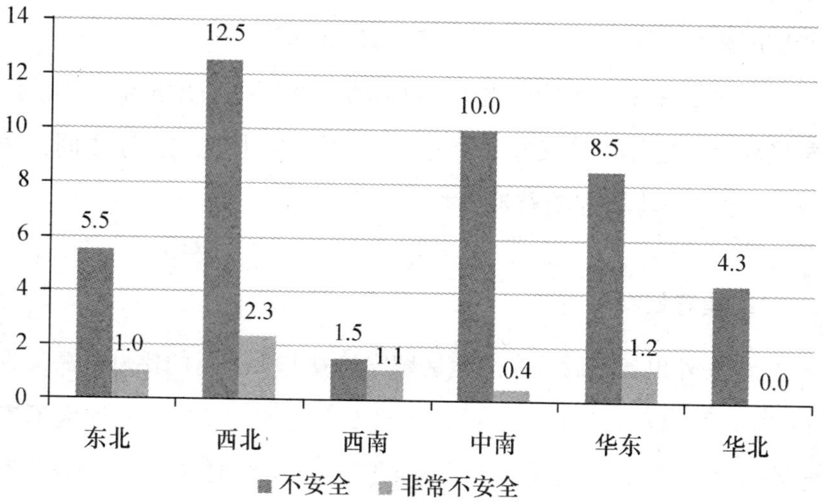

图 5.22 丈夫外出后留守妇女不安全状况地理分区对比图（单位：%）

四、情感心理状况

1. 留守儿童

（1）六岁以下留守儿童想念父母情况

西南地区和西北地区六岁以下留守儿童平时都想念父母的比例超过了一半，分别为 64.1% 和 57.7%，比例最低的是中南地区和华东地区，分别为 39.4% 和 39.1%（见图 5.23）；不怎么想念的比例东北地区最高，占比 41.9%，西南地区最低，占比 19.1%（见表 5.11）。

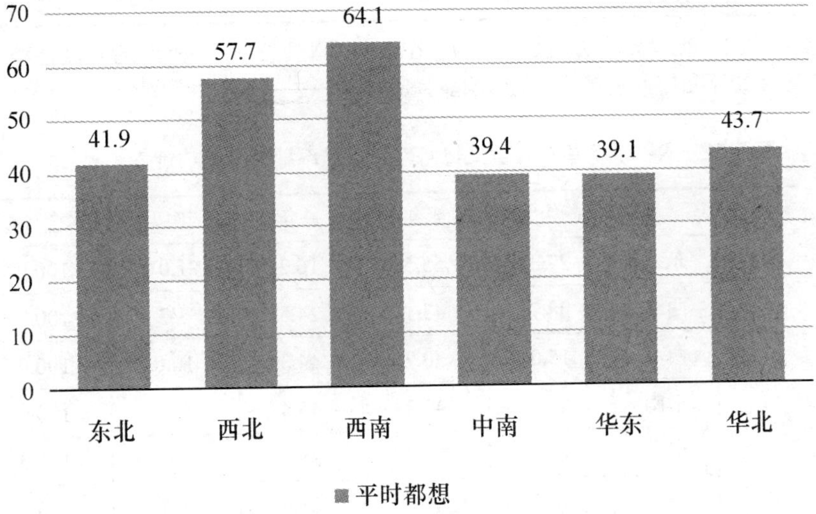

图 5.23　六岁以下留守儿童经常想念父母状况地理分区对比图（单位：%）

（2）六岁以下儿童父母回家看望频率

华北地区六岁以下留守儿童父母每个月回家看望一次的比例最高，达 35.7%；东北地区和华东地区主要集中于半年回家看望一次，比例分别为 55.5% 和 53.4%；西南地区和中南地区一年回家看望一次的比例最高，分别为 44.3% 和 45.4%；西南地区一年以上才回家看望一次的比例最高，为 10.0%，远高于其他地区（见表 5.12）。

表 5.11 六岁以下留守儿童想念父母状况地理分区统计表（单位：%）

		平时都想	他 / 她生病的时候	过生日或过节的时候	不怎么想	合计
地理分区	东北	41.9	5.4	10.8	41.9	100.0
	西北	57.7	7.7	6.2	28.4	100.0
	西南	64.1	4.6	12.2	19.1	100.0
	中南	39.4	8.9	23.7	28.0	100.0
	华东	39.1	11.7	22.5	26.7	100.0
	华北	43.7	13.9	9.3	33.1	100.0
平均百分比		45.7	9.5	16.4	28.4	100.0

注：Pearson 卡方值是 81.187，在 0.05 水平上显著，表明地理分区差异对六岁以下留守儿童想父母的影响显著。

表 5.12 六岁以下留守儿童父母回家看望频率地理分区统计表（单位：%）

		一个月	半年	一年	一年以上	合计
地理分区	东北	27.3	55.5	16.2	1.0	100.0
	西北	28.7	43.1	24.5	3.7	100.0
	西南	15.0	30.7	44.3	10.0	100.0
	中南	8.8	40.2	45.4	5.6	100.0
	华东	15.2	53.4	28.4	3.0	100.0
	华北	35.7	42.0	21.0	1.3	100.0
平均百分比		19.7	45.3	31.0	4.0	100.0

注：Pearson 卡方值是 134.273，在 0.05 水平上显著，表明地理分区差异对六岁以下儿童父母探望的影响显著。

（3）六岁以上留守儿童处理矛盾的方式

在与人发生矛盾时，华北地区有 27.2% 的六岁以上留守儿童会选择吵架；中南地区有 47.8% 会选择闷不吭声；西北地区和西南地区分别有 31.8% 和 30.1% 会选择向父母诉苦；采取某种行为发泄的比例分布相对比较均衡，差距在两个百分点左右（见表 5.13）。

表 5.13　六岁以上留守儿童矛盾处理方式地理分区统计表（单位：%）

		吵架	闷不吭声	向父母诉苦	采取某种行为发泄	合计
地理分区	东北	18.6	34.0	28.8	18.6	100.0
	西北	10.9	40.9	31.8	16.4	100.0
	西南	13.2	39.1	30.1	17.6	100.0
	中南	15.0	47.8	20.6	16.6	100.0
	华东	18.3	41.2	22.9	17.6	100.0
	华北	27.2	37.9	16.5	18.4	100.0
平均百分比		17.1	41.2	24.3	17.4	100.0

注：Pearson 卡方值是 45.416，在 0.05 水平上显著，表明地理分区差异对六岁以上留守儿童处理矛盾方式的影响显著。

（4）六岁以上留守儿童想念父母情况

六岁以上留守儿童平时都想念父母的比例西南地区和西北地区最高，分别为 69.0% 和 68.7%，华东地区程度最低，平时都想的比例为 51.4%，基本不想的比例为 9.4%（见表 5.14、图 5.24）。

表 5.14　六岁以上留守儿童想念父母情况地理分区统计表（单位：%）

		平时都想	生病的时候	过生日或过节的时候	受欺负的时候	基本不想	合计
地理分区	东北	64.0	5.0	17.0	8.0	6.0	100.0
	西北	68.7	7.5	13.1	5.1	5.6	100.0
	西南	69.0	3.6	15.1	6.5	5.8	100.0
	中南	60.5	3.9	20.5	8.1	7.0	100.0
	华东	51.4	9.2	19.6	10.4	9.4	100.0
	华北	57.7	6.2	19.3	9.3	7.5	100.0
平均百分比		59.8	6.5	18.0	8.3	7.4	100.0

注：Pearson 卡方值是 42.982，在 0.05 水平上显著，表明地理分区差异对六岁以上留守儿童想念父母的影响显著。

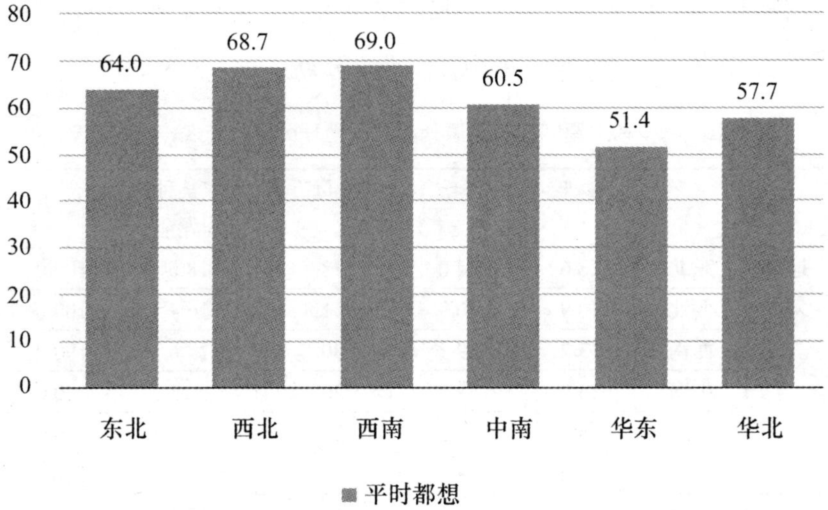

图 5.24 六岁以上留守儿童经常想念父母状况地理分区对比图（单位：%）

（5）六岁以上留守儿童父母回家看望频率

华北地区六岁以上留守儿童父母一个月内回家看望一次的比例最高，为 33.5%；西北地区和东北地区集中于半年一次，比例分别为 48.6% 和 46.4%；西南地区集中于一年一次，比例为 52.2%；中南地区一年以上看望一次的比例相对于其他地区最高，为 11.8%（见表 5.15）。

表 5.15 六岁以上留守儿童父母回家看望频率地理分区统计表（单位：%）

		一个月	半年	一年	一年以上	合计
地理分区	东北	19.2	46.4	27.3	7.1	100.0
	西北	13.7	48.6	31.1	6.6	100.0
	西南	12.7	28.4	52.2	6.7	100.0
	中南	5.5	35.8	46.9	11.8	100.0
	华东	15.6	41.9	35.9	6.6	100.0
	华北	33.5	38.5	26.1	1.9	100.0
平均百分比		15.4	40.6	37.0	7.0	100.0

注：Pearson 卡方值是 90.244，在 0.05 水平上显著，表明地理分区差异对六岁以上留守儿童父母探望孩子频率的影响显著。

（6）六岁以上留守儿童孤独感状况

东北地区六岁以上留守儿童孤独感最弱，没感觉孤独的比例达31.7%；西北地区孤独感最强，经常感到孤独的比例达25.7%（见表5.16、图5.25）。

表5.16　六岁以上留守儿童孤独感受状况地理分区统计表（单位：%）

		没感觉孤独	偶尔感到孤独	经常感觉孤独	合计
地理分区	东北	31.7	51.5	16.8	100.0
	西北	16.8	57.5	25.7	100.0
	西南	25.4	55.0	19.6	100.0
	中南	23.3	54.5	22.2	100.0
	华东	27.2	58.0	14.8	100.0
	华北	16.3	61.8	21.9	100.0
平均百分比		23.5	56.8	19.7	100.0

注：Pearson卡方值是25.9，在0.05水平上显著，表明地理分区差异对六岁以上留守儿童孤独感的影响显著。

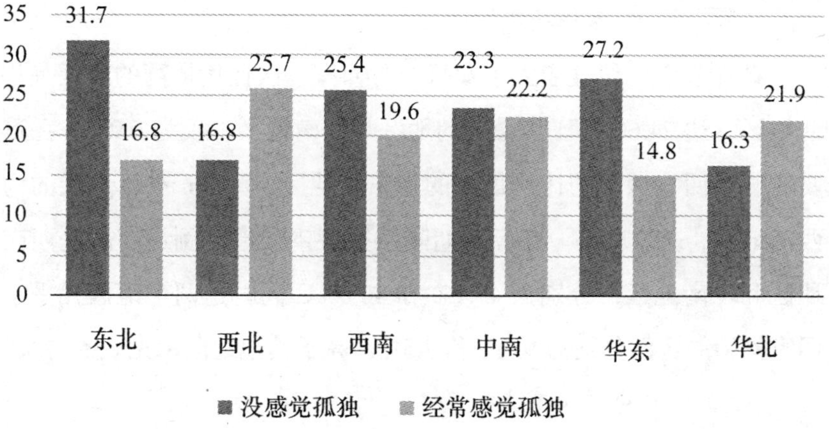

图5.25　六岁以上留守儿童孤独感受状况地理分区对比图（单位：%）

2. 留守老人

与老人的经济来源相比，老人的精神需求具有更大依赖性，老年人不可能仅仅依靠自己来使自己的感情心理需求得到满足。儿孙膝下承欢共享天伦之乐是我国农村老年人的精神需求，他们为家庭奋斗了一辈子，一家人的情感交流是他们老年获得精神满足的重要方式。外出务工子女与父母长期处于分离的状态，只能在回家探望父母之时才能给老人最直接的情感安慰和心理满足。这种亲人之间的精神交流往往是极为短暂的，但对于留守老人而言却意义重大。在日常生活中，由于子女不在身边，留守老人通过参加社区交往，与其他村民建立亲密和谐的交流关系，可与帮助留守老人找到一定的精神寄托和生活乐趣，并拥有一定的社会归属感，也可以在一定程度上缓解子女不在身边的孤独感和不安全感。我们将从子女回家探望父母的频率和留守老人参与村庄活动的情况两个方面，对比不同地理分区留守老人情感心理状况的差异。

（1）子女回家探望频率

调研发现，留守老人子女每个月回家一次比例最高的地区是华北地区，达 24.6%，比例最低的地区是西南地区，仅为 6.9%。在重要节假日回家探望的比例最高的为东北地区，为 46.1%，最低的为西南地区，为 27.7%。在春节期间回家探望父母比例最高的是西南地区和中南地区，分别为 47.1% 和 46.0%，同时这两个地区几乎不回家探望的比例分别为 9.9% 和 7.5%，高于其他地区（见表 5.17）。

（2）参与村庄活动情况

留守老人经常参与村庄活动的比例西南地区最高，为 39.6%，远远高于其他地区。华北地区的比例最低，仅为 19.8%。不参加村庄活动的比例最高的是华北地区，为 53.5%。偶尔参加村庄活动比例最高的是中南地区，为 32.8%（见表 5.18、图 5.26）。

表 5.17　留守老人子女回家探望频率地理分区统计表（单位：%）

		每个月一次	重要节假日	春节	出现重病等紧急事件	几乎不回	合计
地理分区	东北	16.6	46.1	29.0	5.7	2.6	100.0
	西北	17.3	35.0	28.9	11.3	7.5	100.0
	西南	6.9	27.7	47.1	8.4	9.9	100.0
	中南	9.6	32.4	46.0	7.5	4.5	100.0
	华东	13.9	35.0	39.1	9.2	2.8	100.0
	华北	24.6	38.4	22.7	10.7	3.6	100.0
平均百分比		14.4	35.0	36.8	9.0	4.8	100.0

注：Pearson 卡方值是 141.028，在 0.05 水平上显著，表明地理分区差异对留守老人子女探望的影响显著。

表 5.18　留守老人参与村庄活动情况地理分区统计表（单位：%）

		经常	偶尔	不参加	想参加但没有机会	合计
地理分区	东北	34.5	24.5	40.0	1.0	100.0
	西北	25.8	23.1	45.6	5.5	100.0
	西南	39.6	24.4	31.3	4.7	100.0
	中南	22.9	32.8	42.0	2.3	100.0
	华东	30.3	22.5	44.5	2.7	100.0
	华北	19.8	24.5	53.5	2.2	100.0
平均百分比		28.2	25.2	43.5	3.1	100.0

注：Pearson 卡方值是 77.761，在 0.05 水平上显著，表明地理分区差异对留守老人参与村里活动的影响显著。

综合上述两个方面情况可知，地区不同子女回家的时间分布和回家频率有很大差别，子女回家探望的频率与留守老人参与村庄活动的情况呈现负相关：

第一，华北地区子女回家探望留守老人的频率最高，每个月一次的比例最高，重要节假日回家探望的比例次高。而华北地区留守老人经常参加村庄活动的比例最低，不参加的比例最高。这在一定程度上表明，在子女能够满足留守老人情感心理需求的条件下，留守老人会将家庭内部情感交流放在首位。

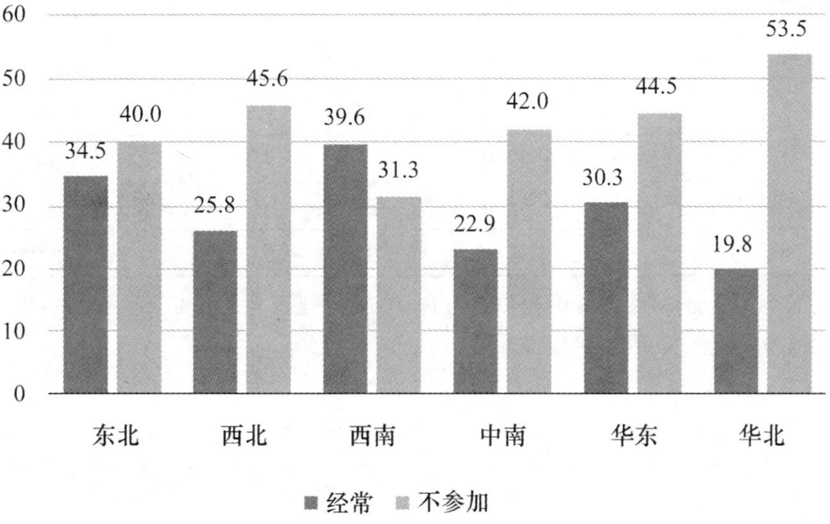

图 5.26 留守老人参与村庄活动情况地理分区对比图（单位：%）

第二，西南地区子女回家探望留守老人的频率最低，大多集中在春节回家探望。同时，西南地区留守老人经常参与村庄活动的比例是最高的，不参加村庄活动的比例是最低的，想参加而没有机会参加的比例为次高。西南地区留守老人的情感交流由于在儿女身上得不到满足，因而选择更多地参与村庄活动，以此来满足自己的情感心理需要。

第三，东北地区的子女主要集中于重要节假日回家探亲，回家频率处于六个地区的中等水平，同时留守老人参与村庄活动的频率也处于中等水平。

第四，西北、中南、华东情况有细微差别，但大体一致。

3. 留守妇女

（1）婚姻幸福状况

留守妇女认为婚姻非常幸福占比最高的是华北地区，为28.5%；比较幸福占比最高的是东北地区，为61.0%；一般占比最高的是中南地区，为38.0%；不幸福占比最高的是西南地区，为5.9%；非常不幸福占比最高的是西北地区，为1.6%（见表5.19、图5.27）。

表5.19　留守妇女婚姻幸福状况地理分区统计表（单位：%）

		非常幸福	比较幸福	一般	不幸福	非常幸福	合计
地理分区	东北	17.5	61.0	16.5	4.0	1.0	100.0
	西北	20.6	54.0	19.6	4.2	1.6	100.0
	西南	10.3	47.2	35.9	5.9	0.7	100.0
	中南	9.4	47.9	38.0	4.7	0.0	100.0
	华东	13.1	48.4	35.1	3.3	0.1	100.0
	华北	28.5	48.1	22.7	0.7	0.0	100.0
平均百分比		15.3	50.0	30.4	3.8	0.5	100.0

注：Pearson卡方值是145.174，在0.05水平上显著，表明地理分区差异对留守妇女婚姻幸福的显著影响。

留守妇女的幸福感与丈夫的相聚频率等有关。我国的劳务输入地主要是大城市、东部沿海经济发达地区。华北地区的农民工大多会选择到北京、天津等城市务工，距离家乡较近，务工收入较高，交通便利，因此留守妇女与丈夫相聚较为方便，留守妇女的婚姻幸福度也较高。而西南、西北地区进城务工者，远离家乡，返乡交通不便，因此，留守妇女与丈夫相聚也较少，影响到留守妇女的婚姻幸福度。

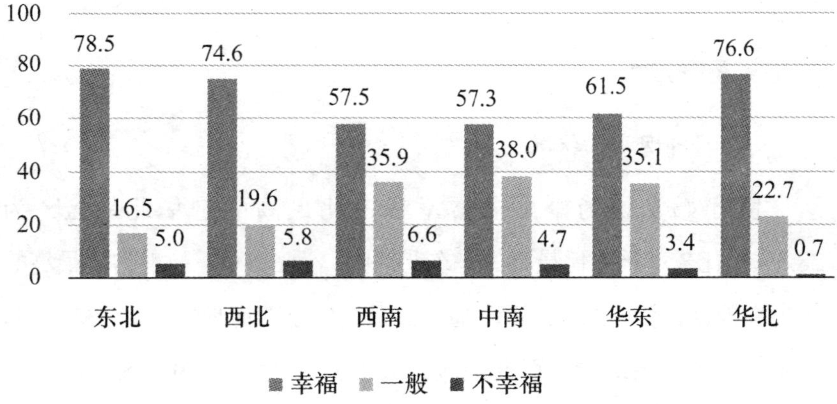

图 5.27 留守妇女婚姻幸福状况地理分区对比图（单位：%）

（2）与外出丈夫联系的频率

留守妇女与外出丈夫联系东北地区最为密切，一周以内联系一次的比例达 87.7%；中南地区一周以内联系一次的比例最低，为 49.9%（见表 5.20）。产生这一差异的原因主要在于，一方面，东北地区为我国老工业区，基础设施建设基础好，交通发达，通讯便利；另一方面，东北地区的农民外出务工所在地多为北京、东北一些大城市，因此，留守妇女与外出丈夫联系紧密。

表 5.20 留守妇女与外出丈夫联系频率地理分区统计表（单位：%）

		一周以内	一周到一个月	1～3 个月	4～12 个月	一年以上	合计
地理分区	东北	87.7	11.8	0.5	0.0	0.0	100.0
	西北	61.1	31.0	6.6	0.5	0.8	100.0
	西南	55.7	34.7	7.0	2.6	0.0	100.0
	中南	49.9	39.1	8.4	1.4	1.2	100.0
	华东	62.9	29.0	6.3	1.4	0.4	100.0
	华北	52.2	39.1	7.6	1.1	0.0	100.0
平均百分比		59.7	31.9	6.6	1.3	0.5	100.0

注：Pearson 卡方值是 110.198，在 0.05 水平上显著，表明地理分区差异对留守妇女在丈夫外出期间联系频率的显著影响。

（3）孤独感状况

丈夫外出务工/经商后，西北地区留守妇女经常感到孤独的比例达36.7%，高于其他地区；西南地区经常感到孤独的比例仅为8.5%，而从未感到孤独的比例达19.5%，两项相较于其他地区都为比例最高（见表21、图5.28）。

表5.21　留守妇女孤独感状况地理分区统计表（单位：%）

		经常有	偶尔有	基本没有	从来没有过	合计
地理分区	东北	25.1	48.8	23.6	2.5	100.0
	西北	36.7	40.1	16.1	7.1	100.0
	西南	8.5	39.3	32.7	19.5	100.0
	中南	16.2	57.1	19.3	7.4	100.0
	华东	18.7	51.0	23.9	6.4	100.0
	华北	9.4	67.1	21.0	2.5	100.0
平均百分比		19.3	50.9	22.3	7.5	100.0

注：Pearson卡方值是222.538，在0.05水平上显著，表明地理分区差异对于留守妇女在丈夫外出期间孤独寂寞感的显著影响。

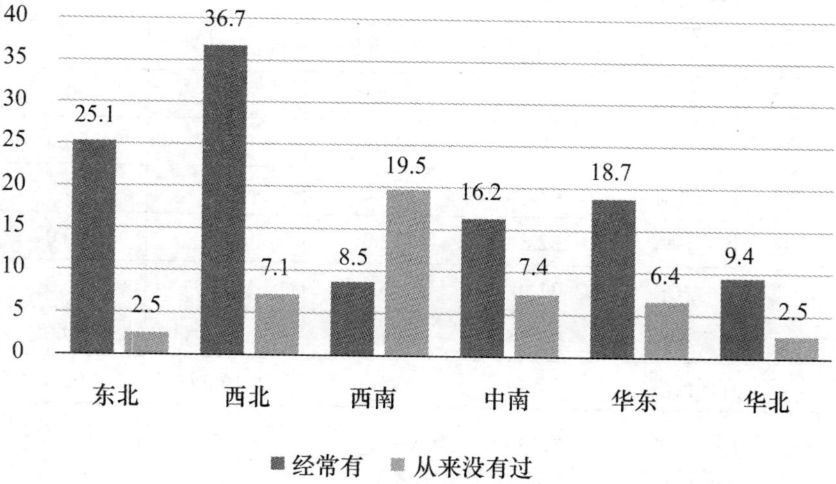

图5.28　留守妇女孤独感状况地理分区对比图（单位：%）

我国劳动力的输入地主要是东部沿海地区，对于六个地区而言，西北地区的劳动力离家最远，而且西北地区由于经济落后，交通不便，农民工大都是一年、甚至数年才回家一次，因此，西北地区留守妇女会更多地经常感到孤独。

五、劳作或学习状况

1. 留守儿童

（1）六岁以下留守儿童学前教育情况

西北地区留守儿童学前教育情况最差，有 49.5% 的六岁以下留守儿童没有接受学前教育；东北地区家庭自我教育的比例最高，为 27.3%；幼儿园入学情况最好的是华东地区和中南地区，比例分别为 55.5% 和 53.0%（见表 5.22、图 5.29）。

表 5.22 六岁以下留守儿童学前教育情况地理分区统计表（单位：%）

		没有学前学习	有幼儿园	我自己教	合计
地理分区	东北	30.3	42.4	27.3	100.0
	西北	49.5	34.6	15.9	100.0
	西南	43.0	43.6	13.4	100.0
	中南	32.8	53.0	14.2	100.0
	华东	31.0	55.5	13.5	100.0
	华北	43.7	31.0	25.3	100.0
平均百分比		37.4	46.0	16.6	100.0

注：Pearson 卡方值是 61.282，在 0.05 水平上显著，表明地理分区差异对六岁以下留守儿童学前教育的影响显著。

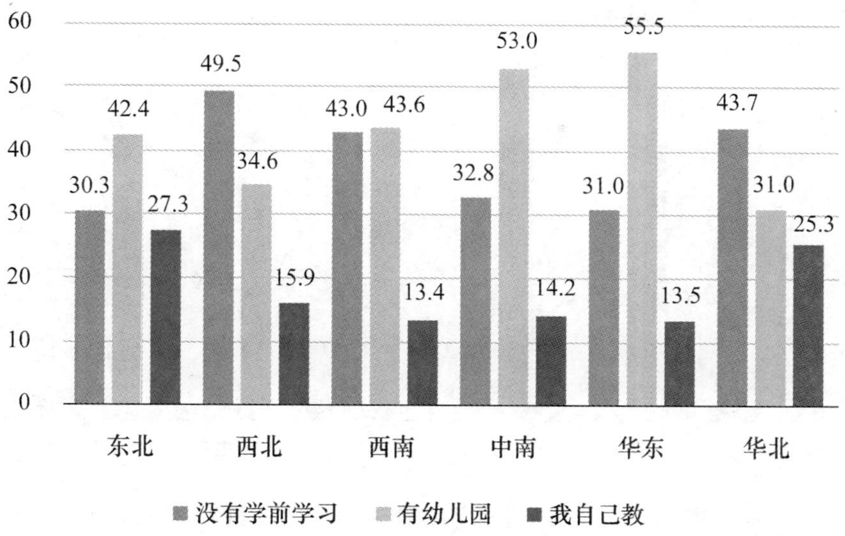

图 5.29　六岁以下留守儿童学前教育情况地理分区对比图（单位：%）

（2）六岁以上留守儿童学习困难状况

对于留守儿童学习困难情况的调查发现，在西南、华北、中南、华东和西北地区有较多六岁以上留守儿童存在学习上的困难，求助于老师成为解决困难的主要方式，其中在西南和华东地区有相对较多的六岁以上留守儿童选择自己解决困难。而在东北地区仅有44.9%的六岁以上留守儿童有学习上的困难。值得注意的是，在华北和中南地区有相对较多的六岁以上留守儿童辍学（见图5.30、图5.31）。地理分区与六岁以上留守儿童学习困难间的Kendall相关系数为-0.059，显著性（双侧）系数为0.016，在置信度（双测）为0.05时，相关性是显著的。同时，地理分区与六岁以上留守儿童解决学习困难途径间的Pearson相关系数为0.062，显著性（双侧）系数为0.031，在0.05水平（双侧）上显著相关。

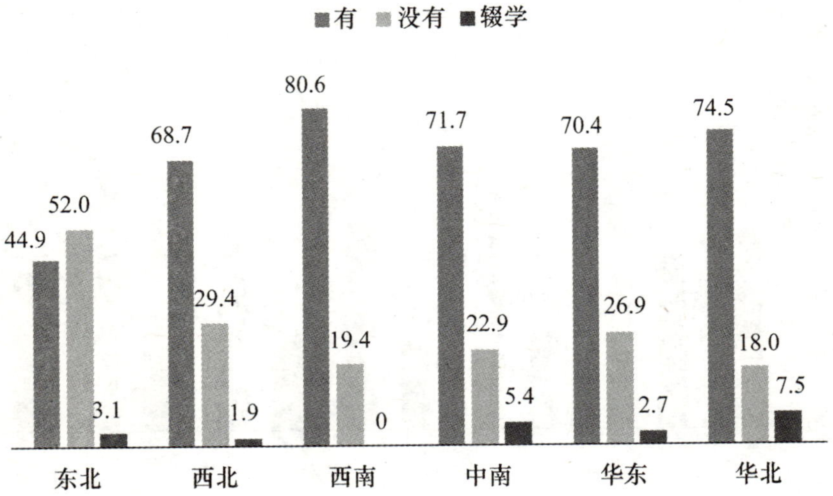

图 5.30 六岁以上留守儿童学习困难地理分区对比图（单位：%）

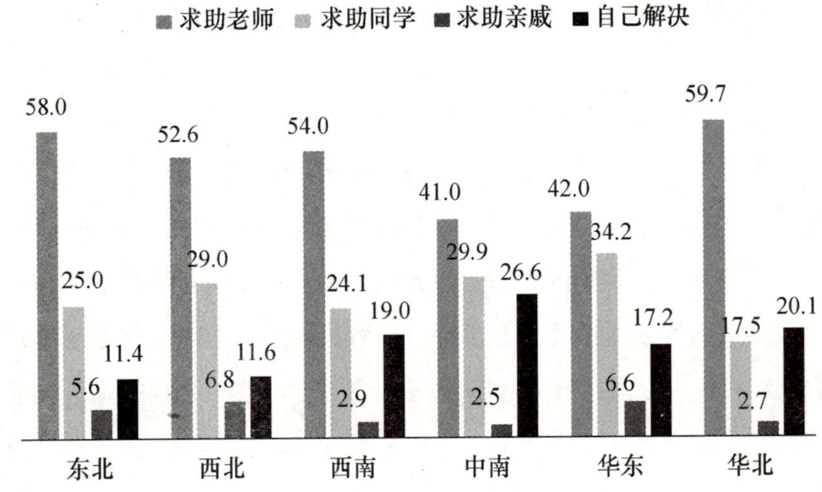

图 5.31 六岁以上留守儿童学习困难解决途径地理分区对比图（单位：%）

2. 留守妇女

（1）生产劳动压力状况

丈夫外出务工/经商后，西北地区留守妇女感到生产劳动压力非常大的比例达 27.5%，远高于其他地区；东北地区比较大的比例为 40.2%，高于其他地区；西南地区非常大和比较大的比例分别为 15.0% 和 38.2%，均居于第二位（见表 5.23、图 5.32）。由于西北地区地理条件恶劣，交通不便，交通运输等基础设施较差，因此留守妇女的生产劳动压力较大。而东北地区留守妇女的生产劳动压力可能与人均耕地面积较大有关。

表 5.23　丈夫外出后留守妇女生产劳动压力状况地理分区统计表（单位：%）

		非常大	比较大	一般	不大	没有压力	合计
地理分区	东北	10.1	40.2	23.6	8.0	18.1	100.0
	西北	27.5	28.5	15.4	18.1	10.5	100.0
	西南	15.0	38.2	32.2	8.2	6.4	100.0
	中南	9.6	37.6	26.2	17.3	9.3	100.0
	华东	5.7	28.7	28.2	16.1	21.3	100.0
	华北	3.2	30.3	34.0	20.2	12.3	100.0
平均百分比		11.2	32.8	26.4	15.6	14.0	100.0

注：Pearson 卡方值是 251.532，在 0.05 水平上显著，表明地理分区差异对留守妇女在丈夫外出期间生产劳动压力的显著影响。

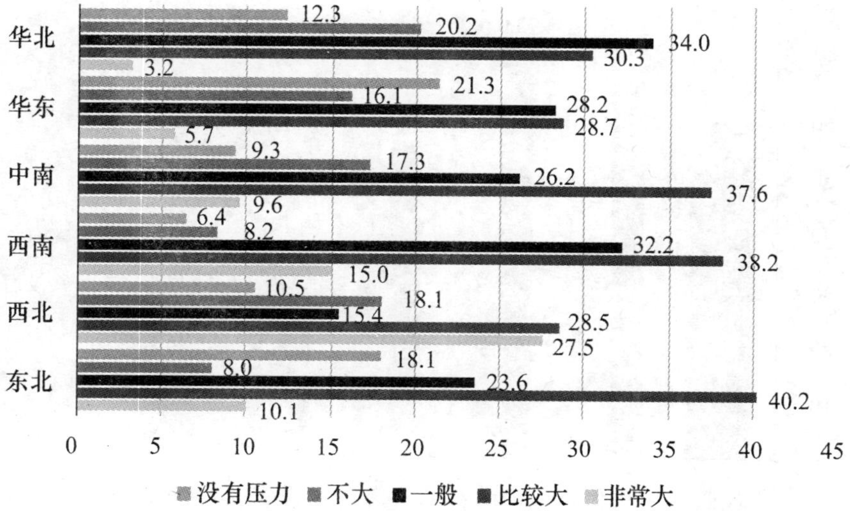

图 5.32　丈夫外出务工后留守妇女生产劳动压力状况地理分区对比图(单位：%)

（2）农业生产困难情况

丈夫外出务工 / 经商期间，西南地区留守妇女在农业生产上遇到困难的比例最高，为 73.0%；华东地区最低，为 39.1%（见表 5.24、图 5.33）。农业生产上遇到的困难主要体现为生产资料购买困难、劳动力不足、缺乏技术等。西南地区由于地形复杂，交通不便，留守妇女在购买生产资料时往往遇到的困难较多。

表 5.24 丈夫外出期间留守妇女农业生产困难情况地理分区统计表（单位：%）

		有	没有	合计
地理分区	东北	54.0	46.0	100.0
	西北	67.5	32.5	100.0
	西南	73.0	27.0	100.0
	中南	56.7	43.3	100.0
	华东	39.1	60.9	100.0
	华北	51.1	48.9	100.0
平均百分比		54.2	45.8	100.0

注：Pearson 卡方值是 130.776，在 0.05 水平上显著，表明地理分区差异对留守妇女在丈夫外出期间生产劳动是否有困难的显著影响。

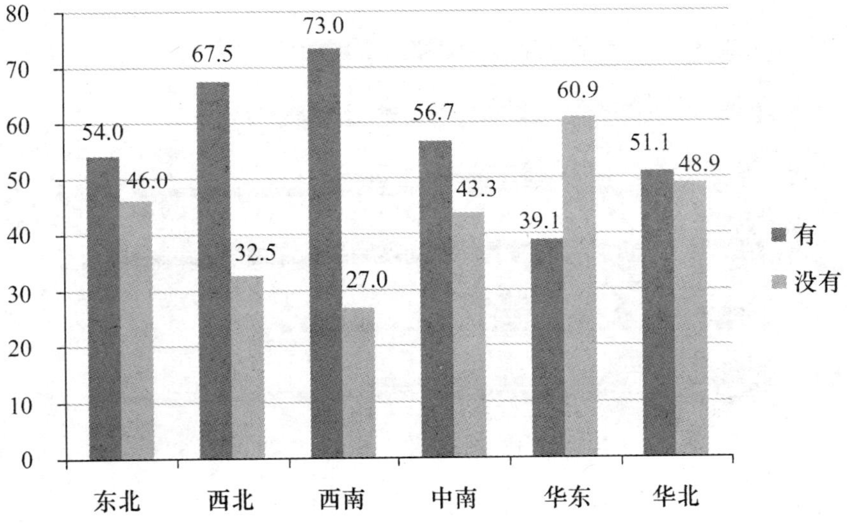

图 5.33 丈夫外出期间留守妇女农业生产困难情况地理分区对比图（单位：%）

六、结论

最后，我们简单总结上述的一些基本情况发现。总体上说来，地理分区的差异对农村三大留守群体的影响是显而易见的：地理分区经济发展不均衡，严重影响农村留守群体的生活质量。

具体说来，地理分区差异对留守老人的影响主要体现在两个方面：（1）留守老人除了与自己的配偶劳动所得外，大部分收入基于儿女的经济支持。同时国家保障体系的不健全，资金保障投资性小，政府补贴对留守老人生活改善作用甚微。表现最为明显的就是西北地区，由于自身经济发展水平较低，该地区留守老人的经济状况在六大地理分区中最差。虽然国家政策倾斜的比例最高，但是依然难以解决老人积困的现状。（2）留守老人的子女外出务工，与老人时空距离拉大。并且，子女外出务工，回家探望老人次数少，间隔周期长，与老人缺乏情感的交流。这样势必无法达到对老人的照顾和关怀。同时，地理分区不同，养老文化也截然不同。表现最为明显的是西南地区，该地区留守老人的房屋居住条件最差，在子女外出务工后被人欺负的比例最高，同时子女回家探望的频率最低。调研发现，西南地区尤其是江西、广西两省的留守老人更容易显现不安和孤独的情绪，年轻人在养老、敬老方面认识不足，没有形成赡养老人、帮助老人的社会风尚。相较之下，在华北地区尊重老人被认为是一种道德常态，赡养老人、为老人尽孝心被认为是子女的义务，打骂虐待老人、不尊重老人的行为则会遭受周围人的劝阻和议论，无形中形成舆论压力。因此，华北地区留守老人依靠自身劳动所得作为经济来源的比例最低，而子女赡养占的比例最高。老人年收入水平较高，且子女回家探望的频率最高。文化传统不是一朝一夕可以改变的，因此要加快推进新农村建设，移风易俗，提倡科学、文明、法治的生活观，加强农村的社会主义精神文明建设，提倡爱老、养老、敬老的社会风尚。

地理分区差异对留守妇女的影响主要体现在以下方面：（1）由于我国劳动力的输入地主要是东部沿海地区，因此对于六个地区而言，西北地区的外出务工人员往往离家最远，加之西北地区经济落后，交通不便，一些外出务工人员经常是一年、甚至数年才回家一次，因此西北地区的留守妇女经常感到孤独，承受着难以想象的心理寂寞，可以说在精神世界上是异常痛苦的。（2）西北地区由于地理条件恶劣，交通不便，交通运输等基础设施较差，因此留守妇女不仅生产劳动压力较大，而且在购买生产资料时遇到的困难也较多，影响到生产劳动的顺利进行。（3）西北地区地广人稀，经济落后，大多属于劳务输出省，青壮年劳力外出大大削弱了村庄的治安联防力量，且派出所、警务室等距离村庄遥远，因此小偷小摸、性骚扰等事件时有发生，对留守妇女的人身安全构成了危害，西北地区留守妇女不少有过被地痞流氓欺负、被性骚扰的经历。

地理分区差异对留守儿童的影响主要体现在两个方面：（1）对于留守儿童基本生活的调查发现，在留守儿童的生活费用、水果供应状况和营养状况方面，华东和东北地区明显好于其他地区。在营养摄入方面，东北地区留守儿童的营养状况相对较好，有 81.6% 的被调查者表示只要小孩想要喝牛奶，就能满足其要求。而在中南、西南、华北和西北地区还存在较多的家庭因经济状况的限制而不能正常供牛奶。在水果供应方面，东北、华东地区的水果供应状况最好，一半以上的留守儿童能够经常吃到水果，但是其他的四个地区仅有不到一半的留守儿童能够经常吃到水果。这样显著的差异，可能是由于华东地区是我国沿海经济发达地区，经济发展水平比较高；而东北地区为我国老工业区，加上物产比较富饶，所以基本生活水准也比较高。（2）在西北、西南和华北地区均有过四成的留守儿童没有接受过学前教育，而华东、东北和中南的学前教育优势明显。在华北和东北地区，监护人承担较多的教育留守儿童的义务。可以说，在西北、西南地区，家庭教育长期缺失。由于留守儿童父母双方或一方长期远离家乡在外务工，返乡的交通设施也极其不便，因此很少回家与留守儿童团聚，往往导致家庭教育缺位和亲情教育缺乏。东北地区的农民外出务工所在地多为北京、东北的一些大城市，而华北地区的农民工大多会选择到北京、天津等城市务工，距离家乡较近，因而这两个地区的留守儿童父母会经常回家与留守儿童团聚。此外，这两个地区家庭观念比较强，因此隔代老人往往承担起家庭教育与监护人的双重角色。（3）除了教育之外，在西北、西南地区，由于缺乏正常的家庭保护环境，留守儿童的安全问题日益突出。根据整理过去 10 年新闻媒体的报道故事，我们发现，在这两个地区，农村留守儿童因得不到家庭和父母的有效监管而溺水、触电、车祸、自杀、小病拖成大病等意外伤亡事故时有发生，这应该引起我们的高度警惕。

综上所述，提高农村留守群体生活质量的根本在于发展经济，提高本地区经济发展水平。同时，还要把经济发展的成果转化为当地人民生活水平、生活质量的提升，否则经济发展就失去了基础、失去了意义。因此，政府应当对留守群体在政策上加以倾斜，加大对偏远地区的福利性投资，推进福利机构建设和便民设施建设。

第六章　村庄总体情况对农村留守群体生存状况影响研究

在研究中，我们需要思考这样一个问题：村庄是留守老人、留守妇女和留守儿童生活的家园，村庄的整体规模、地理环境、经济社会发展状况以及文化氛围等因素是否会对这些老人、妇女和儿童们的生存状况产生影响？如果有，影响的主要变量包含哪些？这些主要变量又是怎样影响到这些留守群体的？

为了对这些问题进行解答，我们在整个调查问卷体系中，单独设计了一份《村庄总体情况调查问卷》。这份问卷的访问对象是各村庄村民委员会或者村支部的工作成员，主要包括各村的村委会主任、村支书等。在实际的调查中，我们一共访谈了 651 个村，收回有效问卷 651 份。通过 PASW/SPSS 的相关性检验和交叉表分析，我们寻找到了村庄总体情况中对留守群体生存状况产生影响的三个主要变量：（1）村庄与县城的距离；（2）村庄的人口规模；（3）村庄的人均收入水平。

首先是村庄与县城的距离。一般而言，一个县的县城是它的政治、经济、文化与交通中心；并且它的影响力在向外辐射时，会随着距离的扩展而减弱。因此，一个村庄与县城的距离影响到了它的经济发展状况、交通便利程度、对外交往程度等。一个村庄距离县城越远，它的经济发展水平就可能越滞后，与县城的交往越不便。这些状况对于村庄中留守儿童、留守老人和留守妇女的生活状况是存在影响的，这种影响力主要集中在基本生活状况（如收入水平、住房状况、健康状况、基础公共设施与公共服务的获得等）以及心理状态（如对生活的满意程度、与家人的相处、社会交往活动等）方面。

其次是村庄的人口规模。村庄所能容纳的人口越多表明村庄自然条件或经济的条件越优越，所以在人口规模较大的村庄，村民的实际生活状况会相对好。并且，村庄的人口越多，社会交往的范围就越广泛，获得社会支持的程度也就越高。因此，村庄的人口规模与留守群体的生存状态，无论是物质生活状态还是精神状态，都呈现出正相关性。

最后是村庄的人均收入水平。村庄的人均收入水平直接反映了村庄的富裕程度，与村庄留守群体的生活状况密切相关。人均收入水平越高的村庄，留守群体的基本生活水平也越高，譬如住房、医疗健康、营养供给等方面的状态自然优于较贫困的地区。另外，由于基本生活状况良好，留守群体的生活压力与生产压力很小，他们的精神状态也更好，对文娱活动以及公共事务的关注度也越高。

对于这三个因素具体是如何影响留守群体的生活状态的，我们将以具体的数据表格来说明，具体如下：

一、村庄与县城的距离

1. 对六岁以下留守儿童的影响

表 6.1 的相关性检验表明，如果一个村庄离县城的距离越远，那么该村六岁以下留守儿童对父母的想念就会越强烈；反之村庄与县城距离越近，六岁以下留守儿童对父母的想念越不强烈。

表6.1 村庄离县城距离与六岁以下留守儿童对父母想念的相关性分析表

		六岁以下留守儿童对父母的想念程度
村庄离县城距离	Pearson 相关性	.068*
	显著性（双侧）	.013
	N	1 338

注：一个星号（*）表明这一相关关系在 0.05 水平（双侧）上显著。

表6.2 村庄离县城距离与六岁以下留守儿童与父母见面频率的相关性分析表

		六岁以下留守儿童与父母见面的频率
村庄离县城距离	Pearson 相关性	.087**
	显著性（双侧）	.001
	N	1 335

注：两个星号（**）表明这一相关关系在 0.01 水平（双侧）上显著。

表 6.2 相关性检验表明，如果一个村庄离县城的距离越远，那么该村六岁以下留守儿童与父母见面的频率就会越低。也就是说，在那些离县城越远的村庄，六岁以下留守儿童越难与自己的父母见面。原因在于与县城距离越远的村庄，因受经济、交通等因素的制约，留守儿童的父母回家探望次数会越少，周期会越长。

表6.3 村庄离县城距离与监护人处理六岁以下留守儿童发脾气方式的相关性分析表

		监护人处理六岁以下留守儿童发脾气的方式
村庄离县城距离	Pearson 相关性	.104**
	显著性（双侧）	.000
	N	1 291

注：两个星号（**）表明这一相关关系在 0.01 水平（双侧）上显著。

表 6.3 相关性检验表明，如果一个村庄离县城的距离越远，那么在该村六岁以下留守儿童发脾气时，监护人就表现得越无能无力。

在离县城距离较远的村庄受县城的带动效应较差，因此在教育方面也受到影响。而六岁以下留守儿童的监护人一般为其祖父母或外祖父母，自身受到的教育就较为缺乏，因此在教育儿童方面显得无能为力。

表6.4 村庄离县城距离与六岁以下留守儿童吃荤腥频率的相关性分析表

		六岁以下留守儿童吃荤腥的频率
村庄离县城距离	Pearson 相关性	-.072**
	显著性（双侧）	.009
	N	1 334

注：两个星号（**）表明这一相关关系在 0.01 水平（双侧）上显著。

表 6.4 相关性检验表明，如果一个村庄离县城的距离越远，那么该村六岁以下留守儿童吃荤腥的频率越低，也就是说，那些远离县城的村庄，六岁以下留守儿童很难吃上荤腥。离县城越远的村庄受县城的带动效应越差，经济发展就相对落后于那些离县城较近的村庄，因而村庄的整体生活水平也就相对较低，村民的购买力也就相对较小。在不考虑其他方面因素影响的前提下，六岁以下留守儿童的吃荤腥频率也就必然越低。而六岁以下留守儿童是身体发育的关键时期，营养上的不足可能导致留守儿童在其一生的发展中要面临更多的限制，落后于其他同龄人。

2. 对留守老人的影响

表6.5 村庄离县城距离与留守老人2010年收入状况的相关性分析表

		留守老人 2010 年的年收入状况
村庄离县城距离	Pearson 相关性	-.041*
	显著性（双侧）	.043
	N	2 459

注：一个星号（*）表明这一相关关系在 0.05 水平（双侧）上显著。

表 6.5 的相关性检验表明，如果一个村庄离县城的距离越远，那么该村留守老人的个人收入就会越低。相反，离县城越近的村庄，留守老人的收入也就越高。

表6.6 村庄离县城距离与2010年在外子女给留守老人生活费的相关性分析表

		在外子女 2010 年给留守老人的生活费（不含医疗费）
村庄离县城距离	Pearson 相关性	-.062**
	显著性（双侧）	.002
	N	2 448

注：两个星号（**）表明这一相关关系在 0.01 水平（双侧）上显著。

表 6.6 的相关性检验表明，如果一个村庄离县城的距离越远，那么该村留守老人从在外子女处所得到的生活费就越低。

表6.7 村庄离县城距离与留守老人对住房状况满意度的相关性分析表

		留守老人对住房状况的满意度
村庄离县城距离	Pearson 相关性	-.070**
	显著性（双侧）	.000
	N	2 487

注：两个星号（**）表明这一相关关系在 0.01 水平（双侧）上显著。

表 6.7 的相关性检验表明，如果一个村庄离县城的距离越远，那么该村留守老人对现在住房状况就越不满意。也就是说，在那些离县城越远的村庄，留守老人的住房状况越差。

表6.8 村庄离县城距离与留守老人对自己经济状况总体评价的相关性分析表

		留守老人对自己经济状况的总体评价
村庄离县城距离	Pearson 相关性	-.062**
	显著性（双侧）	.002
	N	2 483

注：两个星号（**）表明这一相关关系在 0.01 水平（双侧）上显著。

表 6.8 的相关性检验表明，如果一个村庄离县城的距离越远，那么该村留守老人对自身经济状况的总体评价就越低。也就是说，在那些离县城越远的村庄，留守老人的总体经济状况越差。这与表 6.5 的数据是一致的，留守老人的收入水平较低对自身经济状况的总体评价自然也就较低。

表6.9 村庄离县城距离与留守老人对自身健康状况评价的相关性分析表

		留守老人对自身健康状况的评价
村庄离县城距离	Pearson 相关性	-.085**
	显著性（双侧）	.000
	N	2 489

注：两个星号（**）表明这一相关关系在 0.01 水平（双侧）上显著。

表 6.9 的相关性检验表明，如果一个村庄离县城的距离越远，那么该村留守老人对自身健康状况的评价就越低。也就是说，在那些离县城越远的村庄，留守老人的健康状况越差。

表6.10 村庄离县城距离与留守老人营养状况的相关性分析表

		留守老人的营养状况
村庄离县城距离	Pearson 相关性	-.083**
	显著性（双侧）	.000
	N	2 488

注：两个星号（**）表明这一相关关系在 0.01 水平（双侧）上显著。

表 6.10 的相关性检验表明，如果一个村庄离县城的距离越远，那么该村留守老人对自身营养状况的评价就越低。

表 6.11 的相关性检验表明，如果一个村庄离县城的距离越远，那么该村留守老人参加村里组织的活动越少。也就是说，在那些离县城越远的村庄，留守老人越少参加村里组织的活动。

表 6.11 村庄离县城距离与留守老人参加村庄活动频率的相关性分析表

		留守老人参加村庄活动（如村民选举等）的频率
村庄离县城距离	Pearson 相关性	-.116**
	显著性（双侧）	.000
	N	2 484

注：两个星号（**）表明这一相关关系在 0.01 水平（双侧）上显著。

表6.12 村庄离县城距离与留守老人对外出子女心事了解程度的相关性分析表

		留守老人对外出子女心事的了解程度
村庄离县城距离	Pearson 相关性	-.075**
	显著性（双侧）	.000
	N	2 472

注：两个星号（**）表明这一相关关系在 0.01 水平（双侧）上显著。

表 6.12 的相关性检验表明，如果一个村庄离县城的距离越远，那么该村留守老人越不了解外出子女的心事。也就是说，在那些离县城越远的村庄，留守老人与外出子女的沟通越差。

表 6.13 村庄离县城距离与留守老人支持子女外出程度的相关性分析表

		留守老人支持子女外出的程度
村庄与县城距离	Pearson 相关性	.047**
	显著性（双侧）	.005
	N	2 462

注：两个星号（**）表明这一相关关系在 0.01 水平（双侧）上显著。

表 6.13 的相关性检验表明，如果一个村庄离县城的距离越远，那么该村留守老人越支持子女外出。由于子女外出务工能对家庭经济起到明显的改善作用，因此离县城越远、经济状况越差村庄的留守老人理所当然地就越会支持子女外出务工。

由以上表格所示数据，我们得知，距离县城近的村庄因受县城经济的辐射作用，除了种植粮食、蔬菜水果等传统农业收入之外，还能够发展养殖业、观光农业，运输业或者进县城做小生意，因而这些村庄留守老人从发展副业中获得收入补贴生活的方式相对较多。而那些离县城越远的村庄，留守老人的收入来源就越单一，主要靠土地经济作为经济来源。并且，随着年龄的增长，身体机能的下降、疾病缠身直至失去劳动能力，那里留守老人的收入状况就会越来越差。

距离县城近的村庄由于交通方便，子女回家探望父母的频率相对较高，与父母交流沟通相对较多，因而能够及时了解留守老人的生活需求，给留守老人提供更多的物质支持。而那些离县城越远的村庄，由于交通不便、经济落后等原因，在外务工子女回家探亲的次数就越少，且回家间隔周期就越长，子女与父母之间也越少进行深入的情感交流。由于相互沟通的缺乏，子女对父母需要的了解就不足；而留守老人为了免除在外子女的牵挂，通常又选择报喜不报忧，于是留守老人从在外子女处所得到的生活费就越少。

房屋是留守老人物质财富的重要组成部分，也是老人心灵有所归宿的依靠。离县城距离越远，经济发展就越滞后，村庄也就越闭塞落后，进而留守老人就越没有能力修缮房屋，子女也没有能力帮助父母改善居住环境。而离县城距离越近，留守老人自身收入水平相对就越高，也就越有改善居住条件的愿望和能力，同时子女也可以给予更多的帮助。

在距离县城远的村庄中，留守老人的健康状况相对更差。因为，第一，在这些村庄，留守老人需要更多地参与农业生产，在繁重的体力劳动中非常容易伤害到自己或者长期积劳成疾，健康状况受到威胁。第二，在这些村庄医疗水平更加有限，留守老人生病之后得不到及时有效的治疗，健康状况会进一步恶化。第三，这些村庄的留守老人更多将自己的活动范围局限于村庄之内，因而形成了封闭狭隘落后的思想观念，封建迷信思想较严重，缺乏科学正确的医疗观念，同时受制于自身经济状况，留守老人在患病时更多依赖求神拜佛、自己忍耐等方式，身体健康状况相对更差。

在离县城越远的村庄，留守老人的营养状况越差。一方面距离县城越远的村庄，子女回家探望父母的频率越低，送给老人营养品、保健品的就越少。另一方面，老人自身经济状况不佳，自己改善营养状况的能力更为有限。

距离县城越远的村庄，留守老人参与村庄活动的就越少。因为，这些村庄一般比较落后，人力和财力都十分有限，因而组织活动一般较少。同时，这些村庄相对闭塞，留守老人的观念比较陈旧，不倾向于积极参与村庄活动。

综上所述，村庄离县城的距离对留守老人产生的综合影响如下（见图 6.1）：

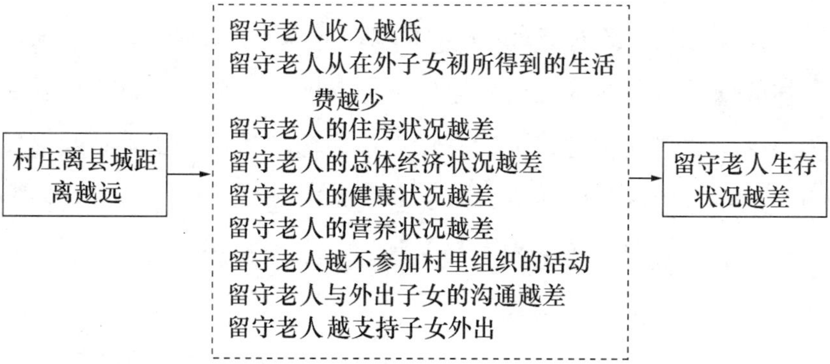

图6.1 村庄离县城的距离对留守老人生存状况影响图

3. 对留守妇女的影响

表6.14 村庄离县城距离与留守妇女身体状况的相关性分析表

		留守妇女的身体状况
村庄离县城距离	Pearson 相关性	-.159**
	显著性（双侧）	.000
	N	2 413

注：两个星号（**）表明这一相关关系在 0.01 水平（双侧）上显著。

表 6.14 的相关性检验表明，如果一个村庄离县城的距离越远，那么该村留守妇女的身体状况越差。也就是说，在那些离县城越远的村庄，留守妇女的身体状况越不健康。这与农村医疗卫生基础设施分布不合理有关。医疗设备相对较好、医疗水平相对较高的医院、卫生所一般都集中在县城中。村庄距离县城越近，留守妇女去县城看病、治疗就越方便，因此离县城越近的村庄中的留守妇女越容易享受医疗卫生方面的公共服务，身体状况就越健康。

表6.15 村庄离县城距离与留守妇女2010年家庭经济收入状况的相关性分析表

		留守妇女 2010 年的家庭经济收入状况
村庄离县城距离	Pearson 相关性	-.129**
	显著性（双侧）	.000
	N	2 399

注：两个星号（**）表明这一相关关系在 0.01 水平（双侧）上显著。

表 6.15 的相关性检验表明，如果一个村庄离县城的距离越远，那么该村留守妇女的家庭年经济收入就会越低。也就是说，在那些离县城越远的村庄，留守妇女的家庭经济收入状况就越差。因为，县城的经济往往相对比较发达。因此，离县城越近，就业机

会就越多，集贸市场就越密集，留守妇女获得的经济收入也就越多，家庭收入状况也就越好。

表6.16 村庄离县城距离与留守妇女与公婆关系的相关性分析表

		留守妇女与公婆的关系
村庄离县城距离	Pearson 相关性	–.062**
	显著性（双侧）	.003
	N	2 269

注：两个星号（**）表明这一相关关系在 0.01 水平（双侧）上显著。

表 6.16 的相关性检验表明，如果一个村庄离县城的距离越远，那么该村留守妇女与公婆的关系就会越差。也就是说，在那些离县城越远的村庄，留守妇女与公婆的关系往往越紧张。经济困窘往往会引发家庭纠纷。离县城越远的村庄经济越贫困，便越易出现家庭纠纷，因此留守妇女与公婆的关系就越紧张。

表6.17 村庄离县城距离与留守妇女产生劳动压力状况的相关性分析表

		留守妇女感受生产劳动压力的状况
村庄离县城距离	Pearson 相关性	.077**
	显著性（双侧）	.000
	N	2 371

注：两个星号（**）表明这一相关关系在 0.01 水平（双侧）上显著。

表 6.17 的相关性检验表明，如果一个村庄离县城的距离越远，那么该村留守妇女所承受的劳动压力就会越大。也就是说，在那些离县城越远的村庄，留守妇女在丈夫外出期间承受的生产劳动压力越大。究其原因，主要在于道路、水利、粮食仓储等公共设施往往以县城为中心往外辐射，离县城越远，公共设施就越差，农业的机械化程度就越不发达，因此留守妇女的劳动压力也就越大。

表6.18　村庄离县城距离与留守妇女安全感的相关性分析表

		留守妇女的安全感
村庄离县城距离	Pearson 相关性	-.092**
	显著性（双侧）	.000
	N	2 408

注：两个星号（**）表明这一相关关系在 0.01 水平（双侧）上显著。

表 6.18 的相关性检验表明，如果一个村庄离县城的距离越远，那么该村留守妇女的安全感就会越差。也就是说，在那些离县城越远的村庄，留守妇女在丈夫外出期间往往越会觉得自己不安全。安全感往往与公共安全设施、公安人员配备的多少相关。如果村庄离县城越远，派出所、警务室等设置就越少，村庄安全就越没有保障，因此留守妇女的安全感也就越差。

表 6.19 的相关性检验表明，如果一个村庄离县城的距离越远，那么该村留守妇女的孤单寂寞感就会越强烈。也就是说，在那些离县城越远的村庄，留守妇女在丈夫外出期间往往越会觉得自己比较孤单寂寞。导致这一状况的原因主要有：第一，由于文化娱乐设施主要集中在县城，因此离县城越近，文化生活就越丰富，而且进城、赶集都可以作为农闲时的消遣。第二，有相当一部分留守妇女的丈夫是在县城务工，离县城越近，丈夫回家就越方便。因此，村庄距离县城的远近影响到留守妇女与丈夫相聚的频率。

表6.19　村庄离县城距离与留守妇女孤独寂寞感的相关性分析表

		留守妇女的孤单寂寞感觉
村庄离县城距离	Pearson 相关性	.083**
	显著性（双侧）	.000
	N	2 400

注：两个星号（**）表明这一相关关系在 0.01 水平（双侧）上显著。

表 6.14～表 6.19 的数据分析表明，农村留守妇女肩负双重负担：一方面，随着“分田到户”的家庭联产承包责任制的推行，一个家庭便是一个生产单位。作为农民，留守妇女必然要承担起丈夫外出后的劳动责任和家庭责任。由于我国长期利用农产品和工业品之间的剪刀差来进行城市积累和国家积累，农民自身难以进行资产积累。虽然近几年来，工业逐渐开始反哺农业，但是农民积贫积弱的状况并非一朝一夕就能改变。因此农村家庭如果以农业为主要产业，必然经济压力比较大，经济状况较差。而工业和服务产业的分布直接受到县城的辐射影响，距离县城越远产业就越集中于农业，因而那里的农村留守妇女的劳动压力和经济压力就越大。另一方面，随着家庭取代集体进行劳作，家庭也开始变成一个个相对独立的情感单位，农村家庭对于夫权和父权的延续，使得留守妇女的情感交流对象多局限在家庭内部成员和附近同龄妇女。由于害怕闲言碎语，她们的感情长期处于压抑的状态。距离县城越远，农村留守妇女受现代女性解放思想的影响就越弱，而受封建传统的束缚就越严重，因此就越容易感受到孤独和寂寞。

二、村庄的人口规模

1. 对留守儿童的影响

（1）对六岁以下留守儿童的影响

表6.20 村庄总人口与六岁以下留守儿童生活费数额的相关性分析表

		六岁以下留守儿童生活费的数额
村庄总人口	Pearson 相关性	.170**
	显著性（双侧）	.000
	N	1 326

注：两个星号（**）表明这一相关关系在 0.01 水平（双侧）上显著。

表 6.20 的相关性检验表明，如果一个村庄的人口规模越大，那么该村六岁以下留守儿童得到的生活费就越多。

表6.21 村庄总人口与六岁以下留守儿童吃荤腥频率的相关性分析表

		六岁以下留守儿童吃荤腥的频率
村庄总人口	Pearson 相关性	.156**
	显著性（双侧）	.000
	N	1 334

注：两个星号（**）表明这一相关关系在 0.01 水平（双侧）上显著。

表 6.21 的相关性检验表明，如果一个村庄的人口规模越大，那么该村六岁以下留守儿童吃荤腥的频率就越高。

表6.22 村庄总人口与六岁以下留守儿童吃水果频率的相关性分析表

		六岁以下留守儿童吃新鲜水果的频率
村庄总人口	Pearson 相关性	–.112**
	显著性（双侧）	.000
	N	1 328

注：两个星号（**）表明这一相关关系在 0.01 水平（双侧）上显著。

表 6.22 的相关性检验表明，如果一个村庄的人口规模越大，那么该村六岁以下留守儿童吃新鲜水果的频率就越高。

（2）对六岁以上留守儿童的影响

表6.23 村庄总人口与六岁以上留守儿童吃荤腥频率的相关性分析表

		六岁以上留守儿童吃荤腥的频率
村庄总人口	Pearson 相关性	.147**
	显著性（双侧）	.000
	N	1 267

注：两个星号（**）表明这一相关关系在 0.01 水平（双侧）上显著。

表 6.23 的相关性检验表明，如果一个村庄的人口规模越大，那么该村六岁以上留守儿童吃荤腥的频率就越高。

表6.24 村庄总人口与六岁以上留守儿童吃水果频率的相关性分析表

		六岁以上留守儿童吃新鲜水果的频率
村庄总人口	Pearson 相关性	-.070**
	显著性（双侧）	.002
	N	1 289

注：两个星号（**）表明这一相关关系在 0.01 水平（双侧）上显著。

表 6.24 的相关性检验表明，如果一个村庄的人口规模越大，那么该村六岁以上留守儿童吃新鲜水果的频率就越高。

综上所述，对六岁以下及六岁以上留守儿童的调查发现，村庄人口规模越大，留守儿童的生活水平相对就越好。这是因为村庄所能容纳的人口越多表明村庄的自然条件或经济条件相对就越优越。所以，在人口规模较大的村庄，村民的实际生活状况相对就较好，对留守儿童生活的关注度也就较高，监护人用于留守儿童的支出能力水平和意愿也就较强，表现在留守儿童的生活费用、吃荤腥和水果状况方面的水平就相对较高。

2. 对留守老人的影响

表6.25 村庄总人口与留守老人生活态度的相关性分析表

		留守老人的生活态度
村庄总人口	Pearson 相关性	-.040*
	显著性（双侧）	.047
	N	2 483

注：一个星号（*）表明这一相关关系在 0.05 水平（双侧）上显著。

表 6.25 的相关性检验表明，如果一个村庄的人口规模越大，那

么该村留守老人对生活的态度就会越乐观。

表6.26　村庄总人口与留守老人受人欺负的相关性分析表

		留守老人受人欺负的经历
村庄总人口	Pearson 相关性	-.044**
	显著性（双侧）	.007
	N	2 482

注：两个星号（**）表明这一相关关系在 0.01 水平（双侧）上显著。

表 6.26 的相关性检验表明，如果一个村庄的人口规模越大，那么该村留守老人受人欺负的经历就会越少。

表 6.25 和表 6.26 直接呈现了农村留守老人的精神状态与村庄规模的相关性。老人的精神健康和心理感受往往是被子女和社会大众遗忘的部分。村庄的人口规模越大，老人的交往对象就越多。在人口规模大的村庄，留守老人可以和更多人进行情感交流，发展友谊，形成自己的生活重心，发现生活乐趣，产生归属感和安全感，进而缓解因子女外出产生的焦虑感、孤独感和不安全感。人口规模越大，通常意味着人与人之间更加包容、平等，老人在这样的环境中就很少会被欺负（见图 6.2）。

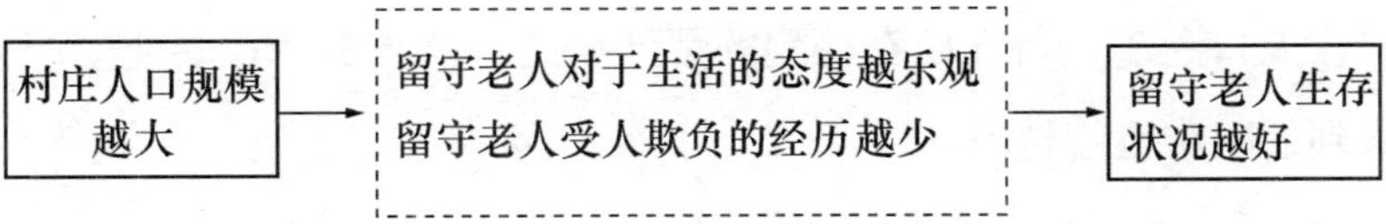

图6.2　村庄人口规模对留守老人生存状况影响图

3. 对留守妇女的影响

表 6.27 的相关性检验表明，如果一个村庄的人口规模越大，那么该村留守妇女觉得自己的孩子就越是听话。这是因为村庄的人口规模在一定程度上会影响孩子所能得到的社会支持、活动范围等。

因此，村庄人口规模越大，孩子活动范围就越大，所能得到的社会支持就越多，孩子也就越听话。

表6.27 村庄总人口与留守妇女子女听话程度的相关性分析表

		留守妇女孩子听话的程度
村庄总人口	Pearson 相关性	.108**
	显著性（双侧）	.000
	N	2 307

注：两个星号（**）表明这一相关关系在 0.01 水平（双侧）上显著。

表6.28 村庄总人口与留守妇女生产劳动困难程度的相关性分析表

		留守妇女在农业生产上遇到困难的程度
村庄总人口	Pearson 相关性	.057**
	显著性（双侧）	.006
	N	2 310

注：两个星号（**）表明这一相关关系在 0.01 水平（双侧）上显著。

表 6.28 的相关性检验表明，如果一个村庄的人口规模越大，那么该村留守妇女在丈夫外出期间在农业生产上遇到的困难就越少。村庄的人口规模大小与留守妇女所能得到的社会支持相联系，因此村庄人口越多，留守妇女得到的帮助与支持就越多，在农业生产上遇到的困难也就越小。

三、村庄的人均收入水平

1. 对留守儿童的影响

（1）对六岁以下留守儿童的影响

表 6.29 的相关性检验表明，如果一个村庄的人均收入水平越高，

那么该村六岁以下留守儿童与父母见面的频率就越高。也就是说，在那些比较贫穷的村庄，六岁以下留守儿童与父母见面的机会相对较少。

表6.29　村庄人均收入水平与六岁以下留守儿童与父母见面频率的相关性分析表

		六岁以下留守儿童与父母见面的频率
村庄人均收入水平	Pearson 相关性	.115**
	显著性（双侧）	.000
	N	1 335

注：两个星号（**）表明这一相关关系在 0.01 水平（双侧）上显著。

表6.30　村庄人均收入水平与六岁以下留守儿童零用钱状况的相关性分析表

		六岁以下留守儿童的零用钱状况
村庄人均收入水平	Pearson 相关性	.130**
	显著性（双侧）	.000
	N	1 340

注：两个星号（**）表明这一相关关系 在 0.01 水平（双侧）上显著。

表 6.30 的相关性检验表明，如果一个村庄的人均收入水平越高，那么该村六岁以下留守儿童就越能够得到父母给的零用钱。也就是说，在那些比较贫穷的村庄，六岁以下留守儿童很难得到父母给的零用钱。

表6.31　村庄人均收入水平与六岁以下留守儿童生活费数额的相关性分析表

		六岁以下留守儿童生活费的数额
村庄人均收入水平	Pearson 相关性	.178**
	显著性（双侧）	.000
	N	1 326

注：两个星号（**）表明这一相关关系在 0.01 水平（双侧）上显著。

表 6.31 的相关性检验表明，如果一个村庄的人均收入水平越高，那么该村六岁以下留守儿童的父母给的生活费就越多。也就是说，在

那些比较贫穷的村庄，六岁以下留守儿童父母给的生活费往往很低。

表6.32 村庄人均收入水平与六岁以下留守儿童吃荤腥频率的相关性分析表

		六岁以下留守儿童吃荤腥的频率
村庄人均收入水平	Pearson 相关性	.165**
	显著性（双侧）	.000
	N	1 334

注：两个星号（**）表明这一相关关系在 0.01 水平（双侧）上显著。

表 6.32 的相关性检验表明，如果一个村庄的人均收入水平越高，那么该村六岁以下留守儿童吃荤腥的频率就越高。也就是说，在那些比较贫穷的村庄，六岁以下留守儿童难得吃上荤腥。

表6.33 村庄人均收入水平与六岁以下留守儿童吃水果频率的相关性分析表

		六岁以下留守儿童吃新鲜水果的频率
村庄人均收入水平	Pearson 相关性	.152**
	显著性（双侧）	.000
	N	1 328

注：两个星号（**）表明这一相关关系在 0.01 水平（双侧）上显著。

表 6.33 的相关性检验表明，如果一个村庄的人均收入水平越高，那么该村六岁以下留守儿童吃新鲜水果的频率就越高。也就是说，在那些比较贫穷的村庄，六岁以下留守儿童难得吃上新鲜水果。

（2）对六岁以上留守儿童的影响

表6.34 村庄人均收入水平与六岁以上留守儿童月零花钱数额的相关性分析表

		六岁以上留守儿童月零花钱的数额
村庄人均收入水平	Pearson 相关性	.146**
	显著性（双侧）	.000
	N	1 095

注：两个星号（**）表明这一相关关系在 0.01 水平（双侧）上显著。

表 6.34 的相关性检验表明，如果一个村庄的人均收入水平越高，那么该村六岁以上留守儿童每个月得到的零花钱就越多。

表6.35　村庄人均收入水平与六岁以上留守儿童吃荤腥频率的相关性分析表

		六岁以上留守儿童吃荤腥的频率
村庄人均收入水平	Pearson 相关性	.201**
	显著性（双侧）	.000
	N	1 201

注：两个星号（**）表明这一相关关系在 0.01 水平（双侧）上显著。

表 6.35 的相关性检验表明，如果一个村庄的人均收入水平越高，那么该村六岁以上留守儿童吃荤的频率就越高。也就是说，在那些比较贫穷的村庄，六岁以上留守儿童很难吃到荤腥。

表6.36　村庄人均收入水平与六岁以上留守儿童吃水果频率的相关性分析表

		六岁以上留守儿童吃新鲜水果的频率
村庄人均收入水平	Pearson 相关性	.136**
	显著性（双侧）	.000
	N	1 222

注：两个星号（**）表明这一相关关系在 0.01 水平（双侧）上显著。

表 6.36 的相关性检验表明，如果一个村庄的人均收入水平越高，那么该村六岁以上留守儿童吃上新鲜水果的频率就越高。也就是说，在那些比较贫穷的村庄，六岁以上留守儿童很难吃上新鲜水果。

综上所述，对六岁以下及以上留守儿童与村庄人均收入水平的相关性检验表明，村庄人均收入水平越高，留守儿童的基本生活状况就越好，而且与父母的关系更为密切；村庄人均收入水平越低，留守儿童的基本生活状况就越差。

2. 对留守老人的影响

表6.37 村庄人均收入水平与留守老人2010年经济收入状况的相关性分析表

		留守老人 2010 年的经济收入状况
村庄人均收入水平	Pearson 相关性	.100**
	显著性（双侧）	.000
	N	2 459

注：两个星号（**）表明这一相关关系在 0.01 水平（双侧）上显著。

表 6.37 的相关性检验表明，如果一个村庄的人均收入水平越高，那么该村留守老人的个人收入就会越高。也就是说，在那些比较富裕的村庄，留守老人的收入状况相对较好。

表6.38 村庄人均收入水平与子女给留守老人生活费状况的相关性分析表

		在外子女 2010 年给留守老人生活费的状况（不含医疗费）
村庄人均收入水平	Pearson 相关性	.186**
	显著性（双侧）	.000
	N	2 448

注：两个星号（**）表明这一相关关系在 0.01 水平（双侧）上显著。

表 6.30 的相关性检验表明，如果一个村庄的人均收入水平越高，那么该村留守老人从在外子女处得到的生活费就会越高。也就是说，在那些比较富裕的村庄，留守老人从在外子女那里得到的生活费相对较多。

表 6.39 的相关性检验表明，如果一个村庄的人均收入水平越高，那么该村留守老人对现在的住房状况就越满意。也就是说，在那些比较富裕的村庄，留守老人的住房状况相对较好。

表6.39　村庄人均收入水平与留守老人住房满意度的相关性分析表

		留守老人对住房状况的满意度
村庄人均收入水平	Pearson 相关性	.077**
	显著性（双侧）	.000
	N	2 487

注：两个星号（**）表明这一相关关系在 0.01 水平（双侧）上显著。

表6.40　村庄人均收入水平与留守老人对自己经济状况总体评价的相关性分析表

		留守老人对自己经济状况的总体评价
村庄人均收入水平	Pearson 相关性	.146**
	显著性（双侧）	.000
	N	2 483

注：两个星号（**）表明这一相关关系在 0.01 水平（双侧）上显著。

表 6.40 的相关性检验表明，如果一个村庄的人均收入水平越高，那么该村留守老人对自己的总体经济状况就越是满意。也就是说，在那些比较富裕的村庄，留守老人的总体经济状况相对较好。

表6.41　村庄人均收入水平与留守老人对自身健康状况评价的相关性分析表

		留守老人对自身健康状况的评价
村庄人均收入水平	Pearson 相关性	.102**
	显著性（双侧）	.000
	N	2 489

注：两个星号（**）表明这一相关关在 0.01 水平（双侧）上显著。

表 6.41 的相关性检验表明，如果一个村庄的人均收入水平越高，那么该村留守老人对自身健康状况就越是满意。也就是说，在那些比较富裕的村庄，留守老人的健康状况相对较好。

表6.42 村庄人均收入水平与留守老人营养状况的相关性分析表

		留守老人的营养状况
村庄人均收入水平	Pearson 相关性	.111**
	显著性（双侧）	.000
	N	2 488

注：两个星号（**）表明这一相关关系在 0.01 水平（双侧）上显著。

表 6.42 的相关性检验表明，如果一个村庄的人均收入水平越高，那么该村留守老人对自己的营养状况就越是满意。也就是说，在那些比较富裕的村庄，留守老人的营养状况相对较好。

表6.43 村庄人均收入水平与留守老人子女探望父母频率的相关性分析表

		留守老人子女回家探望父母的频率
村庄人均收入水平	Pearson 相关性	.102**
	显著性（双侧）	.000
	N	2 435

注：两个星号（**）表明这一相关关系在 0.01 水平（双侧）上显著。

表 6.43 的相关性检验表明，如果一个村庄的人均收入水平越高，那么该村留守老人的子女就越是经常回来看望父母。

总体而言，调查结果显示，经济发展水平是决定留守老人生活状况的根本因素。农村家庭经济的发展依然是解决农村贫困落后，实行家庭养老的重要条件。鼓励农村建设，强化惠农政策，推动农村经济发展是改善留守老人生活水平的重要举措。政府应采取各种积极有效措施改善留守老人的养老环境，特别是要加大对偏远农村地区的福利性投资，以使留守老人老有所养，老有所依。村庄人均收入水平对留守老人生存状况的影响如下（见图 6.3）：

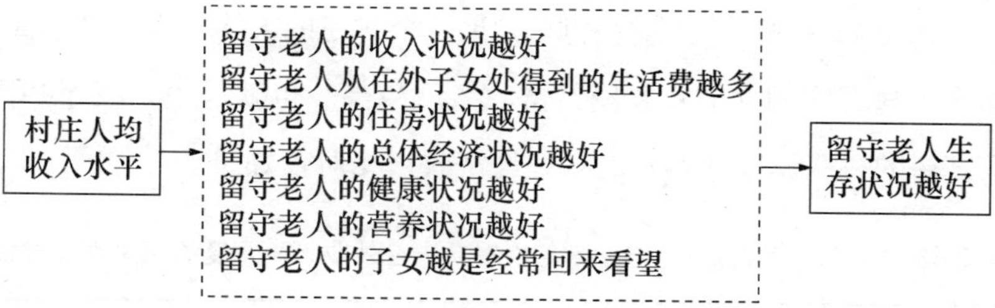

图6.3 村庄人均收入水平对留守老人生存状况影响图

3. 对留守妇女的影响

表6.44 村庄人均收入水平与留守妇女身体状况的相关性分析表

		留守妇女的身体状况
村庄人均收入水平	Pearson 相关性	.064**
	显著性（双侧）	.002
	N	2 413

注：两个星号（**）表明这一相关关系在 0.01 水平（双侧）上显著。

表 6.44 的相关性检验表明，如果一个村庄的人均收入水平越高，那么该村留守妇女的身体状况就越好。也就是说，在那些比较富裕的村庄，留守妇女的身体相对比较健康。富裕的人群通常饮食更为健康，平时会花更多的钱照顾、保养自己的身体，即使得病了，也有经济条件得到医治，因此身体就较为健康。

表6.45 村庄人均收入水平与留守妇女2010年家庭经济收入的相关性分析表

		留守妇女 2010 年的家庭经济收入状况
村庄人均收入水平	Pearson 相关性	.198**
	显著性（双侧）	.000
	N	2 399

注：两个星号（**）表明这一相关关系在 0.01 水平（双侧）上显著。

表 6.45 的相关性检验表明，如果一个村庄的人均收入水平越高，那么该村留守妇女的年家庭经济收入就越高。也就是说，在那些比较富裕的村庄，留守妇女的家庭经济收入相对较好。

表6.46 村庄人均收入水平与留守妇女对丈夫在外收入满意度的相关性分析表

		留守妇女对丈夫在外收入的满意度
村庄人均收入水平	Pearson 相关性	.101**
	显著性（双侧）	.000
	N	2 403

注：两个星号（**）表明这一相关关系在 0.01 水平（双侧）上显著。

表 6.46 的相关性检验表明，如果一个村庄的人均收入水平越高，那么该村留守妇女对丈夫在外收入的满意度就越高。也就是说，在那些比较富裕的村庄，留守妇女丈夫在外收入的状况相对较好。

表6.47 村庄人均收入水平与留守妇女生产劳动压力状况的相关性分析表

		留守妇女感觉生产劳动压力的状况
村庄人均收入水平	Pearson 相关性	-.190**
	显著性（双侧）	.000
	N	2 371

注：两个星号（**）表明这一相关关系在 0.01 水平（双侧）上显著。

表 6.47 的相关性检验表明，如果一个村庄的人均收入水平越高，那么该村留守妇女所承受的劳动压力就会越低。换句话说，在那些比较贫穷的村庄，留守妇女在丈夫外出期间承受了更大的生产劳动压力。人均收入越高，就可以有余钱在农忙时节请人帮忙，而且也有能力购置更好的生产工具，因此这部分留守妇女的生产劳动压力较小。

表 6.48 的相关性检验表明，如果一个村庄的人均收入水平越高，那么该村留守妇女在农业生产上遇到的困难就越少。换句

话说，在那些比较贫穷的村庄，留守妇女在农业生产上遇到了更多的困难。通常经济收入越高的地区，农业机械化的程度就越高，交通运输、农田水利事业就更发达，因此留守妇女在农业生产上遇到的困难就相对小一些。

表6.48　村庄人均收入水平与留守妇女生产劳动困难程度的相关性分析表

		留守妇女生产劳动遇到困难的程度
村庄人均收入水平	Pearson 相关性	-.203**
	显著性（双侧）	.000
	N	2 310

注：两个星号（**）表明这一相关关系在 0.01 水平（双侧）上显著。

表6.49　村庄人均收入水平与留守妇女向村委会表达意见状况的相关性分析表

		留守妇女向村委会表达意见的状况
村庄人均收入水平	Pearson 相关性	.083**
	显著性（双侧）	.000
	N	2 407

注：两个星号（**）表明这一相关关系在 0.01 水平（双侧）上显著。

表 6.49 的相关性检验表明，如果一个村庄的人均收入水平越高，那么该村留守妇女向村委会反映意见就越是主动。换句话说，在那些比较贫穷的村庄，留守妇女更少愿意向村委会反映意见。一般而言，经济水平与民主呈正相关关系。经济贫困的妇女大部分时间与精力都花费在谋生上，很少有时间与精力去关心村庄的公共事务。

四、结论

总体说来，通过对 651 个调查村庄进行相关性分析我们发现，村庄与县城的距离、村庄的人口规模和村庄的人均收入水平均对留守群体产生影响，而且基本上都呈现出明显的共性特征，即离县城越近的村庄、人口规模越大的村庄、人均收入越高的村庄，其对留守群体的各种促进作用或者保障作用越大，反之越小。大致说来，一个村庄距离县城越远，它的经济发展水平可能越低，与县城的交往越不便利，该村庄留守群体的收入水平、住房状况、健康状况、基础公共措施与公共服务的获得以及对生活满意程度、与家人的相处、社会交往活动等状况相对就越差；一个村庄距离县城越近，它的经济发展水平可能就较高，与县城的交往就相对便捷，该村庄留守群体的收入水平、住房状况、健康状况、基础公共措施与公共服务的获得以及对生活满意程度、与家人的相处、社会交往活动等状况相对就越好。

因此，国家和中央政府在今后制定改进留守群体的相关政策和法规时，应该把村庄与县城的距离、村庄的人口规模和村庄的人均收入水平等重要因素考虑进去；在一定程度上政策扶持应该向离县城偏远的村庄、人口规模较小的村庄、人均收入较低的村庄倾斜，强化相关政策的针对性和实效性。地方政府在执行留守群体的相关政策和制定相关配套措施时，在财力扶持、公共设施建设投入、基层医疗卫生建设等方面重点应转向离县城偏远的村庄、人口规模较小的村庄、人均收入较低的村庄，以有效提升留守群体的经济状况、收入水平、健康状况和交通条件，拓宽这些村庄留守群体的社会交往面，使之逐步成为宜居村庄、和谐村庄和幸福村庄。

第七章　县域经济发展对农村留守群体生存状况影响研究

既有的研究已证明，一个地区的经济发展水平与当地居民的生存状况和生活质量具有相关性。鉴于我国目前对县域经济状况与留守群体的生存状况之间研究匮乏，本章将在此次调查的基础上，结合调查对象——16个省份的66个县，在县级行政区的层面，对县域经济状况与当地留守群体的生存状况进行相关性分析，以期发现县域经济状况与留守人员生存状况的关系。尽管这一分析采用的是留守群体相对集中的县域，未能涵盖留守群体相对少的县域，但相对庞大的数据规模仍能提供一些启示。

一、县域经济发展情况与留守群体生存状况研究的现状

县域经济发展状况与留守群体生存状况之间的关系，在学理上应当存在某种对应关系，但这种关系究竟在何种程度上存在却鲜有研究。从既有的研究看，对经济与留守现象的研究主要从三个方面展开。

第一，从人口变动的角度分析城市化与人口流动对城乡规划、城市管理的影响。这一方面的研究很多，如冯建、周一星对城市规划与人口空间分布的研究关系[①]，吴晓对城市中农村社区问题的研

① 冯建、周一星：《杭州市人口空间变动与郊区化研究》，《城市规划》2002年第1期；冯建、周一星、程茂吉：《南京市流动人口研究》，《城市规划》2001年第1期。

究[①]，姜作培对农民市民化的研究[②]等。这类研究的重点是城市，其关心的主要是人口，尤其是农村人口进城之后对城市规划与管理带来的挑战，对留守在农村的人口基本上没有涉及。但是，这却从另一个方面提示了留守现象的发生与人口流出相关，而人口流出的主要目的地是城市，留守现象主要集中在农村，这已被段成荣、周福林对留守儿童的研究验证[③]。此类研究主要集中在2000—2005年。

第二，利用人口统计资料、既有研究或通过调查，研究留守群体的状况。这一方面的研究重点是留守群体的分布状况，比较典型的集中在留守儿童的研究上，如段成荣、周福林利用第五次人口普查资料、全国计划生育数据资料，结合专项调查研究留守儿童的状况，但他们的研究没有涉及县域经济，在地域分布上只停留在省级行政区层面。[④]全国妇联儿童工作部自2006年以来开展的全国留守儿童状况研究，采取了基本相同的结构，在地域分布上也只到省级行政区，且没有对区域经济与留守儿童之间的关系进行分析。[⑤]叶敬忠、潘璐、詹姆斯·莫瑞、王伊欢、张克云、陆继霞等人采用社会学调研方法对中国中西部留守儿童进行了社会学分析，也

① 吴晓：《城市中的“农村社区”——流动人口聚居区的现状与整合研究》，《城市规划》2001年第12期。

② 姜作培：《农民市民化必须突破五大障碍》，《城市规划》2003年第12期。

③ 段成荣、周福林：《我国留守儿童状况研究》，《人口研究》2005年第1期。

④ 同上。此外，段成荣、周福林还分别独立撰写或与他人合写了相关论文，基本都采取此种分析模式。

⑤ 参见全国妇联儿童工作部编：《农村留守流动儿童状况调查报告》，社会科学文献出版社2011年版。

未涉及县域经济状况与留守儿童之间的关系。[①]

第三，从学理上分析留守现象及其对策。这方面的研究非常多，且多集中在养老问题上。影响比较大的是徐勇对农村青壮劳动力外出之后乡村空心化带来的村庄治理困境研究[②]，曾毅对中国人口老龄化特征的研究[③]，穆光宗对家庭空巢化带来的养老问题的研究[④]，蔡昉对人口转变、人口红利与养老问题的研究[⑤]。

需要注意的是段平忠、刘传江在2005年的研究，他们通过建立人口流动与经济增长之间计量模型分析了人口流动对经济增长地区差距的影响，发现“改革开放以来经济增长的地区差距逐渐扩大，人口流动对经济增长差距的收敛作用明显，……人口流动的地区差距与经济增长的地区差距高度相关，无素质差异的流动人口对整体经济增长没有显著的贡献，但流动人口确实对各地区的经济增长具有显著的贡献作用，且这种作用呈递减趋势。……中国经济增长在改革开放的前十年具有明显的条件收敛机制，但在1990年以后，条件收敛不复存在，这一结论对三大地带内部的收敛机制同样

---

① 参见叶敬忠、詹姆斯·莫瑞主编：《关注留守儿童——中国中西部农村地区劳动力外出务工对留守儿童的影响》，社会科学文献出版社2005年版；叶敬忠、杨照：《关爱留守儿童——行动与对策》，社会科学文献出版社2008年版；叶敬忠、潘璐：《别样童年——中国农村留守儿童》，社会科学文献出版社2008年版。

② 徐勇：《挣脱土地束缚之后的乡村困境及应对——农村人口流动与乡村治理的一项相关性分析》，《华中师范大学学报（人文社会科学版）》2000年第2期。

③ 曾毅：《中国人口老龄化的“二高三大”特征及对策探讨》，《人口与经济》2001年第5期。

④ 穆光宗：《家庭空巢化过程中的养老问题》，《南方人口》2002年第1期。

⑤ 蔡昉：《人口转变、人口红利与刘易斯转折点》，《经济研究》2010年第4期。

适用”①。这意味着农村青壮劳动力外出打工在1990年之后已经成为常态，由此带来的留守现象作为经济增长的成本新增经济价值明显递减，很可能已经成为经济增长的社会净成本。减少留守现象，在今天而言就是减少成本，就是降低经济发展的社会代价，实际上就意味着促进社会进步。

二、研究设计

由于经济发展水平决定了一个地区的生活水平的状况，因而留守儿童、留守老人、留守妇女的生存状况与地区经济状况之间具有相关性。然而，由于我国的省级行政区域面积通常较大，省内的经济发展又非常不均衡，停留在省级行政区层面探讨尚不足以说明地方经济状况对留守群体生存状况的影响。因此，我们对留守群体的生活状况与县域人均GDP进行了相关性检验，以探寻县域经济的发展状况对留守群体生活状况产生的影响。

研究的逻辑是，首先，在理论上假设：县级单位的宏观经济发展情况会影响到农村留守群体的生存状况。其次，在具体操作上，选择了具有高度代表性的宏观变量：县级单位的人均GDP，以此代表县域经济的发展状况。县的GDP是一个县内生产总值的简称，本次调研所指县域GDP是指一定时期内一个县的经济中所生产出的全部最终产品和劳务的价值，是衡量一个县经济状况的最佳指标。它不但可反映一个县的经济表现，更可以反映一个县的财力。但是，由于县的人口并不均衡，县域总体GDP无法反映出一个县经济的财富分配情况和人民真实的财富状况，因而我们采用县级人均GDP

① 段平忠、刘传江：《人口流动对地区增长经济差距的影响》，《中国软科学》2005年第12期。

来加以衡量。县级人均 GDP 是将一个县在核算期内（通常是一年）实现的县内生产总值与这个县的常住人口进行计算得出的。人均 GDP 是衡量各国人民生活水平的一个更为客观的标准。最后，通过对县域人均 GDP 与农村留守群体生活状况进行相关性分析，探索县级经济发展状况对农村留守群体生存状况的影响。

三、县域人均GDP对留守儿童的影响

1. 对六岁以下留守儿童的影响

表7.1　县域人均GDP与六岁以下留守儿童与父母见面频率的相关性分析表

		六岁以下留守儿童与父母见面的频率
县域人均 GDP	Pearson 相关性	.200**
	显著性（双侧）	.000
	N	1 274

注：两个星号（**）表明这一相关关系在 0.01 水平（双侧）上显著。

表 7.1 的相关性检验表明，如果一个县级单位的人均 GDP 越低，那么这个县的六岁以下留守儿童与父母见面的频率就会越低。也就是说，在那些经济发展状况比较差的县级单位，六岁以下留守儿童更难与自己的父母见面。小孩与父母见面意味着需要一定的经济成本，不仅包括路费，还包括误工带来的损失。对于县域经济发展较差的地方而言，父母与留守儿童见面的成本相较于收入是一个较大的数额，因而父母往往倾向于选择在春节或者一些重大节日才回家与孩子见面，或者在放假的时候将孩子接到身边照顾。

表7.2 县域人均GDP与六岁以下留守儿童零花钱状况的相关性分析表

		六岁以下留守儿童零花钱的状况
县域人均 GDP	Pearson 相关性	.093**
	显著性（双侧）	.001
	N	1 279

注：两个星号（**）表明这一相关关系在 0.01 水平（双侧）上显著。

表 7.2 的相关性检验表明，如果一个县级单位的人均 GDP 越低，那么这个县的六岁以下留守儿童的父母给孩子的零花钱就越少。对于县级单位人均 GDP 发展较低的地区，由于收入较少，相应的生活支出占整个家庭支出的比率就较高，因而留守儿童的父母必然鲜有能力给孩子零花钱。即使父母总是为孩子着想，希望孩子能够生活得更好一些，但是由于客观的收入条件限制，也只能尽量保证孩子的基本生活，无法保证零花钱。

表7.3 县域人均GDP与六岁以下留守儿童生活费数额的相关性分析表

		六岁以下留守儿童月生活费的数额
县域人均 GDP	Pearson 相关性	.169**
	显著性（双侧）	.000
	N	1 265

注：两个星号（**）表明这一相关关系 在 0.01 水平（双侧）上显著。

表 7.3 的相关性检验表明，如果一个县级单位的人均 GDP 越低，那么这个县的六岁以下留守儿童的父母能够给的月生活费就越少。出现这样的状况，一方面是因为留守儿童的父母所能赚取的收入较少，相应的，留给孩子的月生活费也就较少；另一方面，在县域经济发展较差的地方，相对的生活成本较低，外出打工的年轻父母往往认为不需要给予过高的生活费。

表7.4　县域人均GDP与六岁以下留守儿童吃荤腥频率的相关性分析表

		六岁以下留守儿童吃荤腥的频率
县域人均 GDP	Pearson 相关性	.207**
	显著性（双侧）	.000
	N	1 273

注：两个星号（**）表明这一相关关系在 0.01 水平（双侧）上显著。

表 7.4 的相关性检验表明，如果一个县级单位的人均 GDP 越低，那么这个县的六岁以下留守儿童能够吃到荤腥的频率就较低。孩子吃荤腥的频率与父母所给予的生活费有关，由于父母所给的生活费有限，加上农村地区的肉食供应不如城镇方便，交通、物流等都是随着地区的经济发展而变得便利的，因而经济发展状况较差县的六岁以下留守儿童吃荤腥的频率就相对较低。

表7.5　县域人均GDP与六岁以下留守儿童吃水果频率的相关性分析表

		六岁以下留守儿童吃新鲜水果的频率
县域人均 GDP	Pearson 相关性	.105**
	显著性（双侧）	.000
	N	1 267

注：两个星号（**）表明这一相关关系在 0.01 水平（双侧）上显著。

表 7.5 的相关性检验表明，如果一个县级单位的人均 GDP 越低，那么这个县的六岁以下留守儿童能够吃到新鲜水果的机会就越少。孩子吃到新鲜水果的频率同样与父母所给予的生活费有关，由于父母所给的生活费有限，加上农村地区的新鲜水果供应，包括其他副食品的供应远不如城镇方便，而经济发展落后的地区更不便利，因而那里六岁以下留守儿童吃到新鲜水果的频率相对较低。

2. 对六岁以上留守儿童的影响

表7.6 县域人均GDP与六岁以上留守儿童与父母相聚频率的相关性分析表

		六岁以上留守儿童与父母相聚的频率
县域人均 GDP	Pearson 相关性	.105**
	显著性（双侧）	.000
	N	1 267

注：两个星号（**）表明这一相关关系在 0.01 水平（双侧）上显著。

表 7.6 的相关性检验表明，如果一个县级单位的人均 GDP 越低，那么这个县的六岁以上留守儿童父母回来探望的次数就越少。这是因为，一方面，由于地区经济发展状况较差，父母外出务工往往选择离家更远的东部沿海或经济相对发达地区务工，这样父母回家探望的成本就相对较高，既包括交通成本也包括误工成本；另一方面，父母考虑到六岁以上孩子往往具有了一定的自理能力，不需要特别的照顾，更多的会选择在孩子放假或者自己闲下来的时候相聚。

表7.7 县域人均GDP与六岁以上留守儿童零花钱数额的相关性分析表

		六岁以上留守儿童零花钱的数额
县域人均 GDP	Pearson 相关性	.105**
	显著性（双侧）	.000
	N	1 267

注：两个星号（**）表明这一相关关系在 0.01 水平（双侧）上显著。

表 7.7 的相关性检验表明，如果一个县级单位的人均 GDP 越低，那么这个县的六岁以上留守儿童每个月得到的零花钱就越少。由于当地经济发展较差，父母的经济能力有限，所以能给予孩子的零花钱也就较少。同时，由于地方经济发展较差，作为可有可无的零花

钱在经济相对紧张的时候，是最容易被“精简”的。

表7.8　县域人均GDP与六岁以上留守儿童吃荤腥频率的相关性分析表

		六岁以上留守儿童吃荤腥的频率
县域人均 GDP	Pearson 相关性	.184**
	显著性（双侧）	.000
	N	1 256

注：两个星号（**）表明这一相关关系在 0.01 水平（双侧）上显著。

表 7.8 的相关性检验表明，如果一个县级单位的人均 GDP 越低，那么这个县的六岁以上留守儿童能够吃荤腥的次数就越少。与六岁以下留守儿童一样，六岁以上的留守儿童吃荤腥的频率与父母所给予的生活费有关，由于父母所给的生活费有限，加上农村地区的肉食供应不如城镇方便，因而经济发展状况较差县的六岁以上留守儿童吃荤腥的频率相对较低。

表 7.9 的相关性检验表明，如果一个县级单位的人均 GDP 越低，那么这个县的六岁以上留守儿童能够吃到新鲜水果的机会就越少。尽管新鲜水果是农产品，但作为经济作物的新鲜水果对留守儿童依然是“奢侈品”。留守儿童吃到新鲜水果的频率与农村地区副食品供应市场的发育程度以及父母的收入状况相关，因而经济发展较差县的六岁以上留守儿童吃到新鲜水果的频率相对较低。

表7.9　县域人均GDP与六岁以上留守儿童吃水果频率的相关性分析表

		六岁以上留守儿童吃新鲜水果的频率
县域人均 GDP	Pearson 相关性	.098**
	显著性（双侧）	.000
	N	1 275

注：两个星号（**）表明这一相关关系在 0.01 水平（双侧）上显著。

表7.10 县域人均GDP与六岁以上留守儿童做家务状况的相关性分析表

		六岁以上留守儿童做家务的状况
县域人均 GDP	Pearson 相关性	-.155**
	显著性（双侧）	.000
	N	1 273

注：两个星号（**）表明这一相关关系在 0.01 水平（双侧）上显著。

表7.10的相关性检验表明，如果一个县级单位的人均GDP越低，那么这个县的六岁以上留守儿童就越需要做家务。父母均外出打工后，六岁以上留守儿童往往需要承担一定的家务劳动。由于地区的经济不发达，人均收入较低，照顾留守儿童的老人或亲戚等人在照顾小孩的同时，还需要积极进行农业生产活动，因而在有些时候没有更多的能力去照顾孩子，六岁以上留守儿童就需要适当地做一些家务劳动，如洗衣、做饭等。这样不仅可以解决自己的日常生活问题，也可以帮助大人分担一些劳动。

表7.11 县域人均GDP与六岁以上留守儿童受关爱感受的相关性分析表

		六岁以上留守儿童受关爱的感受
县域人均 GDP	Pearson 相关性	.092**
	显著性（双侧）	.001
	N	1 270

注：两个星号（**）表明这一相关关系在 0.01 水平（双侧）上显著。

表 7.11 的相关性检验表明，如果一个县级单位的人均 GDP 越低，那么这个县的六岁以上留守儿童就越觉得周边的大人对自己关心不够。六岁以上留守儿童与周边大人的关系不仅与自身有关，也同周围的环境有关。对于六岁以上留守儿童而言，最亲密的必然是父母的关心。但是，由于当地经济发展较差，父母往往选择远离家乡外出务工，带来的是长期与孩子分隔两地，无法很好地直接照顾

孩子。六岁以上留守儿童由于长期缺少父母的关爱，所以在情感上往往更加敏感、脆弱，因而与周边的大人产生隔阂是不可避免的。在这样的情况下，他们总会觉得监护人对于自己的批评等是一种不关心，是一种虐待，产生严重的排斥情绪。长期不和父母交流，六岁以上留守儿童往往就会产生周围的大人对他关心不够的认知态度，有的甚至出现自闭的现象。

四、县域人均GDP对留守老人的影响

留守老人作为一个特殊群体，由于自身身体状况、文化水平、生活经历等的限制，对迅速发展变化的社会缺乏适应能力，整体上已经沦为相对贫困的群体。由于现阶段我国对农村地区老人的社会养老保障覆盖面极小，留守老人的最主要经济来源为自己的劳动收入和子女尤其是外出务工子女的经济供养，留守老人主要依靠家庭养老。在这样的情况下，县域经济状况不仅直接影响着老人的收入途径和收入水平，间接影响着外出务工人员的收入起点和经济状况，而且还影响着老人的思维观念、生活方式等各个方面，因此县域经济与留守老人的生活状况就产生了密切联系。

表7.12　县域人均GDP与留守老人2010年经济收入的相关性分析表

		留守老人 2010 年的经济收入状况
县域人均 GDP	Pearson 相关性	.188**
	显著性（双侧）	.000
	N	2 459

注：两个星号（*）表明这一相关关系在 0.01 水平（双侧）上显著。

表 7.12 的相关性检验表明，如果一个县级单位的人均 GDP

越低，那么这个县留守老人的个人收入就会越低。也就是说，在那些经济发展状况比较差的县级单位，留守老人的收入状况相对较差。人均 GDP 是将县域经济产值分配到居民个人的过程。有研究表明，我国 37 个大城市人均 GDP 的提高与居民人均可支配收入呈正相关关系，人均 GDP 的提高在一定程度上会促进居民收入的提高。本次调研也显示，县级单位人均 GDP 与留守老人收入状况关系存在趋同性。县级经济发展状况良好，通常意味着留守老人在从事农业之外有更多机会通过从事其他副业获得经济收入，进而改善自身生活状况。而在县级经济比较落后的地区，通常意味着留守老人大多数只能依靠农业收入作为经济收入，而其他的经济来源较少。

表 7.13 的相关性检验表明，县域人均 GDP 与外出务工子女给留守老人的生活费有显著相关性。如果一个县级单位的人均 GDP 越低，那么这个县的留守老人从在外子女处得到的生活费就会越少。也就是说，在那些经济发展状况比较差的县，留守老人从在外子女处得到的生活费相对较少；反之则相对较多。导致这种现象的原因可能是：一方面留守老人子女外出务工的时候，定然会选择比自己所处县经济状况更好的地方，从而获得更高经济收入，也就能够给予老人更多经济支持。另一方面，经济发展水平较高的县，其消费水平也相对较高，老人的基本生活费用也就越高，因此客观上也需要更多的经济扶助。

表7.13 县域人均GDP与留守老人子女2010年给予的生活费数额的相关性分析表

		留守老人子女 2010 年给予的生活费（不含医疗费）数额
县域人均 GDP	Pearson 相关性	.184**
	显著性（双侧）	.000
	N	2 448

注：两个星号（**）表明这一相关关系在 0.01 水平（双侧）上显著。

表7.14　县域人均GDP与留守老人对住房状况满意度的相关性分析表

		留守老人对住房状况的满意度
县域人均 GDP	Pearson 相关性	.041*
	显著性（双侧）	.039
	N	2 487

注：一个星号（*）表明这一相关关系在 0.05 水平（双侧）上显著。

表 7.14 的相关性检验表明，如果一个县的人均 GDP 越低，那么这个县的留守老人对现在的住房状况就越不满意。也就是说，在那些经济发展状况比较差的县，留守老人的住房状况也相应较差。一般而言，在经济发展滞后的县，留守老人的收入来源有限，自身经济状况比较差，处于比较贫困的境地，因此他们大多没有能力修缮房屋，子女也没有能力帮助父母改善居住环境。

表 7.15 的相关性检验表明，如果一个县级单位的人均 GDP 越低，那么这个县的留守老人对自身经济状况的评价就会越低。也就是说，在那些经济发展状况比较差的县，留守老人的总体经济状况较差。综合表 7.12 和表 7.13 的分析可知，人均 GDP 越低的地区，留守老人的收入水平和子女给予的经济扶助就越低，那么留守老人对自己经济状况的总体评价越差也就在情理之中了。

表7.15　县域人均GDP与留守老人对自己经济状况总体评价的相关性分析表

		留守老人对自己经济状况的总体评价
县域人均 GDP	Pearson 相关性	.137**
	显著性（双侧）	.000
	N	2 484

注：两个星号（**）表明这一相关关系在 0.01 水平（双侧）上显著。

表7.16 县域人均GDP与留守老人对自身健康状况评价的相关性分析表

		留守老人对自身健康状况的评价
县域人均 GDP	Pearson 相关性	.047*
	显著性（双侧）	.019
	N	2 489

注：一个星号（*）表明这一相关关系在 0.05 水平（双侧）上显著。

表7.16的相关性检验表明，如果一个县级单位的人均GDP越低，那么这个县的留守老人对自身健康状况的评价就会越低。也就是说，在那些经济发展状况比较差的县，留守老人的健康状况也相对较差。因为一方面，在经济状况较差的县，留守老人需要更多地参与农业生产，积劳成疾，容易造成对身体的伤害；另一方面，较低的收入主要用于维持日常的基本生活，经济窘困使得留守老人生病之后得不到及时有效的治疗，健康状况便更加恶化。

表 7.17 的相关性检验表明，如果一个县级单位的人均 GDP 越低，那么这个县的留守老人对自身营养状况的评价就会越低。也就是说，在那些经济发展状况比较差的县，留守老人的营养状况相对更差。在经济发展状况较差的县，留守老人需要更多参与农业生产，在劳动中会耗费大量的能量，而又不能通过日常饮食及时补充，长期积累非常容易营养不良。再者，由于科学认知的缺乏、经济条件的限制、勤俭持家观念的约束等，留守老人大都缺乏科学正确的饮食营养观念，诸如“吃什么都一样”、“人老了要省一点”等观念相当普遍，日常生活大都粗茶淡饭，有的即使知道自己营养状况很差也无能力补充营养，还有的甚至为了给子女省钱，将营养品放过期也不吃，致使自身营养状况得不到改善。

表7.17　县域人均GDP与留守老人对营养状况评价的相关性分析表

		留守老人对营养状况的评价
县域人均 GDP	Pearson 相关性	.041*
	显著性（双侧）	.040
	N	2 488

注：一个星号（*）表明这一相关关系在 0.05 水平（双侧）上显著。

表7.18　县域人均GDP与留守老人亲情联络的相关性分析表

		留守老人与在外子女联系（包括捎口信、信件、电话等）的频率
县域人均 GDP	Pearson 相关性	.076**
	显著性（双侧）	.000
	N	2 427

注：两个星号（**）表明这一相关关系在 0.01 水平（双侧）上显著。

表7.18的相关性检验表明，如果一个县级单位的人均GDP越低，那么这个县的留守老人与外出子女的联系就越少。也就是说，在那些经济发展状况比较差的县，留守老人与外出子女的联系相对较少。

在信息技术快速发展的当今，捎口信和信件等沟通由于自身的局限性，已逐渐被便捷的电话所取代。调查数据表明，80%以上的留守老人依靠电话与子女进行日常交流。在经济状况比较差的县，家庭电话普及率不高，留守老人与子女联系通常需要借用他人电话，不甚方便，这就大大影响了他们与子女之间的联系。而且，借用电话时一般通话时间较短，私密性较差，因而很难进行涉及老人内心世界和情感需求的深度沟通。与此同时，在经济状况较差的县，留守老人的受教育水平相对更低，接触外界相对更少，很多留守老人甚至不会使用电话，即使会使用也不经常主动与子女进行联系，从而他们与外出务工子女的联系表现出单向性的特征。而子女在外务工，工作较忙碌就容易忽略父母，这就使得双方的沟通和联系更为有限。

五、县域人均GDP对留守妇女的影响

表7.19的相关性检验表明，如果一个县级单位的人均GDP越低，那么这个县的留守妇女的家庭收入就会越低。也就是说，在那些经济发展状况比较差的县，留守妇女的家庭收入状况也相对较差。

表7.19 县域人均GDP与留守妇女2010年家庭收入状况的相关性分析表

		留守妇女 2010 年的家庭经济收入状况
县域人均 GDP	Pearson 相关性	.252**
	显著性（双侧）	.000
	N	2 399

注：两个星号（**）表明这一相关关系在 0.01 水平（双侧）上显著。

表7.20 县域人均GDP与留守妇女生产劳动压力感受的相关性分析表

		留守妇女对生产劳动压力的感受
县域人均 GDP	Pearson 相关性	−.167**
	显著性（双侧）	.000
	N	2 371

注：两个星号（**）表明这一相关关系在 0.01 水平（双侧）上显著。

表 7.20 的相关性检验表明，如果一个县级单位的人均 GDP 越低，那么这个县的留守妇女所承受的劳动压力就会越大。也就是说，在那些经济发展状况比较差的县，留守妇女在丈夫外出期间承受了更大的生产劳动压力。县的经济发展状况越差，该县在农田水利设施、公路交通设施等基础设施方面的投入就越少，农业机械化程度也较低，农业生产仍然是传统、粗放的体力劳动，这必然会增加留

守妇女的生产劳动压力。

表7.21 县域人均GDP与留守妇女农业生产困难程度的相关性分析表

		留守妇女在农业生产上遇到困难的程度
县域人均 GDP	Pearson 相关性	-.172**
	显著性（双侧）	.000
	N	2 310

注：两个星号（**）表明这一相关关系在 0.01 水平（双侧）上显著。

表7.21的相关性检验表明，如果一个县级单位的人均GDP越低，那么这个县的留守妇女就越有可能在农业生产上遇到困难。也就是说，在那些经济发展状况比较差的县，留守妇女在丈夫外出期间在农业生产上遇到困难的可能性会更大。农业生产上的困难通常包括生产资料购买、运输、销售等，经济发展状况越差的县，其基础设施如交通运输设施、水利设施、农产品存储、运输设施等一般更为落后，因此留守妇女就越有可能在农业生产上遇到困难。

表7.22 县域人均GDP与留守妇女与政府联系频率的相关性分析表

		留守妇女与在外丈夫联系的频率
县域人均 GDP	Pearson 相关性	.114**
	显著性（双侧）	.000
	N	2 389

注：两个星号（**）表明这一相关关系在 0.01 水平（双侧）上显著。

表 7.22 的相关性检验表明，如果一个县级单位的人均 GDP 越低，那么这个县的留守妇女与外出丈夫的联系就越少。也就是说，在那些经济发展状况比较差的县，留守妇女与外出丈夫的联系较为缺乏。从调查的情况看，夫妻之间的联系方式既包括留守妇女与其丈夫互打电话、互发短信等，也包括丈夫回家或留守妇女到

丈夫所在城市探望，不管何种联系方式都需要经济条件的支撑。在经济落后地区，网络、通信、交通等基础设施建设较差，留守妇女与在外丈夫沟通联系不仅不方便，而且成本较高，经济上难以承受。

表7.23 县域人均GDP与留守妇女孤独感的相关性分析表

		留守妇女感到孤独寂寞的程度
县域人均 GDP	Pearson 相关性	.065**
	显著性（双侧）	.001
	N	2 400

注：两个星号（**）表明这一相关关系在 0.01 水平（双侧）上显著。

表7.23的相关性检验表明，如果一个县级单位的人均GDP越低，那么这个县留守妇女的孤单寂寞感就会越强烈。也就是说，在那些经济发展状况比较差的县，留守妇女在丈夫外出期间往往会觉得自己比较孤单寂寞。其中的原因在于，经济发展较差的县在公共文化服务设施上投入就相对较少，留守妇女所能得到的公共文化服务就较少。另外，从个体的角度看，一个人经济收入越高，对文化娱乐的投入会越高，与人交往的选择余地就越大，休闲消遣的选择越多，就越不会觉得自己比较孤单寂寞。

六、结论

综上所述，县域经济发展状况对留守人员的生存状况具有多方面的影响，从经济供给到情感慰藉，从吃穿住用到亲情联络。这也印证了我们最初的理论假设：县域经济的发展状况会影响到农村留守群体的生存状况。从以上的数据分析可以看到，县域经济相对较好的地方，留守群体的生存状况相对好一些；而县域经济相对较差的地方，留守群体的生存状况相对更加艰辛。从县域经济与留守群体生存状况之间所具有的这种正相关关系看，发展县域经济不失为改善留守群体生存状况的一种必要而有效的措施。

第八章　年龄对留守儿童和留守妇女生存状况影响研究

年龄对留守儿童和留守妇女生存状况影响的研究缘起于这样一个理论上的假设：不同的年龄对应着生命周期的不同阶段，年龄与人的生长发育具有一定的相关性。本章将通过调查数据对调查对象的年龄分布与他们的生存状况做相关性分析，以探究年龄与留守儿童和留守妇女生存状况之间的关系，解读年龄结构对留守儿童和留守妇女生存状况的影响。

生命周期是指一个生物体从出生、成长、成熟、衰退到死亡的全部过程。家庭生命周期理论把家庭视为一个个体，经历着从出生、成长、衰退到死亡的一系列过程，因此，可以按照初婚、子女抚育时间、子女数等，把家庭发展划分为象征性的阶段。[①]由于家庭生命周期关注家庭中不同发展阶段的任务与变化，比单纯的年龄更能解释问题，因此，有相当多的研究者通过家庭的生命周期分析妇女的就业、家庭成员间的关系、消费品的需求、人们的心理状态变化等。国内关于生命周期、家庭生命周期与妇女的相关性研究可以分为以下几类：第一,生命周期与妇女职业认同的关系。例如,佟新、濮亚新指出，城市妇女的职业认同深受妇女的生命周期的影响，尤

① D. H. Olson & J. DeFrain （2000）. *Marriage and the Family*: *Diversity and Strengths* （*3rd Ed.*）, Mountain view, CA: Mayfield Publishing Company, p.96.

其是妇女的婚姻和生育作为生命周期中无法逃避的生活，直接影响妇女的职业发展。[①]姚先国、谭岚的研究则指出，在我国经济转型时期，年龄较大、受教育程度较低的女性的劳动参与率降低，这并非是家庭重新分工的自主选择，而是严峻的就业形势所迫。[②]第二，生命周期与女性人口状态的关系。邱长溶指出，女性的就业和生育行为都与女性的生命周期相关。新一代农村女性的不同人生选择将会影响未来的生育行为，从而对生命周期模式的形成和发展趋势产生影响。[③]苏国强指出，农村妇女的生命周期与家庭紧密联系。[④]第三，生命周期与妇女幸福感的关系。例如，吴惠芳和叶敬忠的研究表明，不同年龄段的留守妇女的生活压力感不同，而36～45岁中年留守妇女的生活压力感最大。[⑤]农村妇女的不同年龄段一般都对应着不同的身体状况，对应着婚姻、抚育儿女、照料老人的不同阶段，对应着相应的生命周期和家庭生命周期，因此，本研究从年龄的角度来分析女性的生存状况具有一定的说服力。在留守儿童的研究中，国内既有的研究鲜有对年龄与留守儿童的生活状况、成长状况的相关性进行分析的。因此，本研究具有一定的探索意义。

研究发现，年龄对于留守儿童和留守妇女的生存状况有着深刻

---

① 佟新、濮亚新：《研究城市妇女职业发展的理论框架》，《妇女研究论丛》2001年第3期。

② 姚先国、谭岚：《家庭收入与中国城镇已婚妇女劳动参与决策分析》，《经济研究》2005年第7期。

③ 邱长溶：《女性就业与生育行为动态仿真模型及应用》，《系统工程理论与实践》1998年第12期。

④ 苏国强：《生命周期理论与中国农村妇女的生命文化周期探构》，《社会工作》2010年第4期。

⑤ 吴惠芳、叶敬忠：《丈夫外出务工对农村留守妇女的心理影响分析》，《浙江大学学报（人文社会科学版）》2010年第3期。

的影响。儿童的不同年龄对应着不同的生长发育阶段，不同生长发育阶段的生理、心理的成熟度不同。随着年龄的增长，儿童的生活自理能力增强，认知能力提高，有更多的机会与人交往，接受更多的教育，对于同样的事件会有不同的反应。因此，六岁以下儿童的年龄与日常生活状况、心理状况具有显著的相关性，而六岁以上的儿童的年龄则与学习适应、人际交往、情绪控制等方面显著相关。而妇女的不同年龄对应着不同的身体状况，对应着婚姻、养儿育女、照料老人的不同阶段，因此，年龄对于留守妇女的影响并非体现在日常生活质量上，而是体现在生产生活压力、安全感、婚姻幸福感上，即年龄与留守妇女的心理状况与精神负担有显著的相关性。

一、年龄对六岁以下留守儿童生存状况的影响

六岁以下留守儿童作为一个特殊的群体，其自身生理条件的限制决定了年龄对他们有着极为重要的影响。整体而言，伴随着年龄的增长，他们的很多问题都可以得到解决。年龄不仅影响这六岁以下留守儿童的生存状况，也影响着他们的心理等各方面状况。

表8.1 年龄与六岁以下留守儿童和监护人关系的相关性分析表

		六岁以下留守儿童与监护人的关系：
年龄	Pearson 相关性	.098**
	显著性（双侧）	.000
	N	1 289

注：两个星号（**）表明这一相关关系在 0.01 水平（双侧）上显著。

表 8.1 的相关性检验表明，六岁以下留守儿童的年龄越大，监护人越可能为直系和旁系血亲以外的其他人；六岁以下留守儿童的年龄越小，监护人越可能为其母亲。因此，年龄越大，六岁以下留

守儿童与监护人的关系越疏远；年龄越小，六岁以下留守儿童与监护人的关系越亲密。对于六岁以下的小孩，由于其年龄较小，通常情况下母亲会留在家中照看。

表8.2　年龄与六岁以下留守儿童同监护人产生矛盾状况的相关性分析表

		六岁以下留守儿童同监护人产生矛盾的状况
年龄	Pearson 相关性	-.101**
	显著性（双侧）	.000
	N	1 289

注：两个星号（**）表明这一相关关系 0.01 水平（双侧）上显著。

表 8.2 的相关性检验表明，六岁以下留守儿童的年龄越小，监护人越不可能因留守儿童而产生家庭矛盾；六岁以下留守儿童的年龄越大，监护人越容易因留守儿童而产生家庭矛盾。伴随着孩子年龄的增长，教育的难度越来越大，因此监护人越容易因教育等问题而发生争执。

表8.3　年龄与六岁以下留守儿童思念父母程度的相关性分析表

		六岁以下留守儿童想念方面的程度
年龄	Pearson 相关性	-.139**
	显著性（双侧）	.000
	N	1 212

注：两个星号（**）表明这一相关关系在 0.01 水平（双侧）上显著。

表 8.3 的相关性检验表明，年龄越大，六岁以下留守儿童越可能想念自己的父母；年龄越小，六岁以下留守儿童越不想念父母。这是因为伴随着年龄的增长，六岁以下留守儿童会越来越懂事，情感会越来越丰富，因而会越来越想念在外的父母，不仅仅是在生日或者生病的时候想念，而且平时也会思念，关心外出务工的父母的

身体健康等。

表 8.4 的相关性检验表明，六岁以下留守儿童的年龄越小，其父母与监护人联系的频率就越高；六岁以下留守儿童的年龄越大，其父母与监护人联系的频率就越低。孩子的年龄小，相对就体质较弱，心理不成熟，外出务工的父母就更不放心孩子，因而会经常同监护人联系，以了解孩子的日常生活状况。

表8.4 年龄与六岁以下留守儿童父母同监护人联系频率的相关性分析表

		六岁以下留守儿童父母同监护人联系的频率
年龄	Pearson 相关性	.104**
	显著性（双侧）	.000
	N	1 287

注：两个星号（**）表明这一相关关系在 0.01 水平（双侧）上显著。

表8.5 年龄与六岁以下留守儿童监护难度的相关性分析表

		监护六岁以下留守儿童的难度
年龄	Pearson 相关性	.060*
	显著性（双侧）	.032
	N	1 288

注：一个星号（*）表明这一相关关系在 0.05 水平（双侧）上显著。

表 8.5 的相关性检验表明，六岁以下留守儿童的年龄越小，监护人感觉越轻松；六岁以上留守儿童的年龄越大，监护人越感觉心力不足。年龄小的留守儿童，需要关心的更多的仅是生活方面，给其吃饱穿暖就基本解决问题了。而伴随着年龄的增长，除了生活方面，还有学习辅导、心理疏导等多方面的问题需要监护人去关注和解决，因而监护人往往会出现力不从心的感觉。

表8.6 年龄与六岁以下留守儿童生活费数目的相关性分析表

		六岁以下留守儿童生活费的数额
年龄	Pearson 相关性	-.095**
	显著性（双侧）	.001
	N	1 272

注：两个星号（**）表明这一相关关系在 0.01 水平（双侧）上显著。

表 8.6 的相关性检验表明，六岁以下留守儿童的年龄越小，其每月生活费就越多；六岁以下留守儿童的年龄越大，其每月生活费就越少。对于六岁以下留守儿童来说，年龄越小，奶粉等相较于米饭等主食的花费就越多，因此生活上的开支就越大。同时，儿童的年龄越小，生长的速度相对就越快，衣服的开支也相对越多。加之父母相对更注重年幼孩子的成长，往往给予更多的关照，因而伴随着年龄的增长，生活费逐渐减少。

表8.7 年龄与监护人监护孩子数量的相关性分析表

		监护人监护六岁以下留守儿童的数量
年龄	Pearson 相关性	.114**
	显著性（双侧）	.000
	N	1 261

注：两个星号（**）表明这一相关关系在 0.01 水平（双侧）上显著。

表 8.7 的相关性检验表明，六岁以下留守儿童的年龄越小，监护人所带儿童就越少；六岁以下留守儿童的年龄越大，监护人所带儿童就越多。年龄越小的儿童，由于自身的条件限制，需要监护人照看得更为周到，监护人往往无暇照顾更多的小孩。伴随着年龄的增长，儿童具有了一定的自理能力，监护人照顾一个小孩也较为轻松，往往可以照顾更多的儿童。

表8.8 年龄与监护人教育孩子方式的相关性分析表

		六岁以下留守儿童监护人教育孩子的方式
年龄	Pearson 相关性	.096**
	显著性（双侧）	.001
	N	1 237

注：两个星号（**）表明这一相关关系在 0.01 水平（双侧）上显著。

表 8.8 的相关性检验表明，六岁以下留守儿童的年龄越小，在小孩闹、做错事时监护人越倾向于通过教育来纠正错误；六岁以下留守儿童的年龄越大，监护人想教育但越感觉无能为力。

表 8.9 的相关性检验表明，六岁以下留守儿童的年龄越小，越不和其他儿童玩耍；六岁以下留守儿童的年龄越大，其玩伴就越多。

表8.9 年龄与六岁以下留守儿童伙伴数量的相关性分析表

		六岁以下留守儿童伙伴的数量
年龄	Pearson 相关性	-.276**
	显著性（双侧）	.000
	N	1 262

注：两个星号（**）表明这一相关关系在 0.01 水平（双侧）上显著。

表8.10 年龄与六岁以下留守儿童吃荤腥频率的相关性分析表

		六岁以下留守儿童吃荤腥的频率
年龄	Pearson 相关性	-.322**
	显著性（双侧）	.000
	N	1 280

注：两个星号（**）表明这一相关关系在 0.01 水平（双侧）上显著。

表 8.10 的相关性检验表明，六岁以下留守儿童的年龄越小，监护人越倾向于认为孩子因年龄小而不能吃荤；六岁以下留守儿童的年龄越大，监护人越会因长身体的需要而尽量保证他们的营养供应，

肉食作为一种必需品，会经常提供。

二、年龄对六岁以上留守儿童生存状况的影响

六岁以上留守儿童的心理生理等各方面逐渐成熟，不同的年龄段有着不同的心理认知和行为方式。从不同年龄的孩子的行事态度和行为方式，可以检验出他们的生活现状。

表8.11　年龄与六岁以上留守儿童和监护人关系的相关性分析表

		六岁以上留守儿童与监护人的关系
年龄	Pearson 相关性	.137**
	显著性（双侧）	.000
	N	1 262

注：两个星号（**）表明这一相关关系在 0.01 水平（双侧）上显著。

表 8.11 的相关性检验表明，六岁以上留守儿童的年龄越小，监护人越可能为（外）祖父母；六岁以上留守儿童的年龄越大，自己单独居住的比例越高。因此，六岁以上留守儿童的年龄越小对成人的依赖就越大，年龄越大独立性就越强。

表8.12　年龄与六岁以上留守儿童和监护人发生矛盾概率的相关性分析表

		六岁以上留守儿童与监护人发生矛盾的概率
年龄	Pearson 相关性	-.056*
	显著性（双侧）	.044
	N	1 295

注：两个星号（**）表明这一相关关系在 0.01 水平（双侧）上显著。

表 8.12 的相关性检验表明，六岁以上留守儿童的年龄越小，同监护人发生矛盾的概率就越低；而六岁以上留守儿童的年龄越大，则越会经常同监护人发生冲突、产生矛盾。伴随着年龄的增长，青

春期的六岁以上留守儿童会出现逆反心理，出现与监护人之间的矛盾和冲突。这是一种正常的现象，只要监护人加以正确的引导，矛盾可以很好地加以化解。

表 8.13 的相关性检验表明，六岁以上留守儿童的年龄越小，越不明白父母外出打工的原因；六岁以上留守儿童的年龄越大，越明白父母外出打工的原因。这是由于随着年龄的增长，儿童的理解和认知能力得到了发展，因而可以很好地理解父母外出打工的原因。加上其他人的告知，他们也会逐渐明了父母外出打工的原因，并逐渐将此内化为自己的想法。

表8.13 年龄与六岁以上留守儿童对父母外出打工原因认知度的相关性分析表

		六岁以上留守儿童对父母外出打工原因的认知度
年龄	Pearson 相关性	.278**
	显著性（双侧）	.000
	N	1 307

注：两个星号（**）表明这一相关关系在 0.01 水平（双侧）上显著。

表8.14 年龄与六岁以上留守儿童零花钱数额的相关性分析表

		六岁以上留守儿童零花钱的数额
年龄	Pearson 相关性	.195**
	显著性（双侧）	.000
	N	1 308

注：两个星号（**）表明这一相关关系在 0.01 水平（双侧）上显著。

表 8.14 的相关性检验表明，伴随着年龄的增长，六岁以上留守儿童开始拥有零花钱。一方面因为伴随着年龄的增长，六岁以上留守儿童的需求是在不断增加的，平时需要购买的一些小件物品，如文具等；另一方面，伴随着孩子年龄的增长，监护人对于儿童的消费能力逐渐信任，知道儿童有自我理财和进行消费的能力，因而逐

步放心地给予零花钱。

表8.15 年龄与六岁以上留守儿童对父母外出担心程度的相关系分析表

		六岁以上留守儿童对父母在外打工担心的程度
年龄	Pearson 相关性	.170**
	显著性（双侧）	.000
	N	1 305

注：两个星号（**）表明这一相关关系在 0.01 水平（双侧）上显著。

表 8.15 的相关性检验表明，六岁以上留守儿童的年龄越大，对外出打工的父母越担心。由表 8.13 相关性分析可以得知，随着年龄的增长，六岁以上儿童越来越能理解父母外出打工的原因。理解父母外出打工的原因，直接体现了对父母的关心。因而六岁以上留守儿童对外出打工父母的担心会随着年龄的增长而加重。

表8.16 年龄与六岁以上留守儿童学习困难状况的相关性分析表

		六岁以上留守儿童学习困难的状况
年龄	Pearson 相关性	.086**
	显著性（双侧）	.002
	N	1 305

注：两个星号（**）表明这一相关关系在 0.01 水平（双侧）上显著。

表 8.16 的相关性检验表明，六岁以上留守儿童年龄越小，学习上的困难越多；年龄越大，学习压力越小。需要特别说明的是，这其中一部分原因是有部分六岁以上留守儿童已经中断学业了，其中主要是接受完九年义务教育的“大龄”留守儿童，对他们而言也就不存在学习困难的问题了。

表8.17 年龄与六岁以上留守儿童玩伴数量的相关性分析表

		六岁以上留守儿童玩伴的数量
年龄	Pearson 相关性	.068*
	显著性（双侧）	.013
	N	1 309

注：一个星号（*）表明这一相关关系在 0.05 水平（双侧）上显著。

表 8.17 的相关性检验表明，六岁以上儿童随着年龄的增长，玩伴越来越多。由于六岁以后，逐步开始入学接受教育，在学校可以接触到更多的同龄玩伴，因而可以有更多的玩伴。

表 8.18 年龄与六岁以上留守儿童承担家务状况的相关性分析表

		六岁以上留守儿童承担家务的状况
年龄	Pearson 相关性	.254**
	显著性（双侧）	.000
	N	1 306

注：两个星号（**）表明这一相关关系在 0.01 水平（双侧）上显著。

表 8.18 的相关性检验表明，六岁以上留守儿童的年龄越小，越不会做家务；六岁以上留守儿童的年龄越大，则越要经常做家务。由于父母均外出打工，因此六岁以上留守儿童往往需要承担一些家务活动。随着儿童年龄的增长，自理能力也逐渐增强，可以独自承担一些家务劳动。加上许多监护人在照顾他们的同时，还需要积极进行农业生产活动，因而有些时候会顾不过来，六岁以上留守儿童适当地做一些家务劳动不仅可以解决自己的日常生活问题，也可以帮助大人分担一些劳动。

三、年龄对留守妇女生存状况的影响

表8.19　年龄与留守妇女身体状况的相关性分析表

		留守妇女的身体状况
年龄	Pearson 相关性	.290**
	显著性（双侧）	.000
	N	2 413

注：两个星号（**）表明这一相关关系 0.01 水平（双侧）上显著。

表 8.19 的相关性检验表明，留守妇女的年龄越大，其身体健康状况就越差。长期超负荷的生产劳动、家务劳动对留守妇女的身体健康状况影响很大，因而年龄越大，身体健康状况就越差。再加上农村公共医疗卫生条件较差，留守妇女普遍缺乏基本的卫生和健康知识，留守妇女的整体健康状况不容乐观，这是一个不容置疑的事实。

表8.20　年龄与留守妇女和公婆关系的相关性分析表

		留守妇女与公婆的关系
年龄	Pearson 相关性	.221**
	显著性（双侧）	.000
	N	2 269

注：两个星号（**）表明这一相关关系在 0.01 水平（双侧）上显著

表 8.20 的相关性检验表明，留守妇女的年龄越大，与公婆的关系就越不融洽。其中的原因可能在于，年龄较轻的留守妇女一般与公婆相处时间不长，而且需要公婆帮助照看年幼的孩子，因此关系就较为融洽。而年龄大的留守妇女与公婆相处的时间较长，因孩子管教、家庭琐事、经济纠纷而积累的矛盾相对会多一些，因此她们与公婆的关系相对较不融洽。

表8.22 年龄与留守妇女婚姻幸福感的相关性分析表

		留守妇女的婚姻幸福感
年龄	Pearson 相关性	.092**
	显著性（双侧）	.000
	N	2 405

注：两个星号（**）表明这一相关关系在 0.01 水平（双侧）上显著。

表 8.22 的相关性检验表明，留守妇女的年龄越大，其婚姻幸福感越低。其中的原因可能在于，丈夫外出务工后，留守妇女要担负照顾孩子、赡养老人、管理农田、处理好邻里关系、保护家庭人身与财产安全等责任，心理压力与精神负担很重，往往会感到无助与彷徨。随着年龄的增长，丈夫在外务工的时间越长，夫妻之间的生活差异越大，近距离交流越少，婚姻满意度也就越低，因此大龄留守妇女的婚姻幸福感相对较弱。

表8.23 年龄与留守妇女生产劳动压力状况的相关性分析表

		留守妇女感觉生产劳动压力的状况
年龄	Pearson 相关性	−.127**
	显著性（双侧）	.000
	N	2 371

注：两个星号（**）表明这一相关关系在 0.01 水平（双侧）上显著。

表 8.23 的相关性检验表明，留守妇女的年龄越大，在丈夫外出期间，生产劳动带给她们的压力就越大。一方面，留守妇女年龄越大，身体健康状况越差，而子女的教育负担却更重，子女教育往往既有经济压力，还有辅导功课等精神压力，如果子女更大一些，还要担负起帮助子女成家立业的重任。另一方面，随着年龄的增长，公婆年事日高，不仅不能帮忙，还需要照料其日常生活起居。“上

有老，下有小”的生活让留守妇女不堪重负。因此，年龄越大的留守妇女，生产劳动压力就越大。

表8.24 年龄与留守妇女安全感的相关性分析表

		留守妇女的安全感
年龄	Pearson 相关性	-.104**
	显著性（双侧）	.000
	N	2 408

注：两个星号（**）表明这一相关关系在 0.01 水平（双侧）上显著。

表 8.24 的相关性检验表明，留守妇女的年龄越轻，在丈夫外出期间就越缺乏安全感。这里的安全不仅包括财产安全，还包括人身安全。一方面，男性青壮年劳动力外出务工后，部分农村地区仅剩下老人、妇女和小孩，有的家庭甚至只有妇女和小孩，而农村社区往往距离派出所等较远，村里又没有专门的安全保障机构，因此留守妇女遭遇不安全事件增多，部分地区还出现了专门针对留守妇女的性骚扰、性侵犯事件。另一方面，留守妇女对于丈夫在城市里的工作安全、人身安全也充满了担忧，对于经济状况有所改善、经济地位有所提高的丈夫的情感是否可能出现变化也充满了担忧。这些因素都增加了留守妇女的不安全感。相对年龄较大的留守妇女，年轻的留守妇女更易受到性骚扰、性侵犯，对情感的需求也更强烈，因此她们的安全感就相对更弱。

表8.25 年龄与留守妇女同丈夫联系频率的相关性分析表

		留守妇女与丈夫联系的频率
年龄	Pearson 相关性	.161**
	显著性（双侧）	.000
	N	2 389

注：两个星号（**）表明这一相关关系在 0.01 水平（双侧）上显著。

表 8.25 的相关性检验表明，留守妇女的年龄越大，与丈夫的联系就越稀疏。可能的解释是，随着留守妇女和丈夫分离时间的增长，双方都逐渐适应这种两地分居的生活，感情生活长期处于空虚状态，婚姻生活逐渐平淡，因此夫妻之间的联系就相对较少。

表8.26 年龄与留守妇女孤独感的相关性分析表

		留守妇女的孤单寂寞感
年龄	Pearson 相关性	.103**
	显著性（双侧）	.000
	N	2 400

注：两个星号（**）表明这一相关关系在 0.01 水平（双侧）上显著。

表 8.26 的相关性检验表明，留守妇女的年龄越大，在丈夫外出期间就越少感觉到孤单寂寞。其中的原因可能在于，年龄越大的留守妇女需要照料老人，可能还要照料子女、孙子女，繁重的家务活、农活占据了更多的时间，生活更加忙碌。此外，由于长期留守家乡，妇女也会在乡亲邻里间建立起固定的社会交往圈子，在农闲时间找到固定的打发时光的休闲活动，如打牌、打麻将、赶集、看电视等等。因此，留守妇女年龄越大，反而越少感觉到孤单寂寞。

表8.27 年龄与留守妇女村庄公共事务参与度的相关性分析表

		留守妇女参与村庄公共事务的程度
年龄	Pearson 相关性	-.041*
	显著性（双侧）	.042
	N	2 407

注：一个星号（*）表明这一相关关系在 0.05 水平（双侧）上显著相关。

表 8.27 的相关性检验表明，留守妇女的年龄越大，向村委会反映自己的意见的可能性就越小。原因在于，年龄越大的留守妇

女文化程度偏低，家庭生活负担繁重，身体健康状况更差，对社区公共事务的参与能力也就越低，因此更少会向村委会反映自己的意见。

四、结论

以上分析证实了本章的假设，年龄对留守妇女的经济收入、支出等物质生活影响不大，但是，年龄与诸如婆媳关系、生产生活压力、生活安全感、婚姻幸福感等心理状况与精神负担的相关性显著。一般而言，年龄越大的留守妇女身体健康状况越差。然而，这个年龄段的留守妇女往往上有老、下有小，因而生产生活的压力更大，因家庭琐事与公婆发生冲突的可能性也更大，与丈夫联系更见稀疏，对婚姻的幸福感也更弱。不过，在漫长的留守过程中，年长的女性往往也学会了打发时光，因此，反而是年轻的留守妇女会更多地感觉到孤单寂寞。

年龄对六岁以下留守儿童的影响主要体现在日常生活质量、心理安全上。然而，对于六岁以上的留守儿童，年龄不仅与其营养状况、生活处理能力等相关；而且，与其人际关系、自信心、学习适应、情绪管理等心理问题相关性显著。年龄大的留守儿童，生活更加独立，精神也更加独立，因此，他们会更多地与监护人发生矛盾与冲突，监护人也更感到在管教方面无能为力。同时，年龄越大的留守儿童，越能理解父母外出打工的原因，也会更加思念父母、担心父母在外的安危。

从年龄与留守儿童和留守妇女生存状况所具有的相关性来看，我们在解决留守群体问题时，一方面，要加快改变城乡二元体制，使留守群体顺利进城，或者发展贫困地区的经济，就地吸引剩余劳动力，以便从根本上解决留守群体的问题。另一方面，要根据不同年龄段留守群体面临的主要问题，有的放矢地提供帮助和支持，尽可能地减轻他们的压力，破解他们的困境，以使他们生活得快乐、幸福。

附录1 “农村留守儿童、老人、妇女生存状况”调查过程说明报告

一、调查综述

（一）课题背景

为全面掌握全国农村地区“留守儿童、留守老人、留守妇女”的生存状况，并为下一步相关决策提供科学的依据，民政部委托中国政法大学政治与公共管理学院在全国范围内组织开展“留守儿童、留守老人、留守妇女生存状况调查”活动。

调查对象包括16个省份的66个县，在每个县课题组预计调查10个农村，共660个村，实际调查了651个村。来自抽样点所在县的中国政法大学在校生经过培训和考核，担任了此次调查的资料搜集和入户访问工作。

（二）课题的基本调查规范

调查采用科学抽样、入户访问和念读问卷的技术规范，经过四个阶段近半年的时间顺利完成，共回收有效问卷8 169份，其中村庄整体情况调查问卷624份，六岁以下留守儿童问卷1 290份，六岁以上留守儿童问卷1 310份，留守老人问卷2 531份，留守妇女问卷2 414份。每个调查点、每个被调查对象都是根据科学抽样的程序，

科学、规范地选取的，这使得本项调查具有良好的代表性。入户访问规定了调查访问的对象是来自农村中现实的居住人员，同时入户访问也要求调查发生的场所是农民家中。念读问卷是由调查员逐题念读问卷，答卷人一一作答，采取一对一的访问方式。这种方式使得调查员能够最大可能地控制访问过程，从而保证问卷调查的质量。

二、调查安排

本次调查经过了前期准备阶段，培训阶段，实施阶段和数据处理分析四个阶段。

（一）前期准备阶段

在前期准备阶段，主要进行了抽样准备、招募调查员、修改问卷三项工作。2011 年 5 月，课题组进行了抽样设计，以 2005 年全国 1% 人口抽样调查资料为基础进行设计。采用分层多阶段抽样方式，逐级抽取市县、乡镇、村委会作为调查点，共抽取了 16 个省，66 个县，660 个行政村。

1. 抽样准备

步骤一：根据 2005 年全国 1% 的人口抽样调查资料，按照人口数、经济发展水平以及留守人员的情况选定浙江、安徽、湖北等 16 个省作为本次调查的初级抽样框；

步骤二：在抽取的 16 个省中，按照地理位置以及留守人员的情况选取了 66 个县；

步骤三：在每一个抽取的县中，按照地理位置以及留守人员的情况选取了 10 个村庄，共计 660 个村（见图 1）；

步骤四：在抽取的每个村庄中，按照随机抽样的原则，选取 10

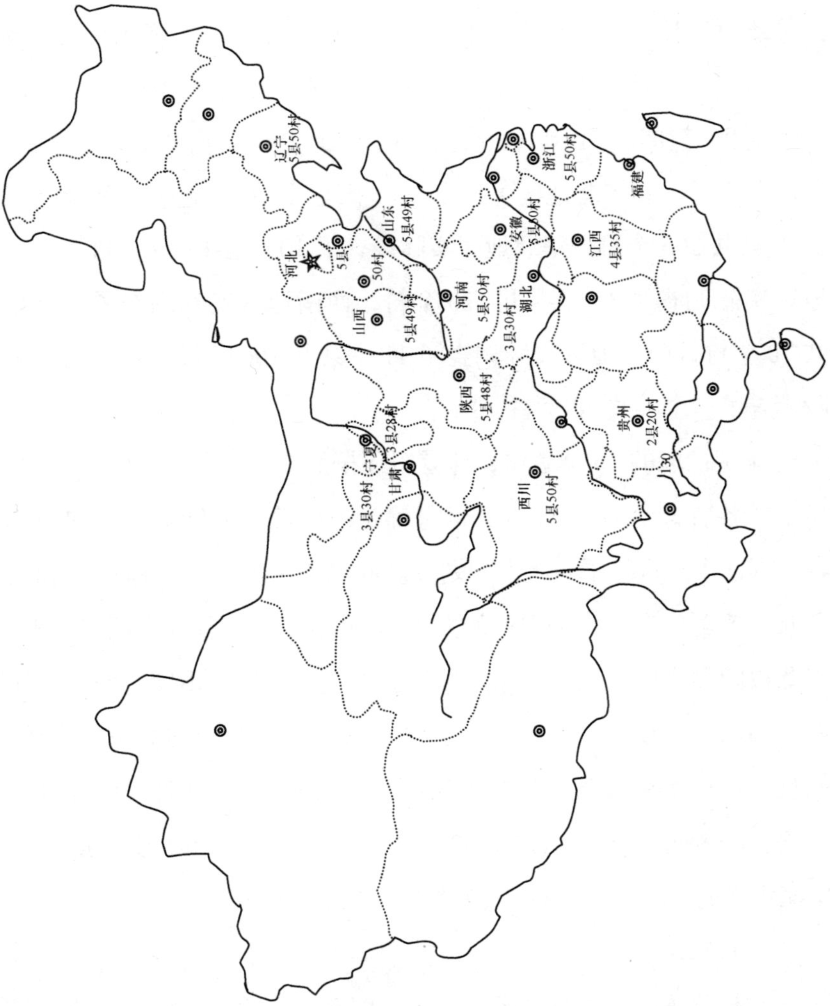
辽宁
5县50村
山东
5县49村
河北
5县
50村
山西
5县49村
河南
5县50村
安徽
5县50村
浙江
5县50村
福建
江西
4县35村
湖北
3县30村
陕西
5县48村
宁夏
3县28村
甘肃
3县30村
西川
5县50村
贵州
2县20村
130

图1 调查样本分布图

名调查对象，共计6 600名被调查者。

在抽样设计的过程中，我们参照抽取省份的地理位置和经济发展状况，对所选取的16个省份进行了地理区位和经济发展水平的划分。按照调查省份所处地理位置的不同以及建国初期大行政区划分的传统，我们把16个省份划分为六个地理区域，分别为华东地区（浙江、山东、福建、江西、安徽）、华北地区（河北、山西）、中南地区（湖北、河南、广西）、西南地区（四川、贵州）、西北地区（甘肃、陕西、宁夏）和东北地区（辽宁）六个地区。华东地区实际调查了21个县共206个村，华北地区实际调查了10个县共99个村，中南地区实际调查了12个县共120个村，西南地区实际调查了7个县共70个村，西北地区实际调查了11个县共106个村，东北地区实际调查了5个县共50个村。

对于抽取的16个省份，课题组还按照2010年国家统计年鉴所显示的各省人均GDP和世界银行确定的中等收入国家水平和中低收入国家水平进行了经济上的划分。浙江、辽宁、山东、福建、河北、湖北、陕西、宁夏八个省份的人均GDP达到了中等收入国家水平，因此被归类为中等收入国家水平层次的经济分区；山西、河南、江西、四川、安徽、广西、甘肃、贵州八个省份的人均GDP处于中低收入国家水平，因此被划分为另一个经济分区。在处于中等收入国家水平的地区实际调查了33个县共327个村，在处于中低收入国家水平的地区实际调查了33个县共324个村。

2. 招募调查员

本次调查的调查员主要来自于中国政法大学的在校生，招募时要求调查员需在抽样点所在县或者附近县居住，利用暑假期间进行调查访问。

调查员应具备的条件：

（1）中国政法大学在校生；

（2）有参与社会调查的积极性；

（3）口齿清楚，有较好的语言表达能力，能够用普通话和当地方言进行沟通；

（4）身体健康，五官端正；

（5）在调查培训和访问期间（2011 年 7 月初到 2011 年 8 月中旬）有时间保证。

2011 年 7 月初，课题组对招募的调查员进行了选择和培训，共选出近 80 名调查员参与调查。

3. 修改问卷

在 2011 年 6 月，课题组完成了一个 10 人小样本的预调查。通过分析和总结预调查的结果，对留守儿童、留守老人、留守妇女和村庄整体情况问卷进行了修订，形成了最终的正式调查问卷。

问卷总共分为五个部分：第一部分是村庄整体情况的调查；第二部分是对六岁以下留守儿童生存状况的调查；第三部分是对六岁以上留守儿童生存状况的调查；第四部分是对留守老人生存状况的调查；第五部分是对留守妇女生存状况的调查。

（二）培训阶段（2011年7月初）

1. 准备培训课程及资料

为了保证调查资料的质量，课题组制定了一天的培训计划，并撰写了培训材料。培训课程主要包括：

（1）社会调查方法以及问卷调查方式介绍；

（2）问卷讲解及练习；

（3）调查员指导手册讲解。

为了保证调查员能够顺利进行各项调查活动，课题组准备了民政部介绍信等一系列相关材料。

2. 开设培训班

由于本次调查的目的是通过严格的科学抽样，取得高质量的调查数据，借以客观、全面地分析和研究我国农村地区“留守儿童、留守老人、留守妇女”的生存现状，因此，调查员所从事的每一项工作都非常重要。其中，最关键的是要严格按照科学程序确定访问对象，如实认真地做好入户访谈，填写好问卷，保证本次调查数据的准确性。正确的数据可以得出正确的结论，错误的资料将导致错误的结论。可以说，每位调查员工作质量的好坏，都与整个研究工作的成败息息相关。

为了保证本次调查的科学性和准确性，课题组于2011年7月2日在中国政法大学举办了民政部“留守儿童、留守老人、留守妇女生存现状”调查员培训班，共有80名调查员参加培训。培训的主要内容包括科学抽样的方法，如何选取调查对象，如何进入调查现场，调查过程中的注意事项等。通过上述3门课程的学习和模拟练习，调查员基本掌握了调查所需的技术，了解了调查时的注意事项。在调查对象的抽样和调查对象的选取上严格按照科学标准进行，调查对象中留守老人的选取标准为：60周岁以上，子女在外务工/经商连续半年以上；留守妇女的选取标准为：已婚，60周岁以下，丈夫在外务工/经商连续半年以上；留守儿童的选取标准为：18周岁以下，父母一方或双方在外务工/经商连续半年以上。访问员应在村支书或村委会主任的帮助下，在村庄里选取4名留守老人、4名留守妇女、4名留守儿童（其中两名留守儿童在6周岁以下，这两名留守儿童必须调查他们的监护人；两名留守儿童在6周岁以上，对这两名留守儿童可以进行直接调查）进行入户当面调查。

完成培训后，课题组与每位调查员签订了聘用协议，规定了每位调查员的工作职责和工作纪律。要求调查员必须诚实、负责，绝不弄虚作假；必须始终持公平、中立态度，不带偏见，不左右被访者的思想；必须尊重被访者意愿，不侵犯被访者隐私，不冒犯被访者禁忌；必须衣着整洁，禁止穿拖鞋、奇装异服入户访问；面对被访者时，应举止大方、轻松自然，与被访者建立融洽、平等、相互理解、相互尊重的交谈气氛，尽量消除对方的紧张情绪；必须遵守保密原则，关于被访者的任何资料均不得同与本研究无关的任何人提及；访问时的每一步骤，应严格按调查员手册的规定进行，不得擅自更改；调查员应认真细致，始终如一，保持愉快的心情面对每一位被访者。

（三）实施阶段

2011 年 7 月到 8 月，调查员开始进行实地调查。调查员携带调查问卷、介绍信等进行调查，在调查点的县民政局的支持下，调查员选取了 10 个有代表性的村并与这些村的村支书 / 村委会主任取得了联系。在访问过程中，要求调查员进入村庄进行调查时，应向村支书 / 村委会主任作自我介绍，出示中国政法大学学生证和民政部的介绍信，告诉村支书 / 村委会主任自己是谁，以及这是一项有关什么内容的研究课题。调查员在自我介绍时，态度应该积极自信、友好恳切，给人以从事公共事务活动所需的郑重而友好的良好印象。调查员在完成对村支书 / 村委会主任的访问之后，也就是完成《村庄总体情况调查问卷》之后，应寻求村支书 / 村委会主任的帮助，在该村庄里选取 4 名留守儿童、4 名留守老人、4 名留守妇女进行调查。调查员在村支书、村委会主任或村委会工作人员的带领之下，分别前往 4 名留守儿童、4 名留守老人、4 名留守妇女的家中进行入户调查。访问员应向被调查者说明这是一项全国范围的社会调查，主要目的是了解他们的生存状况并进而帮助中央制定更好的政策，希望能得到他们的合作。

在选样结束之后，调查员开始进入实质性的现场访问阶段。现场访问的第一个环节是控制访问环境，为此必须做到：

（1）请被访家庭中其他人员避开调查现场；

（2）如无法做到上条，则要向其他家庭成员声明，请勿在访问时插话或影响被访人；

（3）避免噪音或其它事物分散被访人的注意力；

（4）请被访人在调查结束之前不要擅离现场；

（5）调查员在调查期间，自始至终不离调查现场。

然后，进入正式访问。访问开始后，调查员要遵守以下访问程序：

（1）诵读指导语；

（2）记录访问起始时间；

（3）逐题念读问卷并记录答案；

（4）记录访问结束时间；

（5）现场核查无误后签名。

为确保调查结果的可信度，调查员应认真细致地收集原始资料，准确无误地记录每位被访者的意见。访问中，必须严格遵循以下原则：

（1）照本宣科地提问；

（2）按顺序提问；

（3）语气平和中正，不要引导被访者；

（4）准确并完整地进行记录；

（5）认真倾听，以确保被访者正确回答问题；

（6）对问题的解释以《问卷指南》为准；

（7）在调查结束之前，不与被访人探讨问卷中的问题。

在调查中，调查员克服了暑期的高温酷暑和调查区域较为分散等不利因素，保质保量地按时完成了既定的调查任务。

（四）数据处理

1. 问卷审核

在访问结束后，调查员自行检查了问卷，以确定所需要的信息已经得到。检查内容包括：是否询问了所有应问的问题，答案是否已被正确地记录下来，有没有遗漏，访谈记录是否已经完成。回收的问卷均需经过严格的审核合格后，才能录入数据库。所谓审核是指在调查员上交回收问卷时，由两名审核员共同审核问卷，只有审核合格的问卷才会录入数据库。

经过审核之后，共回收问卷 8 531 份，其中有效问卷 8 169 份（村庄整体问卷 624 份，留守儿童、留守老人和留守妇女问卷 7 545 份），合格率为 95.8%。

2. 问卷录入

对于经过审核的有效问卷，采用 PASW/SPSS 软件进行数据录入，录入工作由经过培训的专业数据录入员进行。录入采用“三录”的方式，即三人同时录入数据，录入结果进行比对，保证录入结果的准确性。

3. 数据分析

课题组于 2011 年 10 月进行数据分析工作，主要使用 PASW/SPSS 软件进行分析。除了完成基本的描述性分析外，还将调查资料按照地理分区和经济发展状况进行了分类，并进行了相关性分析。

三、总结

本次调查的顺利完成，取得真实有效的数据主要依靠以下条件：

（一）课题组多方良好的合作模式

1. 民政部和各地民政部门卓有成效的行政支持

在整个调查过程中，民政部和各地民政部门给予了充分的支持，民政部为每位调查员开出了调研工作介绍信；各地民政部门大力支持调查工作，并提供了有效的支持，包括提供访问员所需要的村庄详细情况，村干部的联系方式等。

2. 中国政法大学政治与公共管理学院专业、规范的调查运作

中国政法大学政治与公共管理学院作为本项目的具体负责单位，以其专业、规范的调查运作，保证了整个调查过程的科学性和规范性，对于整个项目的完成起到了积极的促进作用。同时，政治与公共管理学院积极协调民政部和中国政法大学校团委以及其他各单位之间的联系，为调研的顺利展开，提供了有效的支持和辅助。

（二）课题组细致、周全的组织工作

1. 流程式管理

在项目整个进行的过程中，课题组严格按照流程进行各项工作，从调研地点的选取、问卷的设计和预调查的开展、正式访问、数据分析等，严格按照问卷调查开展流程进行。这一严格的流程式管理保证了项目的顺利进行，并取得了较为有效的结果。

2. 细致的培训

调查员是本次调查能否有效进行的关键，对于调查员的培训也是项目进行中的一个重要的环节。对于调查员，课题组从招募开始就严格把关。担任培训任务的是具有丰富调查经验的资深教师，以保证调查员可以熟练地掌握各项访问技巧以及能够灵活处理访问过程中遇到的各种问题。

（三）调查员的辛勤努力

调研能够顺利完成，离不开调查员的辛勤努力。本次问卷调查的调查员都是中国政法大学在校学生，他们利用暑假期间，在家庭所在地进行调研。暑假期间，气温较高，加上调查地点均为农村，且较为分散，调查员需要面对的困难很多。但是，调查员们克服了种种困难，本着科学、严谨的调查态度，完成了各项调查和访问工作。

附录2 “农村留守儿童、妇女、老人生存状况”调查问卷

村庄总体情况调查问卷

1. 地理位置：离县城距离＿＿＿＿＿＿公里

2. 地貌特征：（　）

　1. 山区　2. 平原　3. 湖区　4. 丘陵　5. 其他

3. 经济类型：（　）

　1. 农区　2. 林区　3. 牧区　4. 渔区　5. 混合区

4. 耕地面积（包括水田、旱地）＿＿＿＿＿亩，人均＿＿＿＿＿亩。

5. 总户数＿＿＿＿＿＿

6. 总人口＿＿＿＿＿＿

7. 人口年龄段分布：

　0～18岁（不包括18岁）＿＿＿人，其中男＿＿＿人，女＿＿＿人；

　18～60岁（不包括60岁）＿＿＿＿＿＿人，其中在外打工人，在村内务农等＿＿＿＿＿人；

　60～80岁（不包括80岁）＿＿＿＿＿人，其中男＿＿＿＿＿人，女＿＿＿＿＿人；80岁及其以上＿＿＿＿人，其中男＿＿＿＿＿人，女＿＿＿＿＿人；

8. 村里的留守儿童有＿＿＿人，其中学龄前（0～6岁）（不包括6岁）儿童＿＿＿＿人，九年制义务教育学龄学生（6～15岁）（不包

括15岁）______人，大龄儿童（15～18岁）（不包括18岁）______人。

9. 本村留守儿童的家庭结构

	与母亲一起	与母亲、（外）祖父母一起	与父亲一起	与父亲、（外）祖父母一起	与（外）祖父母一起	与其他人一起
0～6岁						
6～12岁						
12～15岁						
15～18岁						

10. 本村留守儿童的学业完成状况

	6～12岁		12～15岁		15～18岁	
	男	女	男	女	男	女
未上过学						
毕业						
肄业						
辍学						
其他						

11. 村里有留守妇女________人。

	自己一个人住	与父母/公婆同住	与子女同住	与子女、父母/公婆同住	其他
25岁以下					
26～35岁					
36～45岁					
46～55岁					
56～60岁					

12. 村里有留守老人______人，其中80周岁以上的有_______。

13. 村里有小学_____所，托儿所（幼儿园）_____所，卫生站（卫生所）______所，活动站______个，阅览室______个，体育活动中心所，其他______。

14. 村村通工程是否到达本村？（ ）

1. 是 2. 否

15. 村里是否通网络？（ ）

1. 是 2. 否

16. 本村是否已经通电？（ ）

1. 是 2. 否

17. 本村是否已经通自来水？（ ）

1. 是 2. 否

18. 本村村民年人均纯收入______元。

19. 本村村民收入主要来源______。

20. 本村村民人均年日常生活开支（吃、穿、用）______元。

21. 本村村民的生活费开支主要是______。

22. 本村主要农作物是______。

23. 集体经济年收入______元，人均______元。

24. 村里是否享有政府提供之外的社会福利（如五保、养老等）？（ ）

1. 有 2. 没有

如果选择"有"，请填写______。

25. 村里固定资产约合______元。

26. 村委会对村里的留守老人、留守儿童、留守妇女是否提供帮助：（ ）

1. 不提供帮助 2. 偶尔提供帮助 3. 经常提供帮助

27. 本村去年新农合的参保率为________%，没有参加是因为________。

28. 本村去年新农保的参保率为________%，没有参加是因为________。

29. 本村有没有建立留守老人、妇女、儿童的关爱服务机构？（ ）

	1. 有　　2. 没有
留守老人	
留守妇女	
留守儿童	

30. 请谈一下村里留守老人、留守儿童、留守妇女的问题以及村里可能采取的相应措施：____。

留守儿童调查问卷（六岁以下）

您好！这是一份有关留守儿童生存现状的问卷调查。您的意见相当宝贵，请您就看护小孩的个人情况和感受如实回答。此问卷不记姓名，调查结果仅供学术研究使用，绝对保密，谢谢参与！

您自己的年龄：________性别：________

您所看护的小孩年龄：________性别：________

1. 您和小孩的关系是：（ ）

1. 母亲　2. 父亲　3.（外）祖父母　4. 亲戚　5. 家长的朋友　6. 其他

2. 您和小孩生活在一起，会为小孩的事情闹家庭矛盾吗？（ ）

1. 经常有　2. 偶尔有　3. 几乎没有　4. 没有

3. 小孩和周围的人闹矛盾时，他经常的举动是？（ ）

1. 回家向我诉说　2. 闷不吭声　3. 向不在身边的父 / 母诉苦　4. 回家发脾气

4. 您认为小孩父 / 母留下小孩外出打工的原因？(　　)

1. 要养活自己　 2. 挣钱养家　3. 他们不想在农村呆着

4. 其他

5. 小孩父 / 母外出打工，您感觉小孩会不会想他 / 她的爸爸 / 妈妈？(　　)

1. 小孩很想的　　2. 小孩还小，他 / 她不明白

3. 时间长了就不想了 4. 我也搞不清楚他 / 她想不想

6. 您感觉小孩什么时候会想父 / 母？（　　）

1. 平时都想　2. 他 / 她生病的时候

3. 过生日或过节的时候　4. 不怎么想

7. 小孩的父 / 母多久会与您联系一次？(　　)

1. 至少一周一次　2. 差不多每月一次　3. 不定时地经常联系

4. 很少联系

8. 小孩的父 / 母在外打工，多久回来看望一次？(　　)

1. 一个月　2. 半年　3. 一年　4. 一年以上

9. 您照顾小孩最担心的是什么？（　　）

1. 安全　2. 营养　3. 教育　4. 生病　5. 其他

10. 您带小孩是一种什么感觉？（　　）

1. 天伦之乐　2. 很累　3. 还行，能带得过来　4. 其他

11. 平时小孩的父 / 母给您零用钱吗？(　　)

1. 有　2. 没有

12. 小孩的父 / 母每个月给小孩生活费是多少？（　　）

1. 基本不给　2. 200 元以下　3. 201～500 元　4. 501～800 元

5. 801～1 000 元　6. 1 001～1 500 元　7. 1 500 元以上

13. 遇上小孩生小病，您会怎么办？（　　）

1. 赶紧和小孩父 / 母联系　　2. 自己在家解决　3. 找医生治

4. 其他

14. 小孩的定期体检、打疫苗怎么办？(　　)

1. 小孩父 / 母回来解决　2. 没听说过这事　3. 我带小孩去

4. 有医生上门　　　5. 其他

15. 谁来管小孩的学前学习？(　　)

1. 没有学前学习　　2. 有幼儿园　　3. 我自己教

16. 您带了几个小孩：__________

17. 您带的最小的小孩多大的时候，孩子的父母出去打工？(　　)

1. 不到半岁　　2. 一岁左右　　3. 2～3 岁　　4. 4～6 岁

18. 您感觉小孩父 / 母不在小孩身边对小孩有什么影响？(　　)

1. 没有什么影响　2. 小孩更调皮了　3. 小孩好像不大精神

4. 更懂事了

19. 小孩发闹、做错事，您会怎么做？(　　)

1. 好好教育一下　　　2. 管不住，睁只眼闭只眼算了

3. 没办法，等他 / 她父 / 母回来再说　4. 想教育但不会教育

20. 小孩经常和别的小朋友玩耍吗？(　　)

1. 经常　2. 不经常　3. 很少　4. 基本不

21. 您感觉小孩健康状况怎么样？(　　)

1. 很结实　2. 偶尔闹点小病　3. 经常闹点小病

4. 小孩身体有点弱

22. 小孩多长时间能吃一次荤？(　　)

1. 每天都有　2. 一周一次　　3. 半个月一次

4. 一个月及以上　　　5. 小孩太小，不能吃荤

23. 小孩每天能喝到奶或奶粉吗？(　　)

1. 长大了，不用喝了　2. 只要想喝就有　3. 想喝买不起

24. 您和小孩是否经常吃到新鲜水果？(　　)

1. 经常吃到 2. 偶尔吃到 3. 基本吃不到

25. 小孩的衣服供应怎么样？（ ）

1. 比较多 2. 够替换 3. 不够替换

26. 您家做饭时，小孩怎么办？（ ）

1. 有人管小孩 2. 小孩自己玩 3. 放在厨房里 4. 其他

27. 您感觉养小孩有什么用？（ ）

1. 传宗接代 2. 养老送终 3. 没小孩被笑话 4. 没什么用 5. 其他

留守儿童调查问卷（六岁以上）

亲爱的同学：

你好！这是一份有关留守儿童生存现状的问卷调查。你的意见相当宝贵，请你就个人情况和感受如实回答。此问卷不记姓名，调查结果仅供学术研究使用，绝对保密，谢谢参与！

年龄：__________性别：__________

1. 父母外出打工，你和谁生活在一起？（ ）

1.（外）祖父母 2. 亲戚 3. 其他人 4. 自己住

2. 和他们生活在一起，平时是否和他们有矛盾？（ ）

1. 经常有 2. 偶尔有 3. 几乎没有 4. 没有

3. 平时和周边的人发生矛盾时，你怎样处理？（ ）

1. 吵架 2. 闷不吭声 3. 向父母诉苦 4. 采取某种行为发泄

4. 是否明白父母外出打工的原因？（ ）

1. 明白 2. 不明白

5. 父母外出打工，你想不想和他们住在一起？（ ）

1. 想　　2. 不想

6. 你什么时候会想父母？（　）

1. 平时都想　　2. 生病的时候　　3. 过生日或过节的时候

4. 受欺负的时候　5. 基本不想

7. 你多久和父母联系一次？（　）

1. 平均一周一次　2. 平均每月一次　3. 不定时地经常联系

4. 很少联系

8. 你父母在外打工，多久回来一次？（　）

1. 一个月　2. 半年　3. 一年　4. 一年以上

9. 平时你是否有零花钱？（　）

1. 有　2. 没有

10. 每个月零花钱是多少？（　）

1. 少于 50　2. 50～100　3. 100 以上

11. 你感觉最需要什么？（　）

1. 父母多给点钱　2. 和父母在一起　3. 有小朋友一起玩

4. 有人罩着我不受欺负

12. 遇上麻烦事，你会怎么办？（　）

1. 赶紧和大人联系　2. 自己想办法　3. 找伙伴解决

4. 不知道该怎么办，自己忍着

13. 父母在外打工，你是否担心父母？（　）

1. 很担心　2. 有点担心　3. 不担心

14. 平时学习上是否有困难？（　）

1. 有　2. 没有　3. 我已经不上学了

15. 如果遇到学习困难，你会采取什么方式解决？（　）

1. 求助老师　2. 求助同学　3. 求助亲戚　4. 自己解决

16. 你感觉没有父母在身边对学习有什么影响？（　）

1. 学习是自己的事情，跟父母没有多大关系

2. 父母不在身边，没有人督促学习

17. 如果考试没考好，你认为主要是什么原因造成的？（ ）

1. 自己平时不够努力 2. 老师没教好 3. 没有家长指导

4. 自己本来就不行 5. 其他原因

18. 如果因为做错一点小事而被大人批评，你会怎么做？（ ）

1. 承认错误，下次不再犯 2. 有点气愤，但只在心里想

3. 无所谓，听完就算 4. 当面顶撞，对着干

19. 和你玩得好的小伙伴多不多？（ ）

1. 很多 2. 一般 3. 很少 4. 没有

20. 你多长时间能吃一次荤？（ ）

1. 每天都有 2. 一周一次 3. 半个月一次 4. 一个月及以上

21. 你上学时如何吃午饭？

1. 在家 2. 学校提供 3. 自己带饭到学校 4. 上街买些

5. 在别人家里搭伙 6. 不吃午饭

22. 你的午饭能吃饱吗？（ ）

1. 能吃饱 2. 基本上能吃饱 3. 偶尔才能吃饱

4. 根本吃不饱 5. 没有午饭吃

23. 你是否经常吃到新鲜水果？（ ）

1. 经常吃到 2. 偶尔吃到 3. 基本吃不到

24. 你平时经常生病吗？（ ）

1. 经常生病 2. 偶尔生病 3. 不生病

25. 你平时做家务吗？（ ）

1. 经常做 2. 偶尔做 3. 不做

26. 你会做饭、洗衣服吗？（ ）

1. 会做饭，不会洗衣服 2. 会洗衣服，不会做饭

3. 两个都会 4. 两个都不会

27. 父母不在身边，你觉得自己孤独吗？（ ）

1. 没感觉孤独 2. 偶尔感到孤独 3. 经常感到孤独

28. 你觉得周边的大人对你关心吗？（ ）

1. 很关心 2. 很少关心 3. 不关心

29. 长大了，你的理想是什么？（ ）

1. 做大官 2. 挣大钱 3. 当一个黑社会老大 4. 做一个好人

4. 做科学家 5. 做警察 6. 现在还没想好 7. 其他

农村留守老人调查问卷

敬爱的长辈：

您好！这是一份有关留守老人生存现状的问卷调查。您的意见相当宝贵，请您就个人情况和感受如实回答。此问卷不记姓名，调查结果仅供学术研究使用，绝对保密，谢谢参与！

1. 性别：（ ）

1. 男 2. 女

2. 年龄：（ ）

1. 60岁～79岁的低年龄组老年人

2. 80岁及以上的高年龄组老年人

3. 婚姻状况：（ ）

1. 原配 2. 离异 3. 丧偶 4. 再婚 5. 未婚单身

4. 受教育程度：（ ）

1. 未上过学 2. 小学 3. 初中 4. 高中或中专 5. 大专及以上

5. 您目前主要从事的工作：（ ）

1. 务农 2. 家务 3. 经营、务工 4. 不工作

6. 您有几个子女？________

7. 与您同住一起的有（可多选）：（ ）

1. 独居 2. 老伴 3. 孙辈 4. 其他

8. 您有无宗教信仰：（ ）

1. 有 2. 没有

9. 您的经济来源主要是：（ ）

1. 自己劳动所得 2. 子女赡养 3. 靠配偶生活 4. 政府补贴 5. 村集体补贴 6. 其他

10. 您个人去年收入为：（ ）

1. 0 元 2. 1～2 000 元 3. 2 001～5 000 元 4. 5 001～10 000 元 5. 10 001～20 000 元 6. 20 000 元以上

11. 在外子女去年给您的生活费（不含医疗费）为：（ ）

1.0 元 2.1～500 元 3. 501～1 000 元 4. 1 001～2 000 元 5. 2 001～5 000 元 6. 5 001～10 000 元 7. 10 000 元以上

12. 您家目前的主要支出为（可多选）：（ ）

1. 日常生活开支 2. 农业生产资料投入 3. 人情开支 4. 照顾孙辈 5. 看病就医 6. 其他

13. 您平均每月用于衣食等维持基本生活的费用：（ ）

1. 0～50 元 2. 51～100 元 3. 101～200 元 4. 201～300 元 5. 301～500 元 6. 500 元以上

14. 您对现在的住房状况的感觉是：（ ）

1. 非常满意 2. 比较满意 3. 一般 4. 不满意 5. 非常不满意

15. 您家做饭的燃料主要是：（ ）

1. 烧柴草 2. 烧煤 3. 烧沼气 4. 烧液化气 5. 用电

16. 如果子女不外出，您认为您的生活条件会：（ ）

1. 更好　2. 变化不大　3. 没有变化　4. 变差

17. 您对您经济状况的总体评价是：（　　）

1. 好　2. 一般　3. 较差　4. 很差

18. 您对您目前健康状况的自我评价：（　　）

1. 非常健康　2. 比较健康　3. 一般　4. 较差　5. 非常差

19. 您对您目前独立生活能力的评价是：（　　）

1. 完全自理　2. 部分自理（有时外出需要人陪同）

3. 不能自理

20. 您是否有慢性病：（　　）

1. 没有　2. 有一种　3. 有多种

21. 您的视力状况：（　　）

1. 良好　2. 一般　3. 较差　4. 基本失明

22. 您的睡眠状况如何：（　　）

1. 好　2. 不好

23. 如果不好，影响睡眠的原因是：（　　）

1. 心烦　2. 病痛　3. 担心孩子　4. 其他________

24. 您的营养状况：（　　）

1. 良好　2. 一般　3. 较差　4. 极差

25. 您的医疗费用主要由谁负担（可多选）：（　　）

1. 老人自己出钱　2. 子女出钱　3. 亲友接济　4. 新农保

5. 其他________

26. 如果得小病了，您一般会怎么办：（　　）

1. 及时去医院　2. 找村医弄点药吃

3. 自己忍着，既不去看病也不吃药　4. 自己找土办法

5. 没钱治

27. 平时谁在生活上照顾您（可多选）：（　　）

1. 自己　2. 老伴　3. 孙辈　4. 亲戚　5. 邻居　6. 其他

28. 您对生活的态度主要是：(　)

1. 对生活乐观　2. 对生活不抱太大希望，过一天是一天

3. 比较悲观　4. 基本绝望　5. 没有想过

29. 您认为影响您生活质量的主要原因是：(　)

1. 身体状况　2. 家庭关系　3. 经济条件　4. 生活习惯

5. 人际关系

30. 您农闲时活动的主要内容（可多选）：(　)

1. 娱乐健身　2. 做家务活、带孩子　3. 串门聊天

4. 打牌、搓麻将　5. 看电视　6. 无事可干　7. 其他______

31. 您是否有孤独感、无聊感：(　)

1. 从没有　2. 偶尔有　3. 经常有　4. 一直都有

32. 您是否有受人欺负的经历：(　)

1. 从来没有　2. 偶尔有　3. 经常有

33. 现在让您最担心、焦虑的问题是（可多选）：(　)

1. 家庭经济困难　2. 自己无人照管　3. 家庭不和睦

4. 孙辈教育问题　5. 其他

34. 您是否参加村里组织的活动（如村民选举等）吗？（　）

1. 经常　2. 偶尔　3. 不参加　4. 想参加但没有机会

35. 您和子女相处的关系：(　)

1. 矛盾很大　2. 偶尔有矛盾　3. 关系一般　4. 关系融洽

36. 您子女多久回家探望您：(　)

1. 每个月一次　2. 重要节假日　3. 春节

4. 出现重病等紧急事件　5. 几乎不回

37. 子女在外时，平均多久与您联系一次（包括捎口信、信件、电话等）：(　)

1. 一周 3. 一个月 4. 三个月 5. 半年 6. 一年及以上

38. 您与子女之间一般谁会主动联系：( )

1. 外出打工的子女 2. 自己 3. 双方差不多 4. 孙辈

39. 您与外出子女联系时主要聊哪些方面的内容（可多选）：( )

1. 自己（和老伴）的身体健康状况 2. 苦恼和心事

3. 自家的生产状况 4. 孙辈的状况

5. 子女在外的工作生活状况 6. 其他________

40. 您是否了解外出子女的心事：( )

1. 非常了解 2. 较了解 3. 不大了解 4. 完全不了解

41. 与子女外出前相比，您认为自己与子女的关系：( )

1. 更亲了 2. 和以前一样 3. 疏远了 4. 断绝了

42. 主要由您（和老伴）照看的孙辈有：( )

1. 1 个 2. 2 个 3. 3 个 4. 4 个及以上

43. 您认为您与孙辈的关系：( )

1. 很好 2. 较好 3. 一般 4. 不大好 5. 有矛盾

44. 您在照看孙辈时遇到的困难主要有：( )

1. 经济负担太重 2. 家务负担太重 3. 管不住孩子

4. 不能辅导孩子学习 5. 没什么困难

45. 您与邻里的关系怎样？( )

1. 非常和睦 2. 比较和睦 3. 基本不来往

4. 不和睦 5. 有很大矛盾

46. 您会用以下哪几种家用电器（可多选）：( )

1. 电视机 2. 洗衣机 3. 微波炉 4. 手机 5. 电脑 6. 上网

47. 您是否支持子女外出：( )

1. 支持 2. 不支持

48. 您最倾向于哪一种养老方式？( )

1. 居家养老 2. 社区(村集体)养老 3. 机构养老(养老院等)

49. 如果是居家养老，您倾向于：( )

1. 自己照顾自己 2. 老伴照顾 3. 子女照顾 4. 邻里照顾

5. 其他________

50. 请问您对孤寡老人找一个伴的看法：( )

1. 赞成 2. 无所谓 3. 反对

51. 为使您的晚年生活更加幸福，您希望政府、社会和子女为您做些什么？请提出您的看法和需求：______________________________

____

____

____

____

____。

留守妇女调查问卷

尊敬的阿姨：

您好！这是一份有关留守妇女生存现状的问卷调查。您的意见相当宝贵，请您就个人情况和感受如实回答。此问卷不记姓名，调查结果仅供学术研究使用，绝对保密，谢谢参与！

1. 您今年多大：( )

1. 25岁以下 2. 26～35岁 3. 36～45岁

4. 46～55岁 5. 56～60岁

2. 您的文化程度：( )

1. 未上过学 2. 小学 3. 初中 4. 高中或中专 5. 大专及以上

3. 您需要赡养的老人：（　　）

1. 没有　2. 1 位　3. 2 位　4. 3 位　5. 4 位及以上

4. 您需要抚养的子女（18 周岁以下）：（　　）

1. 没有　2. 1 位　3. 2 位　4. 3 位　5. 4 位及以上

5. 您家最小的孩子年龄是：（　　）

1. 1 岁以下　2. 2～3 岁　3. 4～5 岁　4. 6～14 岁　5. 15～17 岁

6. 您丈夫外出务工有几年：（　　）

1. 1 年及以内　2. 1～2 年　3. 3～5 年　4. 5 年及以上

7. 您留守在家的原因是：（　　）

1. 照顾和教育孩子　2. 照管家里田地　3. 照顾老人

4. 出去也干不了什么　5. 不想出去　6. 身体不好　7. 其他__

8. 您丈夫外出主要从事什么工作？（　　）

1. 打工　2. 经商　3. 出国　4. 其他________

9. 您丈夫外出地点主要在：（　　）

1. 本县（市）　2. 本省内其他县（市）　3. 外省（市）

4. 国外　5. 不知道

10. 您目前的居住情况是：（　　）

1. 自己一个人住　2. 自己与子女　3. 自己与公婆 / 父母

4. 自己、子女和公婆 / 父母　5. 其他

11. 您现在的身体状况：（　　）

1. 非常健康　2. 比较健康　3. 一般　4. 有小病　5. 有大病　6. 残疾

12. 您家去年经济收入：（　　）

1. 1 000 元以下　2. 1 001～2 000 元　3. 2 001～5 000 元

4. 5 001～10 000 元　5. 10 001～20 000 元　6. 20 000 元以上

13. 您家目前主要的收入来源是（可多选）：（　　）

1. 农业　2. 丈夫外出工作　3. 自己搞点副业

4. 其他________

14. 您在家主要从事：(　　)

1. 只做家务　2. 务农　3. 做生意　4. 在离家较近的企业打工

5. 就近打零工　6. 其他________

15. 您丈夫在外务工的月收入是多少：(　　)

1. 1 000 元以下　　2. 1 001～1 500 元

3. 1 501～2 000 元　　4. 2 001～2 500 元

5. 2 501～3 000 元　　6. 3 000 元以上

16. 去年您丈夫寄回来的钱约占您家收入：________%。

1. 全部　2. 四分之三　3. 一半　4. 四分之一　5. 几乎没有

17. 您对丈夫在外的收入满意吗？(　　)

1. 非常满意　2. 满意　3. 一般　4. 不大满意　5. 非常不满意

18. 您家的经济状况与您丈夫外出前相比：(　　)

1. 好许多　2. 稍好一些　3. 没有变化　4. 更差了　4. 差许多

19. 丈夫在家期间，您家的财务一般由谁掌管（　　）；丈夫外出期间，您家的财务一般由谁掌管（　　）。

1. 丈夫　2. 自己　3. 公婆　4. 与丈夫共同掌管　5. 其他

20. 您家庭最主要的支出为（可多选）：(　　)

1. 生产性投入　2. 孩子教育　3. 看病支出

4. 家庭日常生活开支　5. 人情往来　6. 其他________

21. 目前您丈夫外出挣钱的主要目的是什么（可多选）：(　　)

1. 支撑家庭日常生活　2. 子女读书　3. 还债　4. 看病

5. 翻建房屋　6. 储蓄　7. 子女结婚　8. 其他________

22. 丈夫跟家里联系时最关心的问题是什么：(　　)

1. 老人　2. 孩子　3. 妻子　4. 生产生活

23. 丈夫外出期间，您的孩子：(　　)

1. 非常听话 2. 听话 3. 一般 4. 不听话 5. 非常不听话

24. 丈夫外出期间，您在养育子女时面临的最大问题是：（ ）

1. 没有时间、精力、能力辅导子女学习 2. 不了解子女的心思

3. 管不住孩子 4. 经济拮据

25. 丈夫外出期间，您与公婆的关系是：（ ）

1. 非常融洽 2. 比较融洽 3. 一般

4. 不大融洽 5. 很不融洽 6. 其他________

26. 您觉得丈夫不在家，与公婆相处是更容易了，还是更难了：（ ）

1. 容易些 2. 没有什么变化 3. 更难了 4. 说不清楚

27. 您觉得您的婚姻幸福吗？（ ）

1. 非常幸福 2. 比较幸福 3. 一般 4. 不幸福 5. 非常不幸福

28. 丈夫外出期间，您觉得生产劳动带给自己的压力怎么样：（ ）

1. 非常大 2. 比较大 3. 一般 4. 不大 5. 没有压力

29. 丈夫外出前后，您与其他人家换工情况有什么变化：（ ）

1. 比以前更多 2. 没变化 3. 比以前少 4. 外出前后都没换过工

30. 丈夫外出期间，您在农业生产上有否遇到困难：（ ）如果选择“没有”，就直接跳到第32题。

1. 有 2. 没有

31. 如果有，您在生产活动中遇到的主要问题是（可多选）：（ ）

1. 生产资料购买困难 2. 劳动力不足 3. 没有技术

4. 销售困难 5. 其他：________

32. 丈夫外出后，您感觉自己：（ ）

1. 非常安全 2. 比较安全 3. 一般 4. 不安全 5. 非常不安全

33. 丈夫外出期间，您最担心什么：（ ）

1. 自己的安全与健康 2. 丈夫的安全与健康

3. 孩子的安全与健康 4. 父母\公婆的安全与健康 5 财产安全

6. 其他：________

34. 丈夫外出期间，您在家是否遭遇过以下情况（可多选）:（　　）

1. 被抢、被盗　2. 被骂　3. 被骚扰　4. 被打　5. 被骗

6. 被公然威胁　7. 其他情况　8. 没有任何不安全情况发生

35. 遇到下列情况时，您首先会想到找谁？

	1. 丈夫 2. 娘家人 3. 公婆 4. 子女 5. 其他亲戚 6. 邻居 7. 朋友 8. 村组织 9. 其他人
当您在生活中遇到一件很重要的事情，需要做出决定	
当您家中急需借一大笔钱办事时	
当您心情不好，受到委屈要找人倾诉时（包括打电话通信）	
当您的人身安全受到威胁时	
您经常会与谁一起去赶集、看戏或喝茶？	
当您家中有些活（如农忙、重活）需要有人帮忙时	

36. 丈夫外出期间，您与丈夫一般以什么方式联系（可多选）:（　　）

1. 电话（或手机）　2. 丈夫回家　3. 信件

4. 电子邮件　5. 托人捎口信　6. 其他________

37. 丈夫外出期间，你们一般多久联系一次：（　　）

1. 一周以内　2 一周到一个月　3. 1～3 个月　4. 4～12 个月

5. 一年以上

38. 您与丈夫联系时，谈论的主要内容是（可多选）:（　　）

1. 孩子的情况　2. 家庭情况　3. 老人的情况

4. 相互的关怀与叮嘱　5. 外面的事　6. 村里的事

7. 其他________

39. 丈夫外出后，您与丈夫的关系：(　　)

1. 比以前更好了　2. 和以前差不多　3. 不如以前好

40. 丈夫外出期间，您与丈夫是否出现过感情危机？(　　)

1. 是　　什么原因产生的？________________

2. 否

41. 丈夫外出期间，您是否有过孤单寂寞的感觉：(　　)

1. 经常有　2. 偶尔有　3. 基本没有　4. 从来没有过

42. 丈夫外出后，你最担心他什么（可多选）：(　　)

1. 赚不到钱　2. 工作安全　3. 有外遇　4. 身体健康

5. 沾上赌博等不良嗜好　6. 上当受骗

7. 其他__________

43. 休闲时间，您主要做些什么？(　　)

1. 打麻将或玩牌　2. 串门聊天、喝茶　3. 看电视、看书、上网

4. 健身活动　5. 赶集、赶场　6. 做针线活　7. 其他________

44. 您有无宗教信仰？(　　)

1. 有　　2. 无

45. 丈夫外出务工前后，您是否参加过下列活动？

	丈夫外出务工前（1. 是　2. 否）	丈夫外出务工后（1. 是　2. 否）
村委会选举		
村民会议		
村集体出工		
村内公益活动（操持红白喜事、调解纠纷等）		
关心村务、财务两公开		
信访或者上访		

46. 您对村里事务是否关心？（　　）

1. 非常关心　2. 关心　3. 一般　4. 不大关心　5. 从不关心

47. 您了解选举村委会干部的程序吗？（　　）

1. 非常了解　2. 比较了解　3. 一般　4. 不大了解　5. 完全不了解

48. 您是否会向村委会反映自己的意见？（　　）

1. 经常反映　2. 偶尔反映　3. 从不反映

49. 您参加了以下哪些组织或协会：（　　）

1. 经济合作组织　2. 技术协会或组织　3. 基金或信贷组织

4. 文艺类协会或组织　5. 留守妇女互助组织　6. 其他组织

50. 您参加过哪些培训：（　　）

1. 种植业培训　2. 养殖业培训　3. 农民工就业培训

4. 卫生保健培训　5. 家庭教育培训　6. 其他培训________

7. 没参加过

51. 您希望政府举办哪些培训：（　　）

1. 种植业培训　2. 养殖业培训　3. 农民工就业培训

4. 卫生保健培训　5. 家庭教育培训　6. 其他培训________

52. 您最希望政府为您提供什么信息：（　　）

1. 农业技术　2. 农民工权益保障　3. 卫生医疗　4. 子女教育

5. 农村政策　6. 农产品生产和销售　7. 其他________

53. 您最希望村镇建设：（　　）

1. 图书馆　2. 活动中心　3. 儿童托管机构

4. 寄宿学校　5. 养老院　6. 妇女培训机构

54. 你觉得你面临的最大困难是（　　）

1. 经济拮据　2. 劳动负担重　3. 教育孩子难

4. 心理孤独　5. 人际交往压力大

55. 为使您的生活更加幸福，您希望政府、社会为您做些什么？请提出您的看法和需求：____。